Surfen für die Seele

Den inneren Reichtum entdecken

Surfen für die Seele

Den inneren Reichtum entdecken

Matthias Könning

Impressum

Jahr: 2020

ISBN: 9789403601946

Covergestaltung: Astrid Adloff

Verlagsportal: Selfpublishing
Gedruckt in Deutschland

Die Deutsche Nationalbibliothek verzeichnet diese Publikation in der Deutschen Nationalbibliografie

1 Vorwort

Um es gleich vorweg zu sagen: Ich kann nicht surfen. Aber ich liebe es. Ich stehe am Meer und schaue zu, wie die Surfer das Meer bändigen. Alles sieht so leicht und frei aus. Mir gefällt diese Vorstellung als Seelenbild.

Drei mögliche Zustände kommen mir in den Sinn wenn ich daran denke, wie ich das tiefe Wasser angehen kann. Die erste Möglichkeit besteht darin, dass ich von vornherein denke, dass es zu tief ist und dass ich unweigerlich ertrinken werde sobald ich keinen Boden mehr unter den Füßen habe. Manche Menschen empfinden ihr ganzes Leben so. Sie schlucken das salzige Wasser und befinden sich im permanenten Untergang. Ständig überflutet von Angst und Sorgen. Immer im Überlebenskampf. Das ist äußerst anstrengend und macht keine Freude. Wenn du damit beschäftigt bist, nicht zu ertrinken, hast du für anderes kein Ohr und kein Herz mehr.

Die zweite Möglichkeit für mich besteht darin, einfach zu kämpfen. Da ist das Meer mit dem tiefen Wasser und du schwimmst. Du willst auf keinen Fall untergehen und du weißt, dass du dich anstrengen musst. Nie nachlassen und immer bereit sein. Du weißt, dass du nicht untergehen wirst. Du bist ja eine Kämpferin. Deine Anstrengung, dein Wille und deine Erfahrungen halten dich über Wasser. Auch in diesem Zustand hast du keine Energie und Lust übrig für ein Sonnenbad auf dem Wasser. Kurzfristig drehst du dich ab und zu auf dem Rücken und gönnst dir eine kleine Pause. Herzlichen Glückwunsch, wenn du schon so weit gekommen bist. Du erlaubst dir Ruhe und Entspannung.

Die dritte Möglichkeit besteht darin, auf dem Wasser zu surfen. Du bist auf dem Meer und nutzt Wind und Wellen für dich. Du spürst deine Kräfte und bewegst dich in und mit den Elementen. Du bist ein Teil davon und du genießt es. Dein Herz geht auf und deine Seele jubelt. Körper, Geist und Seele verschmelzen mit dem gesamten Universum und niemand muss dir mehr etwas von Gott erzählen. Du kannst ihm nicht näher sein.

Wie gesagt, ich kann nicht surfen. Aber mir gefällt diese Vorstellung vom Leben. In mir gibt es alle drei Zustände. Die Angst zu ertrinken, der Kampf mit der Tiefe und den Wellen und die Qualitäten des Surfens. Du surfst ja nicht vom ersten Tag an. Du sammelst Erfahrungen und wirst von mal zu mal professioneller. Du verstehst die Zusammenhänge, lernst deinen Körper kennen, überwindest die Angst und gestaltest mehr und mehr dein Leben. Du verwandelst dich vom Opfer zum Gestalter. Vom Sklaven zum Freien, von der Pflicht zur Kür. Wenn du dich abstrampelst im Leben weißt du nicht viel von deinen inneren Qualitäten. Du bist mit dem Überleben beschäftigt. Wenn du aber den Entschluss gefasst hast zu surfen, wirst du in deinem Inneren den Reichtum deiner Seele entdecken. Das Meer, der Ozean, das tiefe Wasser waren bislang die Gründe für deine Angst. Auf einmal werden sie zur Quelle deiner Lebensfreude. Du bist bereit zu ertrinken! Und im ertrinken erkennst du deine Unsterblichkeit. Du wagst das Leben.

Wenn du meine Gedanken und Ideen liest wirst du noch nicht surfen können. Du kannst es ja vielleicht auch schon. Aber ich sage dir, welche Ausrüstung und welche Lebenseinstellungen hilfreich sein können. Ich möchte dich mental einstimmen und die Sehnsucht nach dem Meer und dem Mehr in dir wecken. Wie bei einem Samenkorn ist in dir alles vorhanden. Du musst nichts optimieren und nichts hinzufügen. An dir gibt es nichts zu verbessern oder richtiger zu machen. Du gibst dir die Erlaubnis, deine Reise nach innen zu beginnen und ich werde dich gerne dabei begleiten. Du entscheidest über die Tiefe deines Weges und die Zeit, die du benötigst. Du bist frei, meine Begleitung an die Seite zu legen und zu sagen, dass es dir nicht gefällt oder dass du es kennst oder auch gar nicht brauchst. In meinen Seminaren gibt es immer auch Menschen, die schon sehr weit gekommen sind. Sie sind dabei um zu überprüfen, wo sie gerade stehen und freuen sich, wenn sie weiser und klüger sind als ich. Darüber wiederum freue ich mich. Ich weiß mich mit dir verbunden weil du meine Schwester und mein Bruder bist. Weil ich ein Bewusstsein davon habe, dass ich mit dir eine Frucht am großen gemeinsamen Weltenbaum bin. Wenn du angstfrei lebst und surfen kannst, dann profitiere ich davon. Meine Freude wird größer und das Leben auf dieser Erde friedlicher und erfüllter. Und das berührt mein Herz und mag meine Seele. Meine Gedanken haben keine logische Reihenfolge. Du darfst beginnen wohin es dich zieht. Möge es wenigstens einen Impuls für dich geben, der deinem Leben einen wunderbaren Farbtupfer gibt.

2 Vom Verhüllen und Enthüllen

Der Angeklagte hüllte sich in Schweigen. Sie küssten sich am Ende des Films und die Nacht umhüllte sie. Er schälte sich aus seiner Umhüllung. Wir enthüllen und wir hüllen uns ein – aus verschiedenen Gründen und mit unterschiedlichen Absichten. Wann hast du das Bedürfnis, dich zu verhüllen? Und wie machst du das?

Ich komme auf dieses Thema, weil in den Tagen der Corona Krise plötzlich alle in Geschäften und im öffentlichen Nahverkehr Masken tragen mussten. Muslimische Frauen verhüllen ihr Gesicht und ich erinnere mich daran, dass die katholische Kirche seit dem 12. oder 13. Jahrhundert Kreuze und Bilder in der Fastenzeit verhüllt. Die Gründe weiß man nicht so genau. Sollen strahlende Auferstehungsbilder angesichts des Leidens verdeckt werden? Tritt der göttliche Anteil von Jesus in den Hintergrund der ohnmächtigen und sehr menschlichen Kreuzerfahrung? Geht es um eine Bußpraxis, aus Solidarität keine schönen Bilder zu betrachten?

Ob Kreuz, muslimische Traditionen oder Corona-Masken, irgendwann enthüllen sich alle wieder. Sichtbares wird unsichtbar gemacht und durch das Verbergen und wieder Enthüllen eine besondere Aufmerksamkeit erzeugt.

Es gibt viele Gründe, etwas zu verhüllen. Enthüllungsjournalisten suchen nach Skandalgeschichten bei der Prominenz, die wiederum ihre Schattenseiten verbergen möchten. Hier geht um das Verbergen und Verstecken von Geheimnissen.

Ich kann auch etwas in eine Hülle stecken um es zu schützen. Wir stecken als Menschen in einer Hülle aus Haut. Sonst würden wir auseinanderfallen. In unserem Darm wiederum befinden sich Millionen von Bakterien und unsere Darmwand ist ihre Hülle. Sie bekommen vom Leben außerhalb ihres Umfeldes nichts mit. Die Welt kommt in Form von Nahrungsbrei zu ihnen.

Manchmal hülle ich mich in Schweigen oder die Dunkelheit der Nacht umhüllt mich, so dass ich einschlafen kann. Ich schließe meine Augen und ziehe mich in meinen Innenraum zurück.

Das Verhüllen und Enthüllen findet fortwährend statt. Ich enthülle im Sprechen meine Gedanken und Gefühle oder ich verberge sie aus unterschiedlichen Gründen. Eher selten mache ich mich ganz nackt. Innerlich und äußerlich. Bei einer kompletten Enthüllung würde ich mich vielleicht sogar auflösen. Wer bin ich, wenn ich meinen Körper, meine Gefühle und meine Gedanken komplett enthüllen und auflösen würde? Bliebe mein Bewusstsein übrig ohne den Körper? Oder wäre dann nichts mehr da? Solange ich mich verhülle habe ich ein Bewusstsein davon, dass da jemand ist, der in der Verhüllung sicher existiert. Es gibt also ein Ich, welches diesen Akt vollziehen kann. Wir brauchen vielleicht die Verhüllung, damit wir unser Ich zusammenhalten und als Einheit wahrnehmen können.

Was auf den ersten Blick banal und einfach klingt, mag in einer kleinen Vertiefung doch interessant sein. Schau einmal mit mir auf so eine Darmbakterie. Sie selbst steckt in einer Bakterienhülle und in der Gemeinschaft von vielen anderen Bakterien in der Hülle des Darmes. Der Darm wiederum steckt in der Hülle der Haut. Hülle in Hülle in Hülle ...? Die Bakterie kann aber nur die Darmhülle wahrnehmen und würde ihre Welt beschreiben als einen dunklen Ort wo immer wieder Nahrungsbrei durchläuft. Die gesamte Haut meines Körpers wiederum hätte ein Gespür dafür, dass sie in ihrem Inneren viele umhüllte Organe und Zellen und „Einwohner“ umhüllt. Ich als Träger meiner Haut habe ein Bewusstsein davon, dass meine Haut diesen Körper zusammenhält. Ich nehme mich dabei war als das Ende der Kette. Um mich herum gibt es keine Hülle.

In einer logischen Weiterführung jedoch müssten wir ja denken, dass der gesamte Körper mit Haut wiederum auch eine Hülle besitzt. Das könnten wir uns noch vorstellen als die Atmosphäre der Erde und die Erde selbst. Die Beschaffenheit dieser Hülle mag sich nicht so fest anfühlen, sondern eher durchlässig. Aber diese Hülle ermöglicht es uns, dass wir uns bewegen und atmen können. Wir haben also genau die Art von Hülle, die wir brauchen, um als Menschen existieren zu können. Keine bakterientaugliche, aber eine menschlich taugliche Hülle.

Doch so, wie die Bakterie nicht über ihren Tellerrand hinausschauen kann und die Darmwand für das Ende der ganzen Welt hält, hat unsere Wahrnehmungsfähigkeit auch eine Grenze. Ein Jenseits dieser Welt können wir mit unseren Möglichkeiten nicht wahrnehmen. So fragte ja schon Goethes Faust, was die Welt im Innersten zusammenhält. Vielleicht gibt es ja nichts jenseits der Hülle „Welt“ oder Weltenraum. Es muss ja auch mal aufhören. Die Bakterie im Darm weiß nichts vom Köper, lebt aber davon, dass da einer ist. Ich bin sozusagen der Gott meiner Darmbakterie.

Was würde sich für die Bakterie verändern wenn sie wüsste, dass sie Teil eines größeren Systems wäre. Würde sie verantwortlicher mit dem Material um sie herum umgehen? Würde sie mehr genießen? Hätte sie mehr Bewusstheit und darum auch mehr Sinn und Freiheit?

Nimm doch einmal an, dass jenseits der Hülle Welt etwas existiert, das uns beeinflusst oder unser Leben erst ermöglicht. Etwas, das dafür sorgt, dass die Gesetze des Lebens zuverlässig funktionieren. Wie würde sich mein Leben dadurch verändern, wenn ich mir dessen täglich bewusst wäre? Würde ich dann noch Plastik benutzen? Die Umwelt vergiften? Hassen? Mich entzweien? Wahrscheinlich nicht, oder?

Leider bin ich in meiner Menschlichkeit nicht in der Lage, meine letzte Hülle zu verlassen. Ich bin gebunden in meinen Körper und an mein Dasein in dieser dreidimensionalen Welt. Aber im Unterschied zur Bakterie kann ich zumindest darüber hinaus denken.

Ich möchte mal versuchen, mit dir eine weitere Hülle zu entfernen. Stell dir vor, dass jenseits der Hülle Universum die nächste Hülle „Zeit" heißt. Eine völlig andere Art von Hülle. Sie wirkt auf dich ein und du kannst gar nicht anders, als dich als Zeitwesen zu empfinden. Du hast ein Geburtsdatum und wirst eines Tages sterben. Du bewegst dich durch die Zeit und in der Zeit und kannst sie nicht verlassen und dich auch nicht jenseits davon denken. Du bist gefangen und zugleich beschützt durch den Zeitrahmen. Der Zeitrahmen an sich hält auch die Universen zusammen und strukturiert sie. Nur wenn du ganz gegenwärtig bist, „vergisst" du für einen Moment deine Zeitlichkeit und springst in eine zeitfreie Dimension.

Jenseits dieser Hülle des „Zeitrahmens" existiert die Zeit nicht in der Art der irdischen Absolutheit. Von jenseits aus betrachtet wäre es möglich, dass du in dieser Welt zeitgleich in der Steinzeit, im Mittelalter und im Computerzeitalter lebst. Ohne jeden Widerspruch. Du würdest also gleichzeitig jetzt im Jahr 2020 existieren und daneben viele Tausende von parallelen Existenzen haben in der fernsten Vergangenheit und zukünftigen Zukunft. Nur weil es dein System überfordert beschränkst du dich auf die Zeitspannte um die Jetztzeit herum. Ein anderes Erleben würde deinen körperlichen Verstand einfach überfordern und du würdest zusammenbrechen. Zwischen Steinzeit und dem Jetzt gibt es in dieser Dimension keine Verbindung.

Ich stelle mir also vor, dass es einen Matthias mit einem anderen Namen zeitgleich im Mittelalter gibt und einen anderen mit einem anderen Namen auf einem anderen Planeten in dreitausend Jahren.

Abwegig? Reine Spekulation? Unbedeutend für deine jetzige Gegenwart? Zu philosophisch und abstrakt? Wahrscheinlich! Aber wo bist du in der Nacht, wenn dein Tagesbewusstsein sich verhüllt und dein Unbewusstes sich enthüllt. Manchmal wachst du auf mit einer verwirrenden Erinnerung. So verwirrend, dass du keine Worte dafür findest. Vielleicht klebt da noch eine Spur an dir von einer anderen Zeitachse. Im Traumzustand kannst du die Welt jenseits der Zeit erreichen.

Die Bakterie ist sich ihrer selbst nicht bewusst und lebt nach ihrem eigenen Lebensgesetz. Wir Menschen haben auch unsere Grenzen in der Bewusstseinswahrnehmung. Aber wir können vielleicht eine Ahnung entwickeln von den uns fremden Dimensionen, die zugleich unser Leben im Hier und Jetzt mehr beeinflussen als wir ahnen.

Wenn du die Entfaltung und Enthüllung von etwas Großem und Ganzen bist in vielen Dimensionen von Raum und Zeit, dann kommt es auf dieses Leben nicht so an. Ja, gestalte es verantwortungsvoll und mach was draus. Aber setze es nicht absolut. Sieh es nicht an als einzige und angstvoll besetzte letzte Möglichkeit. Du hast keinen Grund, jedem Modetrend hinterherzulaufen. Du musst bei der Beschleunigung des Lebens nicht mitmachen aus Angst, etwas zu verpassen. Du befindest dich ja nur in einer kleinen Nische in einem unendlichen Raum und einer ewigen Zeit. Und du bist gleichzeitig überall und zu jeder Zeit – bekommst das aufgrund deiner Einschränkungen aber nicht mit. Das könnte dich gelassener werden lassen.

Immer noch Gedankenspinnereien? Stell dir jetzt vor, dass es dennoch durch alle Zeitdimensionen und Ewigkeitsräume hindurch eine Verbindung gäbe. Eine Art „Geheimkanal". Du würdest diesen Geheimkanal finden und hättest den Zugang zu dir im Mittelalter, in der Steinzeit und in der Zukunft. Und zu den anderen Welten, den Engeln und Geistern und zur tiefsten göttlichen Dimension. Wenn du die Augen schließt und dich auf deinen Herzensraum konzentrierst, deine Gehirnströme langsamer werden lässt, bis du in eine leichte Trance gerätst. Wenn du dir dabei deiner selbst bewusst wirst könntest du den Eingang zu diesem Kanal finden. Dir würde sich offenbaren, dass du ein Teil der großen Ewigkeit und Unendlichkeit bist.

Jesus hat diesen Verbindungskanal Liebe genannt und von dieser göttlichen Quelle her gelebt. Der Tod konnte ihm nichts anhaben und nichts daran ändern. Der Tod ist nicht die Grenze. Du existierst jenseits davon und darüber hinaus. Wenn wir uns in die Liebe einhüllen, sprengt es die begrenzenden Dimensionen und Grenzen und führt uns zu dem, wer und was wir eigentlich immer schon waren und auch sind. Wir sind Gott in Menschengestalt!

3 Der Sehnsucht Nahrung geben!

Haben sich alle deine Lebenswünsche erfüllt? Möchtest du noch irgendetwas unbedingt erleben? Fühlst du dich satt und zufrieden oder gibt es da manchmal so einen unbestimmten Hunger, den du gar nicht genau benennen kannst? Was wohnt unter deinem Ärger, unter deiner Trauer, unter deiner Angst und unter deinen Schmerzen und dann noch eine Etage tiefer? Hast du jemals dorthin gespürt?

Wir könnten uns doch in unseren Alltag einrichten und einfach zufrieden sein mit allem. Wenn es da nicht die Sehnsucht gäbe. Die Sehnsucht nach einer tieferen Liebe oder nach mehr Sinn oder nach grenzenloser Gesundheit.

Manchmal erlebe ich den Alltag als sehr alltäglich. Ich stehe auf und frühstücke. Ich fahre zur Arbeit und erledige meine Aufgaben. Ich komme zurück und kaufe ein. Ich koche und esse und erhole mich. Ich pflege meine sozialen Kontakte in der Familie und im Freundeskreis und blicke im November auf den Kalendertag und denke: „Bald schon ist wieder ein Jahr vorüber. Wo ist die Zeit nur geblieben." Wenn ich dann auf das vergangene Jahr zurückblicke und auf das Jahr davor, dann stelle ich fest, dass es keine großen Unterschiede gibt. Einen anderen Urlaubsort, neue Menschen kennengelernt, die eine oder andere Aufgabe angepackt und erledigt. Aber ich bin immer noch in meiner Lebensgeschichte drin und nicht ausgestiegen.

Dann stelle ich mir vor, dass ich irgendwann einmal vor diesem Leben in der körperlosen Welt einen Entschluss gefasst habe. Ich wollte Mensch werden und in das Leben hinein, für das ich mich dann entschieden habe. Aber was war davor? Was war vor meinem Leben? Gab es da eine vorgeburtliche und vorzeitliche Sehnsucht in mir? Etwas, was mich angetrieben hat? Warum sollte ich denn in einen so zerbrechlichen Körper hinein als wehrloses Baby bei kriegsgebeutelten Eltern. Ich gehe nicht davon aus, dass ich einfach so zufällig da bin. Ei und Samen von Vater und Mutter verbinden sich und dann entstehe ich irgendwie? Das kann ich mir nicht vorstellen. Ich schaue in mich hinein und nehme einen komplexen Körper wahr. Ein Geist und eine Seele. Das alles nur zufällig? Kann ich mir nicht vorstellen. Vor diesem Leben war ich in einem Bewusstseinszustand und habe eine Entscheidung getroffen. Und ich hatte eine Idee. Einen Plan. Einen Wunsch. Eine Absicht. Ein Ziel und eine Aufgabe. Und es gab eine Kraft, die mich antrieb. Die Sehnsucht! Das Wort kommt aus dem Mittelhochdeutschen und meint übersetzt „Krankheit des schmerzlichen Verlangens."

Da gibt es ein Verlangen, das mich so mit Schmerzen erfüllt, dass ich mich wie krank fühle. Wenn der Herbst lange dauert, die Tage dunkel und trübe werden, dann gibt es plötzlich das unbändige Verlangen nach Sonne und Wärme. Wenn ich dann meinen Urlaub plane, schaue ich nicht mehr auf die Kosten, dann ist mir alles egal. Ich will unbedingt weg, dahin, wo Sonne und Wärme ist.

Als mich als Kind die vielen asthmatischen Anfälle plagten hatte ich eine unglaubliche Sehnsucht nach Atem. Ich schaute auf die Sportler und darauf, wie sie ihren gesamten Körper beatmen konnten und wollte das auch. Immer und dauerhaft viel Atemluft.

Das, was wir haben, können wir nicht ersehnen. Es ist ja schon da. Wir können nur ersehnen, was noch nicht da ist. Eine Frau sehnt sich nach ihrem Mann oder umgekehrt, wenn beide räumlich getrennt sind. Manche Menschen sind sogar so süchtig nach dem Sehnen, dass sie das besser finden als die Erfüllung. Der klassische Seemann sehnt sich in der Ferne nach seiner Braut, und wenn er bei ihr ist, wieder nach der Ferne. Er liebt den Zustand von Sehnsucht an sich.

Andere Menschen mögen diesen Zustand überhaupt nicht, weil es mit Schmerzen verbunden ist. Was, wenn du es einfach nicht aushalten kannst? Die Flucht in ein pragmatisches und handfestes Leben ist dann die Lösung.

Der Ort im Körper, wo die Sehnsucht entsteht und wohnt, ist dein Herz. Du kannst dir also immer wieder Zeit nehmen und dich mit deinem Bewusstsein in diesen Raum versenken und deiner eigenen Sehnsucht Aufmerksamkeit schenken.

Was wirst du spüren? Was denken? Welche Bilder werden hochkommen? Woran wirst du dich erinnern? Die Sehnsucht ist so etwas wie ein Energiefeld, das dich beatmen wird. Vielleicht bekommst du plötzlich einen Zugang zu deinem Bewusstsein vor deiner jetzigen körperlichen Existenz. Auf einmal erinnerst du dich daran, warum du auf die Welt gekommen bist und was du hier erleben und erfahren möchtest. In deinen Alltagsabläufen bleibt gar nicht die Zeit dafür.

Das Mönchtum und die Meditierenden haben schon immer gewusst, dass es einen Wechsel braucht von Arbeit und Gebet. Wenn die Kontemplation fehlt, dann werden wir Menschen zu bewusstlosen Akteuren. Erst, wenn wir absichtlich absichtslos und entschieden nichts tun und in die Stille gehen, entsteht ein Raum, wo wir uns unserer selbst bewusst werden.

Nichts gegen ein abwechslungsreiches und abenteuerliches Leben. Für Trubel und Vergnügen sind wir ja auch auf die Welt gekommen. Es geht nur um diese andere innerliche Seite, die ebenfalls ihre Berechtigung hat und ausgedrückt werden möchte.

Es gab mal eine Zeit vor Elektrizität, Digitalisierung und Mobilität. Damals lud die unausweichliche Dunkelheit des Abends uns ein die Stille. Die Sehnsucht kommt gerne, wenn es dunkel wird. Und auch, wenn die Angst eine Chance hat, uns zu erreichen. Ich habe Angst vor dem Sterben und sehne mich nach dem erfüllten Leben. Wenn es aber immer hell ist und wenn unsere Gedanken pausenlos mit dem Kontrollieren und Planen beschäftigt sind, kommt unser System nicht mehr zur Ruhe.

In der Dunkelheit der Nacht, in der Fülle und Tiefe deines Herzensraumes, inmitten von Angst und Leere kann etwas geschehen, was jenseits des Planens liegt. In diesem Zustand ereignet sich Zeugung und Schöpfung. Zugleich kann die Erinnerung wieder auftauchen, dass wir aus dem Göttlichen kommen und dahin zurückkehren.

Ab und zu braucht es eine Zeit und einen Raum, wo wir uns erinnern können und wo wir neu den Entschluss fassen dürfen, wofür wir leben möchten. Es gibt Zeiten und Räume, die dafür besonders geeignet sind. Der Islam kennt den Fastenmonat Ramadan, die Christen den Advent und die österliche Bußzeit, Mystiker suchen wüstenähnliche Räume auf. Der frühe Morgen oder der Übergang in die Nacht sind ideale Zeitpunkte, weil die automatisierten Tagesabläufe eine Pause machen und wir besonders empfänglich werden für die Unterschiede.

Deine Sehnsucht liebt die Stille, die Dunkelheit, das Fühlen und die Leere. Mögen deine sehnsuchtsvollen Zustände reiche Früchte tragen.

4 Befreiende Wege aus dem Abgrund

Manchmal wird dir das Leben schwer. Du schaust hinein in einen Abgrund. In deinen Abgrund. Du erkennst deine Fehler, dein Versagen und vor allem – dein Unglück. Da gibt es Momente des Erschreckens und zugleich des Aufwachens. Die Überraschung? Ach ja, das bin ja ich. Das ist mir passiert! Das habe ich bewirkt! Das ist geschehen mit meiner Schöpferkraft.

Wenn du in den Abgrund von außen hineinschaust bevor du hineinfällst, mag es sich wie ein heilsames Erschrecken anfühlen. Ich bin noch nicht da drin. Ich kann einen anderen Weg einschlagen. Aber wenn du im Abgrund deiner Verstrickungen hängst und erst einmal keinen Ausweg siehst, braucht es vielleicht den einen oder anderen Impuls. Vielleicht ist der Abgrund gar nicht so tief, wie du dachtest. Vielleicht lösen sich von einem Rand ein paar Steine und es entsteht eine Rampe. Oder du besitzt verborgenes Werkzeug, das dir beim Herausklettern helfen könnte. Nur hast du es noch nicht wahrgenommen oder kennst dich nicht aus mit dem Gebrauch deiner eigenen Werkzeuge und Ressourcen. Bestenfalls entpuppt sich der Abgrund als kleines Loch, den du nur so „abgrundtief" wahrnimmst. Dann musst du nur aufstehen und weitergehen. Mehr ist nicht zu tun.

Ich möchte mit dir gerne durch den einen oder anderen „Abgrundsatz" gehen. Was meine ich mit Sätzen aus der Tiefe der Scham oder des Schmerzes? „Das habe ich nicht gewollt..." oder „Wie lange muss ich das noch aushalten..." sind für mich ganz typische Worte der Verzweiflung. Ich glaube, dass es heilsam und wichtig ist, etwas Licht in diese Erlebnisse und Erfahrungen zu bringen. Du kannst im Abgrund fest steckenbleiben oder daran wachsen und reifen. Wachsen und reifen gefällt mir besser. Wenn es im Schmerz Tröstendes gibt, kann sich etwas lösen und einen Verwandlungsprozess führen. In diesem Sinne wünsche ich dir eine mutige Begegnung mit dir selbst. Deinem Licht und deinem Schatten.

Im Folgenden geht es um Sätze aus der tiefsten Seele. Sätze aus dem Abgrund verbunden mit dem Wunsch: „Wie komme ich da jetzt raus?“ Wenn aus quälenden Gedanken wieder quellende und pulsierende Lebensimpulse werden, kann dich ins lebendige Leben zurückbringen.

Das habe ich nicht gewollt...

Stell dir vor, dass du ganz in Übereinstimmung bist mit deinen Zielen. Du hast aus voller Überzeugung und mit ganzem Herzen etwas in die Tat umgesetzt. Vielleicht hattest du bei deiner Entscheidung ein etwas mulmiges Gefühl, aber dennoch war es abgewogen und in Ordnung.
Nach dem Tun kommt dann jemand auf dich zu und beschwert sich über die Auswirkungen. Deine Entscheidung hat bewirkt, dass jemand anders gekränkt ist oder sich beschädigt fühlt. Es kann sogar sein, dass du sprachlos bist über die Auswirkungen deiner Entscheidungen. „Das habe ich nicht gewollt...“ - magst du sagen und denken. Du hast etwas anderes gewollt. Du musstest eine Entscheidung treffen und bist jetzt erschrocken, dass du einem Menschen „Schaden“ zugefügt hast. Das ist nicht nur unangenehm. Du fühlst dich im ersten Moment schuldig. Du machst dir Vorwürfe, dass du manche Aspekte gar nicht bedacht hast. Du hättest bei etwas längerem Nachdenken doch eine bessere Entscheidung treffen können.
Ich stelle mir da all die Politiker vor, die ständig Entscheidungen treffen und die Auswirkungen nicht wirklich bedenken. Oder du hast dein Kind erzogen nach bestimmten Grundsätzen. Vielleicht waren deine Eltern total sparsam und du wolltest jetzt deinen Kindern gegenüber großzügig sein. Du warst es und hast verschwenderische Kinder erzogen, die mit ihrem Geld nie auskommen und dich ständig anpumpen. „Das hast du nicht gewollt...“ Du wolltest etwas Gutes! Du wolltest zu einer besseren Welt beitragen in deinem Umfeld. Du wolltest vor allem ein gutes Gefühl haben für das, was du tust. Du wolltest „Ja“ zu

deinem Leben sagen. Und dann kommt alles anders. Es kann sogar sein, dass dein Weltbild dadurch zusammenbricht. Auch das „hast du nicht gewollt."
So oft geschehen Dinge, die wir eigentlich nicht wollen. Du stößt etwas an und das „Etwas" nimmt seinen von dir unabhängigen Verlauf. Nur begrenzt kannst du es noch beeinflussen. Wie gehst du aber jetzt um mit dem „Das habe ich nicht gewollt..."?
Mir hilft die Vorstellung, dass das letzte Wort dazu noch nicht gesprochen ist. Du weißt nicht, ob es am Ende doch zu etwas Gutem führt. Du bist ein wichtiges Rädchen im Weltgetriebe, weil das wirkt, was du tust. Gott sei Dank. Sonst wäre alles egal! Aber du bist nur ein relativ kleines Rädchen in der langen Menschheitsgeschichte. Da gibt es neben dir viele andere Räder, die auch etwas bewirken. Sie verstärken dich, sind neutral oder arbeiten gegen dich.
Der andere Impuls der mir kommt heißt: Dann übernimm doch einfach die Verantwortung dafür. Steh zu deiner Entscheidung. Steh zu deinen Fehlern. Bezahl den Preis und geh den nächsten Schritt. „Das habe ich nicht gewollt..." führt schnell in eine Ohnmacht. Wichtig ist es, aus dieser Ohnmacht herauszukommen. Einfach einen Schritt machen. Fast egal, welchen! „Entschuldigung, kann ich jetzt nach dem Fehlgriff etwas für dich tun?" „Was brauchst du jetzt, wo das passiert ist, was ich mit verursacht habe?" „Kann ich noch eine Korrektur versuchen?"
Zur Übernahme der Verantwortung gehört auch, die Augen aufzumachen und einzugestehen, dass alle meine Handlungen etwas bewirken. Wenn ich Gedanken an den Weltfrieden hege, trage ich etwas zum Frieden bei. Wenn ich meinen Arbeitskollegen gering schätze, dann trage ich etwas zum schlechten Betriebsklima bei. Es reicht, wenn ich es denke. Ich muss nicht einmal etwas tun.
Der verändernde Impuls und Glaubenssatz zu: „Das habe ich nicht gewollt..." heißt für mich: „Ich muss nicht stehen bleiben. Auch mit dem Geschehenen kann ich etwas machen. Ich kann eingestehen, Verantwortung übernehmen, Korrekturen einleiten

und das Vertrauen auf einen möglichen positiven Ausweg weiter im Auge behalten."

Ich habe mich so bemüht...

Ich musste einmal einen Vortrag im Kindergarten halten über religiöse Erziehung im Kleinkindalter und habe dafür viele Bücher gelesen. Ich habe mich hineingewühlt in Religionspädagogik und kindgerechter Gebetspraxis. Ich habe Ideen gesammelt für einen spirituellen und zugleich modernen Weg, heute als Familie religiös zu leben. Gemalte Folien gehörten selbstverständlich dazu und ein Handout für die Teilnehmer.
Nach fünf Minuten schon wurde ich unterbrochen durch einen Vater, der endlich seine ganzen Enttäuschungen über die Kirche abladen konnte. Das war das Einfallstor für einen Abend voller Kirchenkritik.
Dabei hatte ich mich so bemüht, ein anderes Bild von Kirche abzugeben. Ich hatte so viel vorbereitet und so gute Ideen. Ich hatte mich auf alle Eltern gefreut und gehofft, ihnen hilfreiche Ideen an die Hand geben zu können. Alle meine Mühen waren vergebens. So lautete die Quintessenz des Abends:
„Ich habe mich so bemüht..." Wie oft kommt es vor, dass du dir wirklich ganz viel Mühe gegeben hast. Du hattest ein Rezept ausgesucht und dementsprechend eingekauft. Du hattest dich hingestellt, liebevoll vorbereitet und gekocht. Dir hatte es selbst geschmeckt und du warst stolz auf deine Leistung. Dann sitzt deine Familie beim Essen und du tischst auf. Dein wunderbares Gericht! Alle probieren und - verziehen die Gesichter zur Ekelgrimmasse. Sie wollen deine Kochexperimente nicht! Lieber Pizza und Pommes. Du hast ihnen keinen Gefallen getan. Dabei hast du dir solche Mühe gegeben!
„Ich habe mich so bemüht..." Oft geht es darum, dass uns eine Arbeit Zeit und Energie gekostet hat. Wir haben echt investiert, so wie es ein gutes Unternehmen macht zur Verbesserung der

Produktpalette. Und dann dieses Enttäuschung. Es ist mir nicht gelungen oder es wird nicht gewürdigt.
Erinnerst du dich an Kommentare deiner Lehrer aus Kindertagen? „Er hat sich sehr viel Mühe gegeben!“ Du hast nicht gehört, wie fleißig du warst, sondern dass du es einfach nicht drauf hast. Du bist zu blöd! „Ich habe mich so bemüht...“ das kratzt an dein Selbstwertgefühl. Da musst du echt stark sein und zu dir stehen können.
Wie könnte da ein verwandelnder Impuls aussehen? Bei dem Satz „Ich habe mich so bemüht...“ folgt ja ein gedachtes „Aber“. Das „Aber“ bringt die Einschränkung und die Vernichtung der Bemühungen. Dieses „Aber“ denkst du mit und machst dich damit klein. „Ich habe mich so bemüht, aber es hat nicht geklappt. Aber ich war nicht gut genug. Aber die anderen haben mich nicht gesehen.“ - Streiche diese „Aber-Gedanken“ aus deinem Bewusstsein.
Vielleicht kannst du auch das Wort Mühe streichen. „Ja, ich habe alles gegeben!“ Du hast ganz viel Energie von dir hineingegeben. Auch wenn niemand anders das würdigt, so kannst du es selber würdigen. Du kannst dich selbst anerkennen für deine Leistung und Hingabe. Du tust es zunächst einmal für dich! Wenn die anderen das toll finden, auch gut! Die Umformulierung des einschränkenden Satzes heißt für mich: „Ja, ich habe alles gegeben und freue mich über mein Werk!“

Wie lange muss ich das noch aushalten...

Du kannst wirklich in ausweglose Situationen geraten. Du leidest einfach! Du musst einen Menschen ertragen, der dich ablehnt und du kannst nicht weg von ihm. Du bist konfrontiert mit einer Erkrankung, die dich unglaublich schmerzt. Du musst eine Arbeit verrichten, die dir gar nicht liegt und mit der du dich überhaupt nicht identifizieren kannst. Du bist in eine Phase gekommen, wo

du es eigentlich nicht mehr ertragen kannst, aber dennoch aushältst.
Es bleibt dir nichts anderes übrig? Du siehst keine Alternativen? Du steckst fest? Du hast keine Kraft und Energie mehr für einen Neubeginn? Du schleppst dich so gerade durch von Tag zu Tag?
„Wie lange muss ich das noch aushalten!“ Dieser quälende Schrei scheint eingebrannt zu sein in deinem ganzen Körper und in deiner Seele. Wenn das so ist, dann gebe ich dir gerne die Bestätigung und das Feedback: „Ja, das ist einfach zu viel!“
Das Unerträgliche wird eben irgendwann „untragbar“. Du kannst es nicht mehr tragen! Es ist zu viel geworden und du musstest es über einen zu langen Zeitraum tragen. Vielleicht hast du bei bestimmten Dingen irgendwann einmal eine vorläufige Erlaubnis gegeben. Du kümmerst dich zum Beispiel um deine alten Eltern. Aber du hattest nicht daran gedacht, dass das Jahre dauern könnte. Du hast mit ein paar Wochen gerechnet. Das wäre gegangen. Aber Monate oder sogar Jahre? Du übernimmst vielleicht eine schwere Aufgabe für den Augenblick aber nicht für einen unübersehbar langen Zeitraum. Dein Ja galt nur für eine kleine Strecke, für eine kurze Zeit.
„Ich muss das alles tragen! Wer soll das sonst machen? Es ist doch niemand da! Freiwillig mache ich das auch nicht!“ Solche Sätze höre ich dann und das macht mich mit hilflos. Manchmal scheint es nur so etwas zu geben wie einen Trostsatz: „Ich wünsche dir, dass es bald aufhört. Vielleicht geschieht ja auch mal ein Wunder!“
Hinter dem „Wie lange noch?“ steht zugleich ein „Eigentlich kann ich gar nicht mehr!“. Du bist schon jenseits deiner Kräfte angekommen. Sogar so weit, dass du nicht einmal mehr die Lasten aus deinen Händen legen kannst. Sie kleben an dir fest!
Gibt es einen rettenden Gedanken? Ich gehöre zu den unerschütterlichen Vertretern, die trotzdem nach einer Lösung suchen jenseits des „Wie lange noch ertragen!“ Vielleicht magst du jemanden bitten: „Hilfst du mir beim Tragen?“ Wenn da schon eine Last ist, die zur übermäßigen Belastung geworden ist dann

gibt es doch auch oft die Bereitschaft anderer Menschen, etwas mitzutragen. Ein wenig Entlastung! Ein wenig Freiraum! Als belasteter Mensch musst du allerdings die Bereitschaft haben, jemanden zu fragen und das Angebot auch zu würdigen. Du wirst nicht alles loswerden. Was du ja eigentlich möchtest. Aber die Entlastung wäre der erste Schritt hin zu einer Veränderung. Ein erster kleiner, aber hilfreicher Schritt. Einen kleinen Teil der Lasten jemand anderes zu übergeben. Vielleicht trägst du ja auch Teile, die dir gar nicht gehören. Da hat jemand dir etwas aufgeladen und du hast es einfach behalten. Jetzt musst du es eben zurückgeben. Vielleicht kannst du auch hier und da eine kleine Pause einlegen und dir Ruhezeiten erlauben und Abladeplätze finden. Mein veränderter Satz heißt: „Ich trage eine Last, die mir zu groß geworden ist. Kannst du mir helfen? Zugleich erlaube ich mir Zeiten und Orte der Entlastung!“

Wenn ich das gewusst hätte...

„Wenn ich das gewusst hätte, hätte ich mich völlig anders entschieden. Ich bin von völlig anderen Tatsachen ausgegangen.“ „Wenn ich das gewusst hätte, hätte ich nie das Haus gekauft. Jetzt hocke ich da mit den Schulden, die ich nicht mehr bezahlen kann.“ „Wenn ich das gewusst hätte, dass du ein so depressiv veranlagter Mensch bist, hätte ich mit dir nie eine Beziehung aufgenommen.“ „Wenn ich das gewusst hätte, wäre ich nie auf die Welt gekommen. Da ist so viel Unfrieden und Zerstörung. Mehr als ich ertragen kann.“

So viel „Wenn ich das gewusst hätte...“ Gehörst du auch zu den Menschen, die möglichst viel wissen möchten, damit sie eine Entscheidung treffen können? Das hat ja auch eine gewisse Logik. Wenn ich viel über etwas weiß, kann ich auch eine gute Entscheidung treffen. Ich kann abwägen und die beste aller Möglichkeiten herausfinden.

Wenn du so denkst, dann bist du doch ein sehr verantwortungsvoller Mensch. Dir kann man wirklich vertrauen. Du triffst keine

Entscheidungen ins Blaue hinein. Einfach so aus dem Bauch! Du überlegst gründlich. Du beherzigst die Worte deiner Eltern und Lehrer die dir einmal sagten: „Denk doch mal nach!“
Vielleicht hast du darum auch Angst vor einer Fehlentscheidung. Wenn du das gewusst hättest, dann hättest du dich nicht „falsch“ entschieden. Leider können wir immer nur eine Entscheidung treffen mit dem Wissen zu dem Zeitpunkt, wo wir uns entscheiden müssen. Wenn du es gewusst hättest, hättest du eine noch bessere Entscheidung treffen können.
Es kann aber auch passieren, dass du gar keine Entscheidung triffst. Du wartest und wartest und informierst dich hier und dort. Du denkst, dass du bestimmt was übersehen hast und dass irgendjemand noch mehr weiß. Dann geschieht es, dass du auf einmal zu spät bist. Die Zeit ist abgelaufen. Die Geschichte hat sich ohne dich weiterentwickelt. Ein anderer Interessent hat die Ferienwohnung gemietet auf die du spekuliert hast. Dir fehlten noch ein paar ganz wichtige „Details“. Dinge, die nicht in der Internetbeschreibung waren wie: Wo gibt es den nächsten Bäcker? Wann gibt es die stärkste Sonneneinstrahlung auf der Terrasse? Wie stark ist der Strahl, der aus der Dusche kommt? Wenn du gewusst hättest, dass jemand anders sich auch für die Wohnung interessiert, hättest du schneller zugegriffen.
„Wenn du das gewusst hättest“ kann auch ein Ausdruck deiner Angst sein. Die Angst überhaupt vor Entscheidungen. Deine Überzeugung, dass du nichts falsch machen darfst. Deine Sorge, von anderen dafür kritisiert zu werden. Die Stimme deines inneren Kritikers der da sagt: „Mach bloß nichts unüberlegt!“ – „Nachher wirst du es bitter bereuen!“
Die Umwandlung dieses Glaubenssatzes aus meiner Sicht könnte heißen: „Du bist begrenzt. Du wirst nie alles wissen. Du wirst nie wirklich genug wissen und du kannst dich auch entscheiden mit einem begrenzten Wissen. Du kannst viele Dinge im Laufe des Weges noch korrigieren. Und vielleicht entsteht aus dem scheinbar Negativen auch etwas Positives. Das Leben hält noch Überraschungen für dich bereit und du kannst dich darin einüben nur so ungefähr perfekt zu sein.“ Der

dazugehörige Umkehrsatz könnte also heißen: „Das, was ich weiß wird ausreichen für meine Entscheidung. Und zugleich vertraue ich auf meinen Bauch, der mehr und anders „weiß“ als mein Kopf.“

Hätte ich doch was gesagt...

„Ja genau! Hätte ich doch bei der letzten Dienstbesprechung was gesagt. Ich habe genau gewusst, dass es nicht funktioniert. Aber alle anderen haben so stark argumentiert, dass ich nichts mehr sagen mochte. Jetzt ist es zu spät und ich muss eine Sache mit ausbaden, die ich gar nicht so wollte.“
„Hätte ich doch was gesagt als mein Mann sich dieses Auto gekauft hatte. Ich habe gleich gewusst, dass es für uns als Familie nicht geeignet ist. Kein Platz für Gepäck. Das habe ich sofort gesehen. Aber mein Mann wollte unbedingt diesen Wagen. Ich habe mich nicht getraut. Mein Mann hätte mich bestimmt platt geredet. Jetzt ist es zu spät und wir müssen mit diesem Wagen irgendwie klarkommen.“
Kennst du solche oder ähnliche Situationen? Eine Stimme in dir spricht: „Sag was! Das geht so nicht!“ Aber du schweigst. Du scharrst mit den Füßen. Du schaust unruhig hin und her und zugleich fühlst du dich gehemmt. „Soll ich es sagen? Wie stehe ich denn da, wenn ich nicht recht habe?“ Du wirst vielleicht wieder als Spaßbremse abgestempelt. „Schon wieder die mit ihren ewigen Bedenken!“
Wenn du bereit wärest, die Folgen einer Fehlentscheidung zu tragen, wäre ja alles in Ordnung. Aber du bist gar nicht bereit. Du hättest nur etwas sagen müssen! Dann ärgerst du dich doppelt. Du findest die Entscheidung falsch und du hast nichts gesagt. Du ärgerst dich über dich selbst. Über deine Feigheit. Über deine Angst. Über dein mangelndes Selbstvertrauen. Und dann klebst du am „hättest“ fest. Stundenlang zerfleischst du dich in Gedanken und möchtest die Uhr zurückdrehen. „Hätte ich doch...“

Hast du aber nicht! Du hast nichts gesagt! Du wirst damit leben müssen. Du kannst es dir dabei leicht machen oder schwer. Du kannst dich tagelang geißeln und deine geschwollene Zunge pflegen auf die du gebissen hast um nichts zu sagen. Du kannst aber auch sagen: „Nicht noch einmal! Das nächste Mal rede ich! Ich überwinde alle Hindernisse und sage, was ich denke!“
Die Umkehrung in diesem Fall könnte heißen: „Ich spreche aus was ich denke und bin bereit, jeden möglichen schiefen Blick zu tragen. Mein Gedanke ist genauso wichtig wie jeder andere. Auch ich trage etwas dazu bei, dass es zu einer gemeinsamen Entscheidung kommt, an der ich meinen Anteil haben darf.“

Jetzt ist es zu spät...

Eigentlich wolltest du dich entschuldigen bei deiner Freundin, bei deinem Freund. Dir war klar, dass du dich nicht richtig verhalten hast. Dein enttäuschtes Gegenüber wartet und du bekommst die Kurve nicht. Du schämst dich. Du findest scheinbar nie den richtigen Zeitpunkt. Bis du es doch mal eines Tages hinbekommst. Du hast dich überwunden. Deine eigenen Kränkungen aus dem Weg geräumt. Du stammelst deine Entschuldigung und bekommst die Antwort: „Jetzt ist es zu spät...“ Du hast zu lange gewartet und den Zeitpunkt verpasst wo noch etwas möglich gewesen wäre.
Da gibt es so ein merkwürdiges Ziehen im Bauch und/oder im Brustraum. Ein Teil von dir weiß es. Ein Teil weiß, dass du handeln musst. Ein anderer Teil in dir ist rebellisch. Der Verstand gibt dir klare Botschaften und der Bauch leistet rebellischen Widerstand. Du spürst das Ringen und du spürst den Druck. Eigentlich müsstest du jetzt aktiv werden. Aber es geht nicht. Du magst es mit Angst bezeichnen oder mit Unsicherheit. Oder mit Widerwillen oder Rebellion. Am Ende zählt das Ergebnis. „Jetzt ist es zu spät...“ Dein innerer Kampf hat zu lange gedauert. Du hast verloren! Wirklich?

Vielleicht hat dein Bauch sich am Ende einfach nur durchgesetzt. Er wollte nicht. Er hat sich stur geweigert und erst nachgegeben, als es eh zu spät war. Der Kopf hatte vielleicht gute Argumente, aber die Gefühle wollten das nicht akzeptieren.
Wann ist etwas zu spät? Manchmal geschieht es einfach durch Zufall. Dann kannst du eh nichts dafür. Es kommt wie es kommt. Du bist ein Spielball der Kräfte. Manchmal jedoch liegt es nur daran, dass du mit dir nicht in Übereinstimmung bist. Kopf und Herz schwingen nicht synchron. Dann ist es deine Aufgabe, wieder mit dir selbst in Übereinstimmung zu kommen.
Wie könnte ein Umkehrgedanke aussehen? „Für diese konkrete Situation ist es zu spät. Aber es ist nicht zu spät mit dem was jetzt da ist, etwas zu machen." Du kannst beschließen, demnächst nicht so lange zu warten. Du ziehst die Konsequenzen. Du kannst trotz der verpassten Möglichkeiten mit deinen Freunden und Freundinnen in Verbindung bleiben. Wenn durch das „Zu spät" sich ein Mensch von dir trennt kannst du von deiner Seite her die Verbindung aufrecht halten so gut es geht. Auch wenn es einseitig ist.
Vielleicht folgst du auch nur einem alten Glaubenssatz, den du über Bord werfen darfst. Der „Jetzt ist es zu spät..." kann leicht in eine Depression führen. „Es ist nie zu spät..." Das gilt genauso. Du bist zu spät dran für einen bestimmten Zug, der jetzt weg ist. Dafür ist es noch Zeit für einen Kaffee am Bahnhof und ein Schwätzchen mit einem anderen Reisenden am Bahnsteig. Vielleicht findest du da die Grundlage für eine neue Lebensfreundschaft. Außerdem glaube ich, dass du auf jeden Fall rechtzeitig in der jenseitigen Welt ankommen wirst. „Zeit" ist lediglich eine irdische Erscheinung.
Der Umkehrsatz könnte heißen: „Es ist weder zu spät noch zu früh. Es ist Jetzt! Und da bin ich – im Jetzt!"

Nie wieder...

Du hast dir die Finger verbrannt? Du bist tief enttäuscht? Du bist so enttäuscht, dass das „Nie wieder...“ auf die Welt kam? Es kam in deine Welt. Nie wieder möchtest du dir die Finger verbrennen. Nie wieder darf dich jemand so verletzen! Nie wieder wirst du vertrauen! Nie wieder wirst du dein Herz öffnen!

Ich war vor vielen Jahren in Indien und habe dort meinen Urlaub verbracht. In der letzten Woche bekam ich eine starke Infektion und verbrachte nach der Reise drei Wochen in einer Klinik. Meine Haut war übersät mit vielen schmerzenden Eiterblasen. Nie wieder wollte ich nach Indien reisen. Allein der Gedanke daran verursachte mir Ekel, Angst und Abwehr. Viele Jahre konnte ich auch hier kein indisches Restaurant besuchen. Nie wieder wollte ich etwas mit diesem Land zu tun haben, das mich gefühlt an den Rand des Todes gebracht hatte.

Darum kann ich das „nie wieder...“ gut nachvollziehen. Der Schmerz muss nur tief genug sitzen. Das „Nie wieder...“ folgt einem tiefen und eindrucksvollen Erlebnis. Bei mir führte es zu der Folge, dass ich nie wieder nach Indien wollte. Ich war auch nie wieder in Indien. Aber immerhin habe ich meine Phobie bezüglich eines indischen Restaurants überwunden. Manchmal lasse ich mich überreden und kann dort sitzen und essen. Der Ekel, die Angst und die Abwehr machen sich bemerkbar und behindern mich, aber nicht mehr so, dass ich völlig blockiert werde. Ich kann mich begrenzt auf Indien einlassen. Mein „Nie wieder...“ bröckelt seit einiger Zeit.

Nie wieder lieben? Nie wieder eine Freundschaft? Nie wieder einem Menschen vertrauen? Dann kannst du gleich mit dem Leben aufhören, oder? Wenn du für alle Lebensbereiche ein „Nie wieder...“ aussprichst kannst du dir gleich einen Sarg bestellen. Nie wieder leben!

Wie könnte ein hilfreicher Gedanke heißen? Vielleicht musst du nur ein wenig von dem „Nie“ zurücknehmen. Etwa so: „Im Augenblick, zur Zeit kann ich nicht vertrauen. Ich trage noch die schlechten Erfahrungen in mir. Vielleicht sieht meine Welt

morgen aber schon ein wenig heller aus. Jetzt gerade mag ich nicht mehr.“ Wenn du so denkst machst du deutlich, dass du gerade ein schlimmes Erlebnis hattest, aber du machst daraus kein Drama oder sprichst ein Todesurteil. Du behältst dir selber die Freiheit vor, morgen anders zu denken. Heute nicht mehr aber morgen vielleicht!
Du weichst dein „Nie wieder...“ auf, weil es für dich einen höheren Wert gibt. Die Liebe darf noch eine Chance bekommen. Das Vertrauen ist auf die Dauer heilsamer für dich und führt dich in eine höhere Kohärenz als die Enttäuschung und das Misstrauen. Anderenfalls müsstest du ständig dein „Nie wieder...“ bedienen. Deine Körperhaltung wäre voller Abwehr und Widerstand. Deine Umwelt würde denken: „Mit diesem Menschen ist es echt schwer auszuhalten. Ständig diese negativen Sätze, diese feindliche Ausstrahlung.“ Und du bekämest daraufhin deine fortwährende Bestätigung: „Habe ich doch gewusst, dass ich nicht vertrauen oder lieben darf. Ich werde nur enttäuscht.“
Der lebensfreundlichere Gedanke lautet also: „Immer wieder gebe ich der Liebe und dem Leben eine Chance. Niemand wird es schaffen, mich ganz aus dem Vertrauen herauszuwerfen. Ich komme wieder, auch wenn ich enttäuscht bin. Ich gönne mir eine Auszeit und pflege meine Wunden. Und dann bin ich wieder da! So oft ich kann...“

Warum immer ich...

Mir kommen Menschen in den Sinn, die sich scheinbar in einer lebenslangen Pechschleife befinden. Wenn sich sonst niemand ansteckt mit einer Grippe, dieser eine Mensch schafft das ganz bestimmt. Wenn alle das Ziel finden, diese Person wird sich verlaufen. Allen im Restaurant schmeckt das Essen und dieser „Pechvogel“ bekommt nicht, was er bestellt hat. Hat vielleicht auch noch die Geldbörse vergessen. Den Bus verpasst. Auf der Autobahn mit einer Panne liegengeblieben usw.

„Warum immer ich..." höre ich dann als Kommentar. Damit schwingt so eine gewisse Hilflosigkeit und Resignation. Da gibt es zwar so ein Bemühen, ja auch alles richtig zu machen. Diese Menschen sind oft sehr sorgfältig und umsichtig in ihren Planungen. Aber zugleich wirken sie so, als hätten sie einen Aufkleber auf dem steht: „Schicksal, schlage mich! Etwas geht noch!" Diese Menschen legen schon bei der Planung ihrer Aktionen einen Keim von Misslingen und Unglück mit hinein. Fast automatisch kommt das herbeigefürchtete Pech und sagt wie selbstverständlich: „Da bin ich! Du hast mich gerufen!"
Warum immer ich? Weil du es auf der unbewussten Ebene bestellt hast? Vielleicht nicht auf dem Bestellzettel, aber auf dem heimlichen Wunschzettel. Nach dem Gesetz der Wahrscheinlichkeit bekommt jeder Mensch mal einen Schlag ab. Irgendwann und irgendwo. Es ist einfach wahrscheinlich, mehr aber nicht!
Geh doch mal zurück, wann dieser Glaubenssatz entstanden ist in deiner Biografie. Denn ich halte diesen Satz „Warum immer ich..." eher für einen Glaubenssatz als für eine Erfahrung. Du bekommst lediglich die Bestätigung für deinen Glauben. Und der scheint sehr stark zu sein.
„Warum immer ich..." – Fragst du wirklich nach dem „Warum"? Gehst du dem „Warum" wirklich nach, mit aller Konsequenz? Welche „Weil" - Antworten würdest du bekommen? Weil du es verdient hast? Weil du schlecht bist? Weil du zu dumm bist? Wenn du solche „Weil" – Antworten in deinem Inneren wahrnimmst, dann hörst du die Stimme deiner Eltern. Sie haben dich vielleicht nicht wachsen lassen. Und sie haben dir wenig zugetraut. „Warum immer ich...?"
Weil es Zeit wird, diese Frage einfach über Bord zu werfen. Keines dieser drei Wörter stimmt! Weder „warum" noch „immer" noch „ich". Es wird Zeit, diese alten Klebezettel von der Stirn zu entfernen.
Wie könnte der Umkehrungssatz heißen? Du beginnst mit dem Weichspülen. Du hast sehr viel Glück im Leben gehabt. Sonst wärest du in deiner Pechsträhne bestimmt schon gestorben. Du hattest total viele glückliche und gelungene Situationen. Wenn

du eine Liste machst mit zwei Rubriken von Glück und Pech und du ganz ehrlich mit dir bist. Wo wirst du mehr hin schreiben? Du wirst dich an dein Pech besser erinnern, darum wirst du da mehr finden. Es liegt aber nur an deinem Erinnerungsvermögen. Die Tatsache, dass du lebst, ist ein Hinweis darauf, dass es genug gab, damit du dich am Leben halten konntest. Das nenne ich doch mal echtes Glück!
Vielleicht magst du diesen Satz mal erweitern: „Warum nur komme ich aus jeder Krise wieder hervor?!" „Wie schaffe ich es nur, in dieser „Charly Chaplin Qualität" zu leben! Immer zu fallen ist nicht die Kunst, sondern dieses Aufstehen! Wie habe ich das nur hinbekommen? Jeder andere wäre längst am Boden liegengeblieben. Aber ich nicht! Ich bin ein „Wieder - Aufsteher!" Das nenne ich mal wirklich eine großartige Qualität.

Wenn ich nur könnte...

Wenn ich nur könnte, dann würde ich es ja tun. Aber die Umstände verhindern es. „Wenn ich nur könnte..." lebt von dem Nachsatz „...dann würde ich." Ich will ja wohl aber ich kann doch nicht.
Mach doch einmal eine Liste all der Dinge, die du tun willst, aber nicht zu können glaubst. Du merkst schon hier meine Umformulierung. Die erste Unterscheidung. Es gibt Dinge, die ich nicht kann und Dinge, die ich glaube nicht zu können. Ich kann definitiv kein Flugzeug fliegen und als Mann Kinder gebären. Fliegen habe ich nicht gelernt und für eine Schwangerschaft fehlt mir die anatomische Voraussetzung. Ein Haus bauen habe ich auch nicht gelernt und kann es nicht. Da vermute ich aber eher einen Glaubenssatz. Ich glaube, dass ich es nicht kann. Wenn ich da genauer nachforsche dann stimmt es so nicht. Als Kind habe ich regelmäßig Hütten im Wald gebaut. Zwischen Hütten und Häusern gibt es keinen so großen Unterschied. Du brauchst

Wände, ein Dach und einen Eingang. Es scheint also vom Grundprinzip her kinderleicht.
Jetzt nimmst du an einer Weiterbildung teil und der Trainer fordert dich zu einer Übung auf. Was ist dein erster Impuls? „Das kann ich nicht!" Natürlich kannst du es nicht im Sinne von Könnerschaft und Perfektion! Wie denn auch? Aber du kannst jetzt diese Übung machen. Es geht um eine Übung und nicht um die Demonstration deines Könnens. Da läuft also ein unbewusster Mechanismus ab. Ich soll üben? Ich mache das bestimmt nicht perfekt. Ich werde mich bestimmt blamieren. Alle werden auf mich schauen und mir sagen, wie schlecht ich bin. Wie unfähig! Warum ich mich überhaupt hier angemeldet habe! Du katapultierst dich in Windeseile in dein „Unfähigkeitsprogramm." Der Trainer muss nur sagen: „So, jetzt habe ich es euch gezeigt und jetzt dürft ihr einmal üben." Bei welchen Worten wirst du gleich emotional hochgehen? „Ja, gezeigt hast du es. Aber noch nicht ganz genau erklärt!" – „Dürfen? Dass ich nicht lache! Ich muss ja wohl!" – „Üben? Meint der wirklich üben? Wenigstens den Hauch einer Ahnung sollte ich zeigen." Dein unbewusstes Unfähigkeitsprogramm katapultiert dich in Windeseile in die absolute Hilflosigkeit.
Dann läuft das nächste Programm ab das da heißt: „Wie komme ich da wieder raus!" Wenn du dich weigerst, stehst du auch schlecht da. Es nicht zu tun wird dich blamieren und es zu tun auch! Du hast die Wahl zwischen Cholera und Pest. Wie rettest du dich vor dir selbst? „Ich will ja wohl! Wenn ich nur könnte..." Du machst wenigstens das Angebot deines guten Willens. Deinen guten Willen wird der Trainer bestimmt positiv konnotieren. Du wirst nicht in einem allzu schlechten Licht dastehen vor allen anderen Kursteilnehmern.
Nun mag so eine Weiterbildung eine Ausnahme sein. Gott sei Dank befindest du dich nicht zu oft in so einer Kurssituation und meldest dich darum auch lieber nicht zu diesen Veranstaltungen an. Vielleicht jedoch gehörst du zu den Menschen, die mit diesem Glaubenssatz in einem Abgrund hocken. „Wenn ich nur könnte..." ist dein Lebensthema geworden. Immer und ständig

zweifelst du an deinen Fähigkeiten. Ständig bewertest du deine Stagnationen und fehlenden Fortschritte. Du leidest darunter und du kommst nicht so richtig voran. Gefühlt wirft dich jede Herausforderung zurück. Auf den Stuhlgang übertragen hieße dein Motto: „Ich drücke, aber es kommt nichts!"

Wo könnte da ein verändernder Gedankenansatz beginnen? Meine erste Idee lautet: „Du willst zwar, aber du willst zu sehr wollen. Dein starkes „Wollen" führt zu einem verminderten „Können". Du hast zu viel Druck! Du hörst womöglich die inneren Elternstimmen, die da sagen: „Streng dich mal an!" „Der Wille allein genügt nicht!" „Übe mal eifrig, dann kannst du das auch!" „Du bist halt nicht so intelligent wie dein Bruder, wie deine Schwester!" „Schon dein Opa konnte nicht ordentlich sprechen. Du hast das von ihm!"

Deine Eltern haben dir ein genmanipuliertes Samenkorn eingepflanzt. Identifiziere es und gib es deinen Eltern zurück. Es gehört ihnen und zu ihrem Leben und nicht zu dir.

Wenn du das zu starke „Wollen" loslässt, kann sich dein Potential erst entfalten. Es ist in Ordnung, dass du dich blamieren könntest. Ja steh zu deiner Scham! Werde dir bewusst, dass da ein uraltes Programm in dir abläuft. Schreibe dir ein lustvolles neues Programm. Werde zu einer Entdeckerin und einem Entdecker. Sei dir bewusst, dass du noch gar nicht weißt, was du alles so kannst. Du kannst mit Sicherheit viel mehr. Vielleicht kannst du bei dem Lehrgang gerade nicht diese Übung. Dafür kannst du eine andere Übung. Du kannst den Trainer beeindrucken mit deiner Schlagfertigkeit, deinem Blick, deinem Scharm, deiner Wissbegier, deinen Fragen oder was auch immer.

In deinem Inneren blickst du auf eine Messlatte, die unheimlich hoch gelegt ist. Eine Messlatte, über die du nie springen wirst. Leg sie auf dem Boden und schlendere mal so gerade drüber. Oder geh unter deiner Messlatte hindurch. Auch das ist möglich!

Ich habe beschlossen, dass ich nie einen Flugschein machen werde. Da gehe ich voll unter meine Anspruchslatte hindurch.

Ich werde immer in einem Flieger mitfliegen – als Passagier. Da schlendere ich über diese Messlatte.
„Wenn ich nur könnte..." Formulieren wir den Satz freundlich um: „Ich befreie mich von diesem Gedanken. Vor allem von dem Aspekt des Selbstmitleides. Von meinem Betteln um Anerkennung! Das brauche ich nicht. Ich finde Respekt in mir selbst. Ich kann genug, um das Leben zu bestehen. Ich kann genug, um mich des Lebens zu erfreuen. Und zu dem, was ich nicht kann, stehe ich und lasse es los."

Wege aus dem Abgrund

Ich habe exemplarisch lediglich ein paar Sätze aus dem Abgrund ausgewählt. Ich vermute, dass jeder einen anderen „lebensbedrohlichen" Satz kennt. Deiner war möglicherweise gar nicht dabei. Es geht auch nicht so sehr um den Satz, sondern um das damit verbundene Gefühl der Ohnmacht, der Angst und der Hilflosigkeit.
Niemand hält sich gerne in diesen schrecklichen Feldern auf. Du fühlst dich abgeschnitten vom Leben und von der Liebe. Du hast den Eindruck, dass du da auch so schnell nicht wieder herauskommst. Die Abgrunderfahrungen erscheinen zugleich so absolut und so bodenlos. Ein Abgrund kann zwei Meter oder schnell auch zwanzig Meter tief sein. Bei zwei Metern funktionieren noch die eingeübten Überlebensstrategien. Du denkst zuerst nach. Du suchst dann nach Lösungen. Du erinnerst dich an deine Fähigkeiten. Du findest Lösungsstrategien. Du bist noch nicht am Nullpunkt.
Wenn du jedoch tiefer rutschst, weil das Ohnmachtsgefühl stetig zunimmt, näherst du dich einem Zustand, in dem die Resignation überhand nimmt bis du dich ihr ergibst. Bis dahin leistest du Widerstand.
Jetzt stell dir einmal vor, dass du ab einem gewissen Zeitpunkt den Widerstand aufgibst. Du rutschst wirklich hinein bis in die tiefste Tiefe. Normalerweise wehrst du dich. Jetzt lass mal

einfach die Frage zu, die da heißt: Was kommt nach dem Abrutschen? Was liegt unter dem Abgrund? Wer bin ich jetzt, wenn ich da so liege? Welche „Ich-Anteile“ liegen da in der Tiefe des Abgrundes? Alle? Wirklich alle? Vielleicht gibt es noch ein anderes „Ich“, das nicht da liegt? Nach diesem „Ich“ könnte ich jetzt fragen. Diesem Teil könnte ich mich jetzt zuwenden.
Und der Teil, der im Abgrund liegt, muss vielleicht dort liegen, weil dieser Teil nicht mehr gebraucht wird. Weil dieser Teil sterben muss. Weil dieser Teil begraben werden möchte. Totes stößt du in den Abgrund und überlässt es der Erde für den Kompostierungsprozess.
Vielleicht sind alle deine Notschreie am Rande des Abgrundes: „Wie lange muss ich das noch aushalten!“ „Warum immer ich!“ „Hätte ich doch was gesagt!“ lediglich das Material, das du zum Kompostieren abgeben möchtest. Es geht ja um deine Weiterentwicklung. Die Glaubenssätze, die dich hindern, kannst du der Erde übergeben. Du hast sie für ein paar Jahre deines Lebens gebraucht und ordentlich gefüttert! Mit allen dazugehörigen Erfahrungen, die dein Leben so ohnmächtig hat werden lassen. Weg mit dem ganzen Müll! Nur ein Teil von dir liegt im Abgrund. Ein anderer Teil ruft dich zum Aufstehen und zur Auferstehung. Der göttliche Teil in dir möchte solche lebensfeindlichen Sätze abstreifen. Sie sind vergleichbar mit einem Computerprogramm aus längst vergangenen Tagen.
Somit musst du nicht nach Wegen aus dem Abgrund suchen. Dort landet das, was dort irgendwann landen muss. Aber du kannst nach den Anteilen schauen, die dich leben lassen und die eine andere Sprache sprechen. Eine Sprache der Liebe und eine Sprache des kraftvollen „Ja“. Der Teil im Abgrund darf ruhig ohnmächtig werden - genauer betrachtet heißt es ja „ohne Macht“. Du entziehst den tödlichen Sätzen die todbringende Macht. Keine Flucht mehr vor dem Abgrund. Keine Angst vor dem Tod. Eine Entscheidung für das Leben und für die Liebe.

5 Achtsamkeit von Papst Johannes XXIII

Papst Johannes XXIII richtet seinen achtsamen Blick auf das Heute. Auf 10 Punkte möchte er sich und uns hinweisen. Beginnen wir mit dem ersten Punkt und sehen die wertvollen Hinweise für unseren eigenen Alltag.

1. Nur für heute werde ich mich bemühen, den Tag zu erleben, ohne das Problem meines Lebens auf einmal lösen zu wollen.

Bist du ein Morgen- oder eher ein Abendgrübler? Kannst du nicht einschlafen, weil die vielen unerledigten Dinge in deinem Kopf schwirren? Oder wachst du am Morgen auf und überlegst, was du alles in den kommenden Tagen erledigen musst. Dabei fallen dir besonders die Hürden und Hindernisse ein. Es kommen Druckgefühle und das schlechte Gewissen.

Oder es kommt ein Familienangehöriger zu dir und beginn: "Das war ganz schrecklich mit meinem Arbeitskollegen. Der schüttet mich immer zu mit seinen Themen, dass ich mich gar nicht konzentrieren kann. Ach ja, die Auffahrt zur Garage müssen wir unbedingt reinigen, weil sich der Nachbar schon beschwert hat. Der macht mir auch echt Sorgen. Ständig nörgelt er an uns herum. Wir müssen unbedingt mal mit dem reden. Jetzt gehe ich eben in den Keller und wechsle eine Dichtung aus. Oder müssen wir noch einkaufen? Da habe ich gar keine Antenne für. Aber wenn ich sehe, wie du mich anschaust, dann denke ich, das müssen wir sofort tun."

Alles auf einmal! Das wäre die Lösung, nicht wahr? Dann hättest du es hinter dir! Aber wir Menschen leben in Raum und Zeit. Wir können nicht tausend Dinge gleichzeitig machen. Das "auf einmal" überfordert uns. Es kann schnell geschehen, dass du eine völlige Blockade bekommst. Da steigt so ein fetter Nebel in deinem Inneren auf. Der bewirkt Druck und Abwehr. Du verlierst den Zugang zu deinen Fähigkeiten. Du verlierst die innere

Freiheit. Das Hamsterrad fängt an sich zu drehen und du weißt, es wird nicht aufhören.

Papst Johannes empfiehlt, den Tag zu erleben, ohne das Problem seines Lebens auf einmal lösen zu wollen. Man achte auf die Details.

Der Papst spricht von sich! "Ich werde..." Er beschränkt sich auf das "Heute!" Er spricht vom Bemühen und nicht von dem Anspruch, dass es perfekt gelingen müsste. Er erkennt, dass die vielen kleinen Probleme etwas mit meiner Persönlichkeit zu tun haben. Er entscheidet sich für Geduld, Beschränkung, Freiraum.

Was ist dein Zuviel? Was kannst du für heute streichen? Was müsstest du selber gar nicht tun, weil jemand anders die Verantwortung trägt? Wie geht es dir mit deiner Perfektion? Kinder wollen oft alles sofort. Geduld ist nicht leicht. Es kann aber sein, dass es Freude macht, die Aufgaben zu reduzieren und mehr Sorgfalt und Wohlwollen hineinzulegen.

2. Nur für heute werde ich große Sorgfalt in mein Auftreten legen: vornehm in meinem Verhalten; ich werde niemanden kritisieren, ja ich werde nicht danach streben, die anderen zu korrigieren oder zu verbessern - nur mich selbst.

Nur heute - vielleicht auch nur in diesem Augenblick! Wenn Menschen lesen könnten, was auf meiner Stirn geschrieben steht würden es da manchmal heißen: "Das finde ich nicht gut!" - "Das finde ich nicht richtig!" Hast du einmal beobachtet, wie oft am Tag du etwas an deinem Gegenüber auszusetzen hast? Ob es deine Kinder sind, deine Arbeitskollegen, die Nachbarn, die weite Verwandtschaft, die Politiker... Du könntest den ganzen Tag und den Rest deines Lebens Menschen für ihr Verhalten kritisieren. Wie leicht ist es, den anderen zu verbessern. "Mach doch mal so!" "Hast du es mal so probiert?" "Das kannst du doch so nicht machen!" Wie geht es dir, wenn du selber kritisiert wirst?

Wirst du dann kleinlaut und verkriechst dich in dein Schneckenhaus? Oder ruft das deinen Ärger hervor und du gehst in den Widerstand? In der Regel bekommst du irgendein scheußliches Gefühl. Es sei denn, du bist schon so erleuchtet, dass du gelassen mit jeder Form von Kritik umgehen kannst. Eigentlich möchtest du jemanden helfen und machst das in Form einer negativen Kritik. Das erzeugt dann beim anderen ein negatives Gefühl und du bekommst eine abwehrende Resonanz. Dann sagst du wiederum: "Ich habe es ja nur gut gemeint!" "Ich wollte nur helfen!" Ich glaube, dass diese Form von Hilfe überflüssig ist. Bist du beauftragt worden? Hat dich jemand danach gefragt?

Papst Johannes schlägt vor, dass wir große Sorgfalt in unserem Auftreten legen und vornehm sein dürfen in unserem Verhalten - wohlgemerkt nur heute! Mir gefällt es, dass ich zunächst einmal in eine Grundhaltung hineingehe. Ich bin sorgfältig und vornehm! Das klingt ein wenig altertümlich, hat aber einen ganz schönen Kern. Du entdeckst in dir einen aristokratischen Zug. Du gehst in deine Göttlichkeit und in deine Würde. Wenn du in dir selbst ruhst und dich wertschätzt, dann gibt es meistens gar keinen Grund zur Kritik. So großzügig, wie du dir selber gegenüber bist, wirst du auch deinem Gegenüber sein, vom Kind bis zum Greis, vom Bettler bist zum Millionär.

Ich werde nicht danach streben, die anderen zu korrigieren, nur mich selbst. Der Gedanke gefällt mir. Ich arbeite an mir selbst. Ich entwickle mich - heute. Ich bin sorgfältig in dem was ich sage und auch was ich denke.

Das gilt nicht nur für das, was wir sagen, auch für das, was wir denken. Unsere kritischen Gedanken und Gefühle werden sich in unsere Körpersprache ausdrücken. Wir wirken dadurch abweisend und ablehnend. An sich selbst zu arbeiten ist ein Mammutunternehmen und eine Lebensaufgabe. Eigentlich hätte ich damit schon genug zu tun - heute! Und auf heute beschränke ich mich. Der Kritiker in mir wäre mit größeren Zielen nicht einverstanden.

3. Nur für heute werde ich in der Gewissheit glücklich sein, dass ich für das Glück geschaffen bin - nicht für die andere, sondern auch für diese Welt.

Es gibt Tage, die echte Unglückstage sind. Warum? Warum habe ich diese unheilbare Krankheit? Warum bin ich ein Mauerblümchen? Warum werde ich immer übersehen? Du könntest dich vor den Spiegel stellen und den Hut des Leides aufsetzen. Du bist der unglücklichste Mensch der Welt. Womit hast du das verdient? Das ist auch ungerecht! Ohne Abstriche! Du hast das Unglück nicht verdient!

Angesichts all deiner leidvollen Augenblicke wäre es vermessen zu denken, du könntest immer und überall glücklich sein, oder? Papst Johannes spricht wieder vom "Heute". Nur heute werde ich... Dann kommt ein interessanter Gedanke. Er spricht von der "Gewissheit". Er wartet nicht auf einen glücklichen Augenblick und hofft, dass er kommt. Er ruft die Gewissheit in sich wach. Gewissheit meint so etwas wie ein inneres Wissen. Das innere Wissen ist unerschütterlich in der Zuversicht, eigentlich für das Glück bestimmt zu sein. Es kann sein, dass in diesem Augenblick ich mich in einer Situation befinde, dich mich nicht glücklich macht. Zugleich trage ich die Gewissheit in mir, dass ich dennoch für das Glück bestimmt bin. Die Gewissheit macht dich stärker als das erlebte Glück!

Du könntest schnell zu einem "Glücksjunkie" werden. Du hechelst immer und ständig danach, dass du um jeden Preis glücklich sein musst. Allein das Hecheln danach verhindert dein Glück. Gehe einmal der inneren Gewissheit nach. Die Gewissheit, dass ich für das Glück bestimmt bin, macht mich glücklich.

Zugleich gibt es da auch noch den Punkt, dass ich nicht nur für die andere, jenseitige Welt erschaffen bin. Ich muss nicht auf das Leben nach dem Tod warten und mich vertrösten lassen. Ich bin für das Heute erschaffen und darf diesen Tag und diesen Augenblick genießen.

4. Nur für heute werde ich mich an die Umstände anpassen, ohne zu verlangen, dass die Umstände sich an meine Wünsche anpassen.

In meinen Beratungen mache ich manchmal folgende Erfahrung: Ein Mitarbeiter hat Probleme mit seinem Vorgesetzten. Er findet auch, dass das Unternehmen keine so gute Firmenphilosophie hat. Es gibt Intrigen und Verfilzungen. Probleme werden auf die lange Bank geschoben und manche arbeiten nicht für ihr Geld oder nutzen andere aus. Manchmal behindern die Umstände mein Glück und meine Weiterentwicklung.

Der Weg ist zu weit. Die Arbeit ist zu langweilig. Der Kollege ist zu umständlich! Wenn das alles nicht wäre, dann könnte ich ja so richtig loslegen. Wenn die Umstände anders wären, dann...

Leider sind die Umstände so wie sie sind. Manche Menschen versuchen ständig, die Umstände zu verändern. Die Umstände sind leider so groß und mächtig, dass da oft nichts zu machen ist. Wenn der Chef netter wäre könnte ich eine viel bessere Arbeitsleistung bringen.

Nur für heute werde ich mich an die Umstände anpassen. Die Vorstellung mag ich. Eigentlich wünschte ich mir eine bessere Welt. Für heute entscheide ich mich dafür, mit dieser Welt zu leben, so wie ich sie vorfinde. Morgen könnte ich mich auch anders entscheiden. Heute entscheide ich mich dafür, mich mit dem schrecklichen Chef zu arrangieren. Morgen könnte ich ihn vergiften! Aber heute nicht! Heute passe ich mich den Umständen an.

Wenn du erst loslegen kannst mit deinem Leben wenn die Umstände passen, befindest du dich in Abhängigkeit. Du bist der Sklave der Umstände. Du hast deine Freiheit verloren. Du wartest ab, was die Umstände machen und du bist ihnen ohnmächtig und hilflos ausgeliefert. Wenn du dich "anpasst", bist du handlungsfähig. Du musst nicht mit den Umständen einverstanden sein. Du musst nicht blind gehorchen, das ist damit nicht gemeint. Die Umstände sind oft einfach wie sie sind.

Verschwende daran nicht deine Energie. Nur heute machst du einfach das Beste daraus. Dann hast du für heute schon einmal etwas geschafft und deine Freiheit bewiesen.

5. Nur für heute werde ich zehn Minuten meiner Zeit einer guten Lektüre widmen; wie die Nahrung für das Leben des Leibes notwendig ist, ist eine gute Lektüre notwendig für das Leben der Seele.

Zehn Minuten für eine gute Lektüre! Das ist nicht viel Zeit! Wenn ein Mensch einen guten Gedanken hat und ich darf ihn lesen empfinde ich das als ein sehr kostbares Geschenk. Die Menschen im Mittelalter waren darauf angewiesen, dass ein kluger Mensch in ihrer Umgebung wohnte. Sie konnten keine tollen Bücher lesen. Als Kind hatte ich kein Geld dafür, mir Bücher zu kaufen. Aber es gab die Leihbücherei. Ich habe sie geliebt und im Laufe der Jahre Regal um Regal verschlungen.

Ich bin immer noch auf der Suche nach Büchern, die meinen Horizont erweitern. Und es gibt so viele Menschen, die so tolle Dinge geschrieben haben. Romane für das Herz, Sachbücher für die Weiterbildung, psychologische Bücher für die innere Weiterentwicklung.

Papst Johannes gibt einen wertvollen Impuls, warum die Lektüre so wichtig ist. Es geht um das Leben der Seele. Deine Seele benötigt also Nahrung. Wir denken an unseren Körper und geben ihm drei Mal am Tag, was er braucht. Doch die Seele? Was gibst du deiner Seele als Nahrung? Manchmal liest du Sätze und in dir schwingt etwas mit. Die Seele ruft laut: "Juhu!" Das liebe ich! Wenn die Seele keine Nahrung bekommt zieht sie sich zurück. Sie fühlt sich überflüssig und wird nicht gebraucht. Aber sie kommt sofort, wenn du sie ansprichst. Hast du Lust zu einem Experiment?

Geh einmal in einen Buchladen und überlasse der Intuition die Entscheidung, wo sie hinmöchte. Zu den Romanen oder Ratgebern? Einfach nach dem Bauch entscheiden. Dann stehst du vor einem Regal und greifst nach dem Buch, wo du spontan hingreifen möchtest. Das ist dann dein Seelenbuch! Der Kopf sucht das Bekannte und Vertraute. Die Seele sucht das Neue!

6. Nur für heute werde ich eine gute Tat verbringen, und ich werde es niemandem erzählen.

Ein Papst und nur eine gute Tat? Und nicht mal drüber sprechen. Tu Gutes und rede darüber heißt es doch in der Geschäftswelt.

Mir gefällt die Idee trotzdem. Nicht jeden Tag eine gute Tat, sondern wiederum nur heute! Es ist wichtig, diesen Gedanken immer zu wiederholen. Nur heute... Viele Menschen haben in sich den Gedanken: "Wenn ich dir einen Finger hinstrecke nimmst du die ganze Hand." Heute darfst du deinen Finger anbieten. Du bietest deinen Finger an und nicht deine Hand. Was morgen ist, wird erst morgen entschieden und nicht heute. Heute den Finger und eher heimlich und verborgen.

Wenn du über deine Taten sprichst, ist das bestimmt gut für deine Selbstbestätigung. Du bekommst Zuwendung und Anerkennung von deiner Umwelt. Wenn du es niemandem erzählst, wird es keiner so leicht bemerken und du verzichtest auf Lob und Wertschätzung. Was ist gut daran, es niemandem zu erzählen?

Zunächst einmal gibt es so etwas wie eine stille, heimliche und kindliche Freude. Das Kind, das heimlich der Mutter ein Bild auf den Tisch legt und sich darüber freut, wie sie reagieren wird. Wann erlebst du als Erwachsener die kindliche Freude des "Nikolauseffektes". Still, leise, heimlich, verborgen, tief...

Wenn du es niemandem erzählst bekommt dein Ego keinen Stoff. Du kannst dich beobachten ob es dir um die gute Tat geht oder doch eher um die gute Anerkennung für deine Tat? Eine gute Tat heute macht dir deutlich, dass du ein Teil des großen Ganzen bist. Du darfst mitgestalten, mitschöpfen und in der Freude sein. Welche gute Tat würde dich heute reizen?

7. Nur für heute werde ich etwas tun, für das ich keine Lust habe zu tun: sollte ich mich in meinen Gedanken beleidigt fühlen, werde ich dafür sorgen, dass es niemand merkt.

Kennst du das? Du stehst am Morgen auf und schaust auf die Arbeit, die vor dir liegt. Sie kommt dir eintönig vor. Jeden Tag kochen? Jeden Tag aufräumen? Jeden Tag spülen? Du hast keine Lust. Du findest das Leben in diesem Augenblick weder lustig noch lustvoll. Ja, du kannst dir einreden, dass du ja mal etwas anders machen kannst. Du probierst ein neues Rezept aus. Du verlängerst heimlich deine Pause am Arbeitsplatz um ein paar Minuten und schwätzt mit einem netten Kollegen.

Das wird aber wenig daran ändern, dass es immer wieder solche Augenblicke und Tage der Lustlosigkeit gibt. Wenn du wenigstens eine ordentliche Depression hättest! Du würdest eine Diagnose vom Arzt erhalten, das Mitgefühl deiner Familie, eine tolle Therapie und hilfreiche Tabletten. Aber Lustlosigkeit?

Ich erinnere mich an Ferienzeiten als Kind. Da gingen wir zu unserer Mutter und fragten sie: "Was sollen wir machen?" - "Spielt doch verstecken!" - "Nö, keine Lust!" Gestehe es dir einfach ein: Es gibt Tage ohne Lust. Keine Depression. Einfach keine Lust. Ich habe manchmal auch keine Lust, etwas zu schrei-ben. Leider gibt es in mir eine Stimme die sagt: "Mache es trotzdem! Du kannst auch ohne Lust schreiben, ist nicht so schwer. Fang einfach an und es wird." Diese Stimme ist ziemlich mächtig.

Papst Johannes macht uns auf eine interessante Beobachtung aufmerksam. Du entscheidest dich also, trotz deiner Unlust etwas zu tun. Das beleidigt deine Gedanken! "Ich habe doch gesagt, dass ich keine Lust habe. Warum machst du trotzdem diese Aufgabe. Willst du, dass ich streike! Soll ich dir sagen, was ich jetzt mache! Ich zeige ein beleidigtes Gesicht. Ich werde so griesgrämig ausschauen, dass jeder Mensch zu dir auf Abstand geht. Hör also lieber auf zu arbeiten, sonst ziehe ich ein Gesicht." So ähnlich kommen die Gedanken, wenn du ohne Lust etwas tust. Der Papst macht daraus einfach einen Sport. Du darfst dich ruhig beleidigt fühlen. Das ist in Ordnung. Aber muss das jemand merken? Kannst du es nicht einfach erwachsen, stolz und selbstbewusst ganz für dich fühlen? Probiere doch einmal aus - nur heute - in einer Situation beleidigt zu sein und es niemanden merken lassen. Das Gefühl gehört dir. Du fühlst es und fertig!

8. Nur für heute werde ich ein genaues Programm aufstellen. Vielleicht halte ich mich nicht genau daran, aber ich werde es aufsetzen - und ich werde mich vor zwei Übeln hüten: der Hetze und der Unentschlossenheit.

Nur für heute ein genaues Programm. Ich kenne Menschen, die vor lauter Arbeit nicht anfangen können. Ihnen fehlt ein Plan. Sie besitzen keine Struktur. Sie fangen etwas an und wenden sich ganz schnell dem nächsten zu. Oder sie fangen gar nicht erst an, nehmen aber alles in die Hand. Sie sind erfüllt von Gedanken wie: "Ich müsste...", "ich sollte...", "ich könnte..." ergänzt durch unbedingt, dringend und auf jeden Fall.

Nur heute machst du ein genaues Programm.

1. Du setzt dich hin und schreibst auf, was du erledigen möchtest.

2. Dann gibst du jeder Aufgabe Gewichtungspunkte. Drei Punkte bedeutet "total wichtig". Zwei Punkte ist wünschenswert und ein Punkt heißt kann, muss aber nicht.

3. Dann schreibst du die "Dreipunkteaufgaben" untereinander in der Reihenfolge der Dringlichkeit. Vergiss nicht die "Freude-

faktoren" wie lustvolle Aufgaben oder Pausen oder kreative kleine Unterbrechungen. Es folgen die Zweipunkter und dann die Einpunkter.

4. Dann schreibst du hinter jeder Aufgabe wie viel Zeit du dafür verwenden möchtest.

5. Du wirfst einen Blick darauf, ob deine Liste realistisch ist. Du kannst ja jetzt die Zeiten zusammenrechnen. Wenn dein Arbeitszeitpensum ausgeschöpft ist streichst du alles von deiner Liste, was darüber hinausgeht.

Der Papst gibt den Hinweis auf zwei Fallen. Achte darauf, dass du dich nicht abhetzt. Ein Programm bewirkt oft dies. Du fühlst dich wie ein Sklave und arbeitest das Programm ab. Du vergisst, dass das Programm lediglich eine Strukturhilfe ist und nicht dein Sklaventreiber. Wenn dein Zeitplan nicht gut berechnet ist oder Unvorhergesehenes geschieht, dann streiche wieder etwas vom Ende deiner Liste.

Der zweite Hinweis dreht sich um die Unentschlossenheit. Manchmal gehen deine Projekte deswegen nicht voran, weil du dich nicht entscheiden kannst. Mache ich A oder B oder lieber C oder rufe ich an und frage den oder die. Rechne einmal die Zeiten zusammen, in denen du unentschlossen bist. Deine Lebenszeit ist kostbar. Manchmal ist es besser, sich für das Falsche oder Zweitbeste zu entscheiden. Das ist besser als in der Unentschlossenheit zu verharren. Die Unentschlossenheit an sich ist ein unglaublicher Energieräuber. Sie führt dich in die Passivität und du bekommst nichts mehr von deiner Liste gebacken. Du gibst einfach auf!

Also, ein Programm. Nur für heute! In der Freude bleiben und es als Experiment sehen. Entscheide dich - ruhig auch einmal falsch - und vertraue, dass aus deiner falschen Entscheidung auch etwas Gutes wachsen kann. Aber die Gefahr wird geringer, wenn du dein Werk nicht in Hetze abarbeitest. Vergiss nicht, regelmäßig und tief dabei zu atmen.

9. Nur für heute werde ich keine Angst haben. Ganz besonders werde ich keine Angst haben, mich an allem zu freuen, was schön ist - und ich werde an die Güte glauben.

Nur für heute werde ich keine Angst haben? Wenn ich darüber mal Einfluss hätte! Bei mir kommt die Angst einfach. Ich rufe sie nicht herbei. Ich will sie nicht einmal haben. In bestimmten Situationen kommt sie. Es kann sein, dass heute nichts geschieht, was die Angst auf den Plan ruft. Aber in der Hand habe ich das nicht. Ich kann leider einfach nicht beschließen, heute keine Angst zu haben. Ich kann Papst Johannes auch nicht fragen, ob er das in seinem Leben konnte. Nach meiner Erfahrung gibt es keinen Menschen ohne Angst. Jeden Menschen treibt irgendeine Angst im Leben an. Es gibt einigermaßen angstfreie Tage oder Zeiten. Vielleicht kannst du die Angst ausblenden, kleinreden, verdrängen... Da gibt es viele erfolgreiche Wege.

Vielleicht geht es dem Papst auch nicht um die Angst an sich sondern um die Kehrseite. Ich kann das Positive sehen und bejahen und mich darüber freuen. Es gibt ja Menschen, die sich konsequent weigern, in die Güte zu gehen. Wer weiß, was danach kommt. Wenn ich mich jetzt freue, falle ich hinterher um so tiefer. Wenn ich jetzt Angst vor der Freude habe und sie verhindere, kann ich auch nicht mehr fallen. Ich bin ja schon am Boden. Eine fatale Logik.

Ich möchte nicht enttäuscht werden, darum verhindere ich die Freude. Du kannst dich auf die Angst fixieren oder die Entscheidung treffen dich zu freuen über alles, was schön ist. Wenn dich auch viele Ängste plagen kannst du dich zugleich über die Blumen auf deinem Tisch freuen, das Lächeln eines Menschen, ein süßer Vogel im Baum. Stoff zum Freuen findest du genug!

10. Nur für heute werde ich fest glauben - selbst wenn die Umstände das Gegenteil zeigen sollten -, dass die gütige Vorsehung Gottes sich um mich kümmert, als gäbe es sonst niemanden auf der Welt.

Erst in dem zehnten und letzten Gedanken spricht der Papst über Gott. Alle anderen "nur heute" Gedanken beinhalten das Wort Gott nicht. Nur für heute werde ich "glauben".

Die Idee ist, dass Gott sich so um mich kümmert als gäbe es sonst niemanden auf der Welt. Wenn ich mir all die Menschen anschaue, die das Gegenteil zeigen... Die Menschen auf der Flucht. Die arbeitslos sind. Die unglücklich Verheirateten. Diejenigen, die Gewalt erfahren sei es physisch oder psychisch. Ich könnte eine ganze Litanei aufzählen von Menschen die das Gegenteil erleben von der gütigen Vorsehung Gottes. Ein großer Teil der Menschheit lebt ein Leben, das so nicht sein müsste, wenn wir alle gerechter und liebender wären. Aber der Kern dieses Papstgedankens ist wohl ein anderer.

Es geht ja um mich und um meine Grundhaltung. Nur für heute! Ich!

Ich werde also nicht über die Ungerechtigkeit der Welt nachdenken sondern darüber, wie es mir geht, wenn ich unglückliche Situationen erlebe. Verliere ich dauerhaft den Boden unter den Füßen, wenn ich in meinem Leben Leid erfahre? Kratzt das mein Gottesbild an? Erwarte ich tatsächlich, dass Gott mir jeden Tag paradiesische Umstände schenkt? Dann wäre er ja mein Sklave oder Diener. Zugleich finde ich den Gedanken und die Idee hilfreich. Wenn ich mein ganzes Leben anschaue weiß ich, dass ich einem Lebens- oder Seelenplan folge. Ich entwickle mich. In Zeiten von Entwicklung geht es rauf und runter. In meiner Entwicklung gibt es die Erlaubnis und das Einverständnis, dass kommen kann was kommen will.

Ich bin nicht wie ein Kind, das ständig etwas von Gott einfordert und erwartet. Gott, tu dies und bewahre mich vor jenem! Gott ist in mir und ich bin in ihm! Wir kümmern uns gemeinsam. Vielleicht müssen wir uns bis an das Ende des Lebens kümmern und über den Tod hinaus, dass alles vollendet und gut wird. Der Satz des Papstes für mich in Kurzform: "Es ist wie es ist und ich sage Ja dazu!"

6 In der Liebe sein

Wenn der Alltag automatisiert dahinläuft macht es für mich Sinn, manchmal den roten Faden zu finden. Welche Gedanken könnten mich begleiten? Welche Wünsche trage ich im Herzen? Unter welchem Stern wird der nächste Wegabschnitt für mich stehen?

Statt effektiver zu arbeiten oder sich noch mehr zu perfektionieren entscheide ich mich lieber für eine Idee, die tiefer greift. Wie wäre es damit, einfach der Liebe zu folgen? Es gibt ja den christlichen Grundsatz der drei Wege, die Liebe ins Leben zu bringen. Liebe Gott, den und die Nächste und dich selbst. Die Selbstliebe steht scheinbar auf dem dritten Platz und Gott an erster Stelle. Damit konstruieren wir unbewusst eine Hierarchie der Liebe. Allein das kann gar nicht im Sinn der Liebe sein. Hierarchische Abstufungen finden im Kopf statt. Der Verstand bewertet sofort. Gott ist wichtig und Selbstliebe ist egoistisch und das ist schlecht. Den Nächsten lieben ist wichtiger als auf sich selbst zu schauen. Und vor allem gehört Gott immer an die erste Stelle. So macht das unser Verstand.

Das Herz spricht eine andere Sprache. Es hört Liebe, es öffnet sich wie eine Blumenblüte und brennt. Das Herz schwingt wenn es fühlt und wenn es liebt. Dabei geht es um das Lieben an und für sich. Das Wesen des Herzens besteht darin, zu lieben. Ich liebe mit meinem Herzen und du mit deinem. Über meines verfüge ich und über deines nur du selbst!

Wenn ich mit dem Lieben beginne, verlagere ich mein Bewusstsein vom Kopf in das Herz. Im Kopf entwickle ich meine Gedanken. Dort werte ich und wäge ab. Wenn ich mich mitten in das Herz hineinbewege bin ich verbunden mit allem was ist. Der Zustand des Liebens schließt nichts aus. Die Unterschiede verschwinden mehr und mehr ob ich Gott liebe, den Nächsten oder mich selbst. Ich werde zum Liebenden.

Ich kann nur an mir selbst testen, ob meine Liebesfähigkeit vorhanden ist oder nicht. Wenn ich mich selbst liebe kann ich die

Auswirkungen bei mir selbst spüren. Ich entspanne mich. Ich fühle mich behaglich. Es wird mir warm. Die Gedanken kommen zur Ruhe. Je mehr ich liebe, desto stärker wirkt es sich körperlich, geistig und fühlend aus.
Ich kann also in meinem Tun eine Prise Liebe hineingeben und schon intensivieren sich meine Empfindungen und bekommen eine tiefere Qualität. Wenn ich mich selbst nicht lieben kann weiß ich gar nicht, was Liebe ist. Ich hätte vielleicht eine gedankliche Ahnung, weil viele darüber sprechen und weil ich Liebesromane zum Studium lesen könnte. Aber ich hätte keine Selbsterfahrung damit. Die Gottesliebe wäre nur eine Art moralisches Gebot, das ich mit erhobenem Zeigefinger erfüllen müsste.
Die Selbstliebe ist also so etwas wie die Voraussetzung dafür, dass ich Gott oder einen anderen Menschen lieben kann. Am Ende ergibt sich ein unendlicher Kreislauf. Gott liebt mich, so dass ich von seiner Liebe lebe und lieben kann. Ich schicke meine dankbare Liebe an Gott zurück und beziehe die ganze Schöpfung mit ein.
Es lohnt sich also, die Selbstliebe in den Blick zu nehmen. Doch wenn ich mich selbst liebe, wer ist dieses „m-ich“? Wen oder was liebe ich da eigentlich? Denjenigen, der so aus dem Bauch der Mutter kam und im Laufe der Jahre gewachsen ist mit Freud und Leid? Denjenigen, der sich hinter allen „Ich-Erfahrungen“ als etwas Göttliches verbirgt? Schließt es möglicherweise von mir nichts aus und beinhaltet alles? Eine intensive spirituelle und philosophische Frage!
Ich kann mich auf jeden Fall bewegen hin zu mehr Liebe zu mir selbst. An den Auswirkungen werde ich erkennen, ob ich diesem Ziel näher komme. Wenn ich die Art und Weise mich selbst zu lieben intensiviere, wird es auch Auswirkungen haben auf die Liebe zu meinem Nächsten.

Ich möchte dich einladen, dies mit der Unterstützung eines Textes (1996) der Autorin Kim McMillen zu tun. Ein Charlie Chaplin Fan hat sie dann ihm in den Mund gelegt und mit dem

70igsten Geburtstag verknüpft. Eine schöne Idee, die sehr erfolgreich wurde. Und hier zunächst der ganze Text, wie er mir vorliegt. Die Struktur der Sätze ist immer gleich. Wenn ich anfange, mich selbst zu lieben, dann gibt es Veränderungen oder Auswirkungen wie Respekt, Reife oder Selbstvertrauen.

Als ich mich selbst zu lieben begann

Als ich anfing mich selbst zu lieben, konnte ich erkennen, dass Angst und emotionales Leiden nur Warnzeichen sind, dass ich gegen meine eigene Wahrheit lebe.
Heute weiß ich: Das nennt man AUTHENTISCH SEIN.

Als ich mich selbst zu lieben begann, verstand ich, wie sehr es jemanden beeinträchtigen kann, wenn ich versuche, diesem Menschen meine Wünsche aufzuzwingen, auch wenn ich eigentlich weiß, dass der Zeitpunkt nicht stimmt und dieser Mensch nicht dazu bereit ist – und das gilt auch, wenn dieser Mensch ich selber bin.
Heute weiß ich: Das nennt man RESPEKT.

Als ich mich selbst zu lieben begann, habe ich aufgehört, mich nach einem anderen Menschen zu sehnen und konnte sehen, dass alles um mich herum eine Aufforderung zum Wachsen ist.
Heute weiß ich: Das nennt man REIFE.

Als ich anfing, mich selbst zu lieben, habe ich verstanden, dass ich immer und unter allen Umständen zur richtigen Zeit am richtigen Ort bin. Und dass alles zum richtigen Zeitpunkt geschieht. Von da an konnte ich ruhig sein.
Heute weiß ich: Das nennt man SELBSTVERTRAUEN.

Als ich mich selbst zu lieben begann, habe ich es sein lassen, mir meine eigene Zeit zu stehlen, und ich hörte auf, große Zukunftsprojekte zu entwerfen. Heute mache ich nur das, was mir Freude bereitet und mich glücklich macht, Dinge, die ich

gerne tue und die mein Herz zum Lachen bringen - und ich tue sie auf meine Weise und in meinem Rhythmus.
Heute weiß ich: Das nennt man EINFACHHEIT.

Als ich mich selbst zu lieben begann, habe ich mich von allem selbst befreit, was nicht gesund für mich war, von Speisen, Menschen, Dingen, Situationen und von allem, das mich immer wieder hinunterzog, weg von mir selbst. Anfangs nannte ich das »Gesunden Egoismus«,
aber heute weiß ich: Das ist SELBSTLIEBE.

Als ich mich selbst zu lieben begann, habe ich aufgehört, immer Recht haben zu wollen, so habe ich mich weniger geirrt.
Heute habe ich erkannt: Das nennt man DEMUT.

Als ich mich selbst zu lieben begann, habe ich mich geweigert, weiter in der Vergangenheit zu leben und mich um meine Zukunft zu sorgen. Jetzt lebe ich nur noch in diesem Augenblick, wo ALLES stattfindet.
So lebe ich heute jeden Tag und nenne es BEWUSSTHEIT.

Als ich mich selbst zu lieben begann, da erkannte ich, dass mich mein Denken armselig und krank machen kann. Als ich jedoch meine Herzenskräfte anforderte, bekam der Verstand einen wichtigen Partner.
Diese Verbindung nenne ich heute HERZENSWEISHEIT.

Wir brauchen uns nicht weiter vor Auseinandersetzungen, Konflikten und Problemen mit uns selbst und anderen zu fürchten, denn sogar Sterne knallen aufeinander und es entstehen neue Welten.
Heute weiß ich: Das ist LEBEN.
(Nach Kim McMillen)

Die erste Auswirkung: Ich werde authentischer

„Als ich anfing mich selbst zu lieben, konnte ich erkennen, dass Angst und emotionales Leiden nur Warnzeichen sind, dass ich gegen meine eigene Wahrheit lebe.
Heute weiß ich: Das nennt man AUTHENTISCH SEIN."

Manche sehen die Wahrheit als etwas Absolutes an. Es gibt eine objektive endgültige und ewig geltende Wahrheit. Das mag so sein. Aber als Mensch habe ich immer meine subjektive Brille auf. Ich kann sie nicht einfach ablegen. In mir gibt es eine innere Wahrheit, die zu mir selbst gehört. Ich nehme die Wirklichkeit wahr, so wie sie für mich ist. Ich finde einen Menschen schön. Das Meer großartig. Die Berge überwältigend. Jemand anders lebt eine andere Wahrheit und eine andere Wirklichkeit. Aber nicht jeder traut sich zu, seine Wahrheit auch ganz und gar zu leben.

Wenn ich mir sicher bin mit mir selbst frage ich einen anderen trotzdem: „Wie siehst du das? Was meinst du?" Ich kann den anderen fragen, weil mich seine Wahrheit interessiert und ich mich mit diesem Menschen verbinden möchte. Ich kann aber auch fragen, weil ich mir selbst in meiner Wahrnehmung unsicher bin. Ich traue meiner Wahrheit nicht.

Wenn ich aber von einem göttlichen Ursprung her komme müsste ich es eigentlich besser wissen. Das Göttliche in mir weist mich hin auf etwas ewig und absolut Wahres in mir. Halte ich meine Wahrheit etwa für falsch weil ich immer noch die Stimme meiner Eltern höre? „Du lügst! Du hast Unrecht! Du bist dumm!"

Die alltägliche Wirklichkeit sieht leider so aus, dass wir oft Momente der Angst und Unsicherheit erleben. Dass wir die Balance verlieren und leiden, weil andere Menschen uns negativ bewerten. Damit wir beliebt bleiben oder werden verbiegen wir uns. Wir möchten dazugehören. Nicht ausgeschlossen sein. Sich verlassen zu fühlen und isoliert zu sein ist schlimmer als die eigene Wahrheit nicht zu leben. Was nützt mir meine Wahrheit,

wenn ich einsam bin!
Wenn ich aber anfange, mich selbst zu lieben verändert sich meine Wahrnehmung. Ich sage Ja zu meiner eigenen Wahrnehmung der Wirklichkeit. Ich mache mich unabhängig von den Werturteilen meiner Umgebung. Ich riskiere es, verlassen zu werden in dem Wissen, dass ich mit mir auf jeden Fall gut auskommen werde. Wenn ich mich liebe, ist ja Liebe da. Liebe im Innen! Zugleich werde ich feststellen, dass die anderen mich nicht verlassen werden nur weil ich meine eigene Wahrheit lebe! Auch dieses ist nur eine Vorstellung in meinem Kopf und eine Erinnerung an meine Kindheit. Als ich klein war, lachten mich die Erwachsenen aus für meine beschränkte kindliche Weltsicht.
Es ist bestimmt heilsam, dieses kleine Kind in mir zu lieben, das eine ganz eigene kindliche Sicht der Wahrheit hatte. Das Gegenteil von Wahrheit ist für mich übrigens auch nicht die Lüge sondern eher die Unwahrhaftigkeit. Es geht darum, dass ich zu mir selber stehe und mich darin authentisch und echt fühle. Und mehr davon – das wünsche ich dir und mir.

Die zweite Auswirkung: Ich respektiere mehr

„Als ich mich selbst zu lieben begann, verstand ich, wie sehr es jemanden beeinträchtigen kann, wenn ich versuche, diesem Menschen meine Wünsche aufzuzwingen, auch wenn ich eigentlich weiß, dass der Zeitpunkt nicht stimmt und dieser Mensch nicht dazu bereit ist – und das gilt auch, wenn dieser Mensch ich selber bin.
Heute weiß ich: Das nennt man RESPEKT."

Manchmal möchte ich, dass der andere etwas für mich macht. Ich selbst habe keine Zeit oder ich kann es einfach nicht. Ich wünsche mir, dass mir jemand hilft und wenn ich diesen Wunsch nicht ausspreche, kann er sich auch nicht erfüllen. Meine Wünsche stehen nicht auf meiner Stirn geschrieben. Sich etwas von jemandem zu wünschen in aller Offenheit finde ich sehr hilfreich

und verbindend. Da ist nichts dran auszusetzen.
Es geht darum, jemandem Wünsche aufzuzwingen. Dieser Zwang begegnet mir im Leben eigentlich nicht. Wenn jemand etwas von mir wünscht dann spüre ich die Freiheit, ob ich den Wunsch erfüllen mag und kann. Wenn sich ein bedrückendes Gefühl breit macht weiß ich, dass da etwas nicht stimmt.
Neben der offensiven Art, Druck und Zwang auszuüben, gibt es die verborgenen manipulativen Ansätze, die ich viel gefährlicher finde. Ansätze, die ich gar nicht so richtig bemerke. „Du weißt doch, dass ich nicht kochen kann. Und wir treffen uns doch nächste Woche und ich fühle mich total überfordert." Und dann folgt kein ausgesprochener Wunsch, keine Bitte. Ich höre den Appell: „Koch du für mich! Sonst bist du schuld, dass ich mich blamiere." Und schon stehe ich am Herd. „Wenn du nicht willst, dass ich nass werde, dann müsstest du mich eben wegbringen. Du hast ja, wie ich sehe, auch nicht etwas Wichtiges vor bei dem ich stören könnte. Das würde ich auf keinen Fall tun. Ich respektiere deine freie Zeit." Natürlich will ich nicht, dass mein Partner nass wird und selbstverständlich habe ich nicht ständig wichtiges vor! Außerdem möchte ich den Beziehungsfrieden gerne bewahren.
Zugleich nagt der Manipulationsversuch aber an meinem Herzen. Es fühlt sich nicht gut an, zu manipulieren oder manipuliert zu werden.
Wenn ich mich selbst liebe, dann höre ich mit solchen Spielen auf. Dann frage ich klar und direkt. Dann respektiere ich die Freiheit des anderen und nehme eine Absage aufrecht entgegen. Ohne Groll und ohne Kränkung. Ich habe kein Recht, auf das Leben des anderen einzuwirken und ihn für mich auszunutzen. Zu keiner Zeit! Liebe kennt keinen Zwang, denn dann verlässt sie sich selbst und ihre Grundsätze. Wenn ich meine eigenen Manipulationsweisen durchschaue mit „selbstliebenden" Augen werde ich anders denken und sprechen – respektvoller! Und mehr davon – das wünsche ich dir und mir.

Die dritte Auswirkung: Ich werde reifer

„Als ich mich selbst zu lieben begann, habe ich aufgehört, mich nach einem anderen Menschen zu sehnen und konnte sehen, dass alles um mich herum eine Aufforderung zum Wachsen ist. Heute weiß ich: Das nennt man REIFE."

Alles um mich herum ist eine Aufforderung zum Wachsen! Ich darf wachsen. Ich erinnere mich an so manche Situationen in meinem Elternhaus wo es darum ging, bloß nicht so zu werden wie die Nachbarskinder. Das eine Kind stotterte. Das andere Kind war faul. Wieder ein anderes Kind war dumm oder war zu aggressiv oder ungehorsam gegenüber den Eltern.
Ständig verglich meine Mutter uns mit irgendwelchen anderen Kindern. Konnten wir in der Schar der Nachbarskinder bestehen?
So fing ich an mich zu vergleichen. Was konnte ich besser und was konnte ich schlechter? Meine Mutter schaute auf die Moral und ich als kleiner Junge schaute auf das, was andere Jungen praktischerweise besser konnten als ich. Ich konnte nicht Fußball spielen, keine stabilen Hütten im Wald errichten, keinen Flitzebogen erstellen und keine flugfähigen Drachen bauen. Andere Jungen konnten dafür nicht hüpfen, singen und Geschichten erzählen. Das konnte ich wiederum, aber ich hätte gerne wenigstens einmal gut Fußball spielen wollen.
Wenn die Sehnsucht dahin geht, das gut zu tun, was andere können, dann gehe ich weg von mir. Ich bin nicht mehr bei mir sondern beim anderen. Doch es fühlt sich so an, als stünde ich am Bahnsteig und der Zug fährt ohne mich ab. Ich stehe am Rand des Fußballfeldes und das Spiel findet ohne mich statt. Ich würde ja so gerne, aber ich kann nicht! Während dieser Zeit des sehnsuchtsvollen Zuschauens versäume ich es, mich um mein eigenes Wachsen zu kümmern. Es hat mir niemand beigebracht, dass ich mich unterscheiden darf. Dass ich ganz einmalig bin! Ich dachte oft, dass ich kein echter Junge wäre. Nur ein so ungefährer!

Ich habe etwas falsch verstanden. Ich dachte, ich müsste so wer-den wie die anderen Jungen ohne darauf zu achten, dass ich das gar nicht bin.
Wenn ich anfange, mich zu lieben, dann höre ich auf, nach außen zu schauen. Dann nehme ich das Außen nur wahr als einen wunderbaren parallelen Wachstumsprozess zu meinem eigenen. Alles wächst auf je eigene Weise – warum nicht auch ich? Während der Nachbarsjunge zu einem tollen Fußballspieler heranwächst fange ich an zu singen. Ich singe aus vollem Herzen meine Melodien und Lieder. Denn das bin ich! Der Sänger und nicht der Fußballspieler. Ich höre auf, meine Zeit zu vergeuden und lebe das eigene Leben!
Wenn ich anfange, mich zu lieben, dann liebe ich eben meine Stimme, meine Stimmungen und meine Lieder. Das ist mein Beitrag zur Welt! Je mehr ich singe, desto voller und ausdrucksstärker wird meine Melodie. Einwilligen in den eigenen Reifungsprozess! Davon mehr – das wünsche ich dir und mir.

Die vierte Auswirkung: Mehr Selbstvertrauen

„Als ich anfing, mich selbst zu lieben, habe ich verstanden, dass ich immer und unter allen Umständen zur richtigen Zeit am richtigen Ort bin. Und dass alles zum richtigen Zeitpunkt geschieht. Von da an konnte ich ruhig sein.
Heute weiß ich: Das nennt man SELBSTVERTRAUEN."

Da wo ich bin, bin ich am richtigen Ort. Jetzt und immer. Und es ist immer richtig. Immer! Es ist nie falsch! Nie! Meine Gedanken gehen oft in eine andere Richtung. Bin ich zu früh? Bin ich zu spät? Darf ich hereinkommen? Bin ich willkommen? Habe ich etwas Falsches gesagt? Habe ich mich gut genug ausgedrückt? Bin ich schuld, dass jetzt dieses oder jenes passiert? Je mehr ich diese Gedanken zulasse, desto vorsichtiger werde ich. Und

desto nachdenklicher und zurückhaltender. Ich bewege mich wie in einem emotionalen Porzellanladen. Immer in der Angst, irgendetwas nicht richtig zu machen und für die Folgen einstehen zu müssen.
Ich passe einmal nicht auf und schon geht etwas kaputt. Alle schauen auf mich und lachen mich aus oder beschimpfen mich. Ich schäme mich und fühle mich schuldig. Ich fange an, auf leisen Sohlen durch das Leben zu schleichen in der Hoffnung, dass mich niemand in meiner Schwäche sieht.
Wie anders fühlt es sich an, wenn mir bewusst wird, dass es nur ein dummer Gedanke ist, der mich da einschränkt. Eine Konstruktion in meinem Kopf! Ich bin immer richtig. Am richtigen Ort und zur richtigen Zeit. Wenn mir das bewusst wird kann ich loslassen. Kann ich mich fallen lassen in den Ort und in das Dasein und in das Sein. Und wenn ich mich fallenlassen kann muss ich nicht mehr aufpassen. Ich bewege mich jenseits und außerhalb von richtig und falsch. Dann lebe ich im Vertrauen und traue meinem Selbst immer mehr zu. Und mehr davon – das wünsche ich dir und mir!

Die fünfte Auswirkung: Ich werde einfacher

„Als ich mich selbst zu lieben begann, habe ich es sein lassen, mir meine eigene Zeit zu stehlen, und ich hörte auf, große Zukunftsprojekte zu entwerfen. Heute mache ich nur das, was mir Freude bereitet und mich glücklich macht, Dinge, die ich gerne tue und die mein Herz zum Lachen bringen – und ich tue sie auf meine Weise und in meinem Rhythmus.
Heute weiß ich: Das nennt man EINFACHHEIT."

Für ein paar Jahre bezog ich eine Zeitschrift, die es sich zum Thema machte, Dinge zu vereinfachen. Vereinfache dein Leben! Ich war ganz fasziniert davon, wie ich komplizierte Dinge vereinfachen konnte. Zeit, Geld und Energie sparen. Auch das kann schnell zu einer zeitaufwändigen Ideologie werden. Vereinfachen um jeden Preis. Da schlägt das Herz der Sparfüchse! Ich habe das Abo schon lange abbestellt und alles entsorgt. Das hat mein Leben unglaublich vereinfacht. Keine Vereinfachungsregeln mehr beachten vereinfacht auch!

Wenn es schwer ist, etwas zu vereinfachen, dann ist es nicht mehr leicht und somit überflüssig. Mir gefällt es, wenn ich nur wenige Dinge beachten muss. Am liebsten als halbautomatische Abläufe! Ich mag es, wenn ich etwas mit Freude tun kann und wenn es mein Herz zum Lachen bringt. Ich habe mich davon verabschiedet ein Rezeptbuch zu schreiben. Ich wasche meinen Feldsalat. Schneide Tomaten und eine Avocado. Dazu ein wunderbares Dressing mit Salz, Pfeffer, Ahornsirup, Essig und Olivenöl. Es wird mir schmecken. Und morgen würde es mir noch einmal schmecken. Und auch das ganze Jahr! Das Brot wird mir auch schmecken! Ich liebe Brot! Ich könnte auch nur von Wasser und Brot leben. Einfach und köstlich!
Wenn ich beginne, mich zu lieben, höre ich auf, kompliziert zu denken. Das Herz möchte nicht Monate und Jahre auf irgendetwas warten. Das Herz lebt im Jetzt. Der Verstand mag die komplizierten Dinge. Verschraubte Gedanken! Je verschraubter, desto weiter jedoch entferne ich mich von mir! Wenn ich beginne, mich zu lieben, finde ich auch meinen eigenen Rhythmus. Den Rhythmus meines Herzens. Dann hört der Stress sofort auf. Ich muss nicht mehr im Tempo eines fremden Menschen leben. Ich lebe in dem, was zu mir gehört.
Nah an meinem Herzen braucht es wenig. Und mehr davon – das wünsche ich mir für dich und mich.

Die sechste Auswirkung: Von der Selbstliebe entwickle ich immer mehr

„Als ich mich selbst zu lieben begann, habe ich mich von allem selbst befreit, was nicht gesund für mich war, von Speisen, Menschen, Dingen, Situationen und von allem, das mich immer

wieder hinunterzog, weg von mir selbst. Anfangs nannte ich das »Gesunden Egoismus«,
aber heute weiß ich: Das ist SELBSTLIEBE."

Liebe ist einfach da – und manchmal nur ein Wort, das schön klingt und ein positives Gefühl bewirkt. Es bringt mich in einen sehnsuchtsvollen Zustand und entlarvt meinen Mangel. Ich erlebe zum Beispiel zu wenig Zuwendung und kompensiere durch Süßigkeiten.
Damit Liebe wirklich „ist" braucht sie Konkretisierung. Was von den Dingen, die ich praktiziere, tut mir nicht gut auf die Dauer und in der Tiefe? Oft meine ich nur, dass mir etwas gut tut, es ist aber nur eine Illusion, eine Einbildung! Es entpuppt sich bei näherer Betrachtung als ein Ersatz für die Liebe. Ich finde mich nicht schön also kaufe ich extravagante Kleidung und schminke mich. Nichts gegen tolle Kleidung! Extravagante Kleidung und Schminke kann natürlich ein Ausdruck reiner Lebensfreude sein! Je nach Motivation. Darum ist die Frage wichtig: „Was möchte ich mit dem, was ich denke und mache, ausdrücken."
Schöne Kleidung wird darum keine Selbstliebe bewirken. Ich kann sie also damit nicht herstellen. Wenn ich mich nicht gut fühle und mich dann schick mache, werde ich mich für einen Moment besser fühlen, aber nur aufgrund der Kleidung. Ich bin dann abhängig von schönen Kleidern. Wenn ich mich aber grundsätzlich schön fühle brauche ich nicht wirklich irgendwelche Kleider. Ich kann sie mögen und genießen, aber ich bin nicht davon abhängig.
Wenn ich mich selbst liebe, werde ich unabhängig von den materiellen Dingen im Leben. Speisen, Menschen und Dinge verlieren ihre Macht. Ich kann sie haben, muss es aber nicht. Und darin liegt der Unterschied, der einen Unterschied macht.
Wenn ich mich selbst liebe, dann besser nicht nur einmal am Tag oder ab und zu. Sondern grundsätzlich und überhaupt! Es kann so schnell passieren, dass dich etwas herunterzieht. Ein abweisender Blick. Schlechtes Wetter. Unerledigte Aufgaben. Dann hast du das Gefühl, dass du dich durch das Leben

schleppst. Alles wird schwerer und schwerer. Kennst du die Trigger, die solche Zustände bei dir bewirken? Alles fühlt sich zu Beginn leicht und wunderbar an und plötzlich sagt jemand zu dir einen Satz und bevor dir klar wird, was da geschieht, fühlst du dich schlecht. Wie auf Knopfdruck! Begrüße ab jetzt diese Momente! Da fängt nämlich die Herausforderung gerade an. Entlarve den Trigger und bleibe schön bei dir. Beobachte, wie das geschehen konnte und entscheide dich, wieder in die Liebe zu gehen. Wenn du dich schlecht fühlst, gehst du auch schlecht mit dir selbst um. Niemand gewinnt etwas durch dein schlechtes Gefühl. Du zahlst selbst den Preis. Du kannst dich in jeder Sekunde für die Liebe entscheiden. Es ist ein Training!
Der Egoismus trainiert das Ego – dein so menschlich gewordenes Ich. Dahinter, dazwischen und mitten drin existiert aber dein Höheres Selbst. Wenn du dich selbst liebst, trainierst du diesen ursprünglichen Teil von dir. Mehr davon – das wünsche ich dir und mir.

Die siebte Auswirkung: Ich werde demütiger

„Als ich mich selbst zu lieben begann, habe ich aufgehört, immer recht haben zu wollen, so habe ich mich weniger geirrt. Heute habe ich erkannt: Das nennt man DEMUT."

Ich gebe es nicht gerne zu. Ich habe gerne recht. Es fuchst mich, wenn ich einmal nicht recht habe. Dann werde ich entlarvt als dummer Junge. Als Unwissender! Ich hätte doch besser recherchieren können! Ich hätte das Gelesene besser behalten können! Wer recht hat, besitzt die Macht und steht höher, oder?
Ich habe festgestellt, dass recht haben isoliert. Es macht einsam. Warum? Wenn ich anderen Menschen zuhöre dann höre ich mit einem bestimmten Ohr. Ich kann zuhören mit anteilnehmender Offenheit und mit wohlwollendem Interesse. Ich kann aber auch zuhören mit der Fehlersuche: „Das ist falsch und ich weiß es richtig!" Das Aufdecken der Fehler macht mich selbst

stark und den anderen schwach. Wenn ich das mache und ständig mache, dann trenne ich mich vom anderen. Ich stelle ihn hin als Dummkopf. Am Ende ist die ganze Welt dumm und ich bin der einzige Mensch mit Durchblick. Ich werde zum Gott und zum einzigen Gott! Du bemerkst die Hybris?

Wenn ich mich selbst liebe dann entscheide ich mich für ein anderes Lebensprinzip. Ich verzichte auf das Recht. Das Rechtsprinzip wird benötigt, wenn die Liebe nicht mehr fließt oder solange man noch Angst vor dem Egoismus der Menschen haben muss. Das Recht lebt davon, dass wir uns ohne dieses die Köpfe einschlagen würden. Es verhindert den Krieg.

Wenn ich mich selbst liebe, dann verzichte ich erst einmal auf das Recht. Ich verzichte darauf, alles zu überprüfen nach Richtigkeit. Ich überprüfe also nicht mehr. Ich höre zu, wenn jemand etwas sagt und nehme seine Wahrheit mit Dankbarkeit an. Wenn ich nicht mehr recht haben möchte, dann irre ich mich selbst auch weniger. Ich bestehe ja nicht mehr auf den Anspruch von Wahrheit. Manchmal sage ich etwas und jemand anders korrigiert mich. Manchmal gehe ich nicht in den Widerspruch, sondern ich sage: „Danke, du hast recht!“ Wenn ich das mache entsteht ein eigenartiges Loch. Mein Gegenüber befindet sich inzwischen in einer ordentlichen Kampfstimmung und hat sich schon ein neues Argument zurechtgelegt. Wenn ich meinem Gegenüber recht gebe, gibt es keine Nahrung mehr für den Kampf und es entsteht eine Pause. Es kann sich ein neuer Raum öffnen, ein Freiraum, in dem neues geschehen kann. Die Haltung dazu könnte ich mit Demut bezeichnen. Den Mut, den Kampf zu beenden. Die tiefe Erkenntnis zu bekommen, dass ich „nur“ meine eigene Wahrheit sehe und leben kann. Und dass die göttliche allertiefste Wahrheit mir entzogen ist. Ich verlasse also meine falsche Göttlichkeit im recht haben wollen hin zu einer „dienmütigen“ Haltung des Nichtwissens dem absolut Göttlichen gegenüber. Mehr davon – das wünsche ich dir und mir.

Die achte Auswirkung: Ich werde bewusster

„Als ich mich selbst zu lieben begann, habe ich mich geweigert, weiter in der Vergangenheit zu leben und mich um meine Zukunft zu sorgen. Jetzt lebe ich nur noch in diesem Augenblick, wo ALLES stattfindet.
So lebe ich heute jeden Tag und nenne es BEWUSSTHEIT."

Manchmal kann ich die Vergangenheit nicht loslassen. Ich denke zurück an meine Kindheit, die Schule und meine früheren Berufsjahre. Wenn ich mich auf die positiven Ereignisse konzentriere dann steigen sie mir mit Mühe in meine Erinnerung auf. Die negativen Erlebnisse haben aber eine viel größere Macht. Alte Kränkungen und Verletzungen können plötzlich auftauchen und mein Gefühlsleben von jetzt auf gleich überfluten. Was ich in Gedanken zu bewältigt geglaubt habe kommt von hinten herum im Gefühl mit einer heftigen Welle wieder. Wozu ist das gut? Ich lebe doch gar nicht mehr in der Vergangenheit. Diese Ereignisse sind vorbei. Manchmal gebe ich mich diesen Kränkungsgefühlen hin und manchmal sage ich auch „Stopp!" Bis hier her und nicht weiter. Es ist überflüssiges und altes Zeug, das ich da wieder und wieder aufwärme!
Wenn ich in die Zukunft gehe dann könnte ich ja denken: „Wie wunderbar! Ich habe Arbeit, ein Dach über dem Kopf und lebe in einer tragfähigen Beziehung. Danke!" Aber stattdessen tauchen da plötzlich Krisenszenarien auf. Bilder von Arbeitslosigkeit und Überlebenskampf unter einer Brücke. Ich stelle mir ein leeres Bankkonto vor und schon spüre ich die Angst. Das ist doch verrückt, oder? Im Moment habe ich noch genug Geld um die nächsten Monate davon zu leben. Aber der Zukunftsangst reicht diese Vorstellung nicht aus. Sie möchte mehr Sicherheit.
Ich mache mir bewusst, dass ich meine Sorgen und Ängste ständig nähre. Ich gehe in die Vergangenheit und ich gehe in die Zukunft. Ich hole mir dort alle selbstzerstörerischen Gedanken und Gefühle ab. Ich muss das nicht machen! Wenn ich in das Hier und Jetzt gehe verschwindet der Spuk auf der Stelle. Es

war nur ein Gespenst, nicht mehr!
Was hat das mit der Selbstliebe zu tun? Wenn ich mich selbst liebe, dann kann ich das nur in jedem Augenblick. Nur im Jetzt kann ich aktiv lieben. Wenn ich das mache, dann befinde ich mich im Zustand der Verbindung mit mir selbst. Ich bin da mit mir und spüre meinen Körper, meinen Atem und meinen Herzschlag. Ich spüre, dass ich jetzt lebendig bin. Und ich mache mir das bewusst. Ich atme nicht nur automatisch, sondern ich bin mir bewusst, dass ich jetzt in diesem Augenblick atme. Wenn ich Angst habe, vergesse ich zu atmen und es ist mir nicht bewusst. Wenn ich Angst habe und es registriere, dass ich gerade Angst habe und nicht atme – dann kann ich mich entscheiden, wieder tiefer und bewusster zu atmen. Wenn ich liebend mit mir im Hier und jetzt bin, kann ich gut für mich sorgen und meinen Körper mit Entscheidung beatmen. „Aha, da ist gerade diese Enge in meiner Brust, weil mir jemand etwas Unangenehmes gesagt hat. Es wäre jetzt gut für mich, das Atmen nicht zu vergessen, sondern ganz tief mehrmals ein- und auszuatmen." Dafür braucht es Bewusstheit, sonst übernimmt ausschließlich das Unbewusste das Ruder und ich lebe nicht, sondern werde gelebt und fühle mich fremdgesteuert. Mit mehr Bewusstheit kann ich auch mehr Verantwortung übernehmen. Mehr davon – das wünsche ich dir und mir.

Die neunte Auswirkung: Mehr Herzensweisheit

„Als ich mich selbst zu lieben begann, da erkannte ich, dass mich mein Denken armselig und krank machen kann. Als ich jedoch meine Herzenskräfte anforderte, bekam der Verstand einen wichtigen Partner.
Diese Verbindung nenne ich heute HERZENSWEISHEIT."

Wenn ich in mich hineinschaue dann entdecke ich verschiedene Möglichkeiten, mit mir und mit der Welt zu kommunizieren. Ich kann Dinge erkennen und benennen. Ich kann meinen Verstand

gebrauchen und vernünftige Dinge denken und sagen. Ich kann Pläne entwickeln und mich Schritt für Schritt daran abarbeiten. Ich funktioniere wie ein Uhrwerk darin, wenn ich alles sorgfältig durchdacht habe. Mein Verstand dient mir seit vielen Jahren und wurde trainiert in der Schule und in der Universität. Dafür bin ich sehr dankbar!
Jetzt stelle ich mir vor, dass ich mit einem anderen Menschen am Meeresstrand stehe und einen enthusiastischen Vortrag halte über Wassertemperaturen, Winde, Wellen und angrenzende Länder. Dann könnte dieser Mensch an meiner Seite mich entgeistert anschauen weil er etwas ganz anderes wahrnimmt. Mein Gegenüber fühlt sich gerade großartig und genießt den Wind um die Ohren. Er riecht das Salzwasser und spürt, wie die Wellen seine Füße umspülen. Und er taucht ein mit seinem ganzen Sein in dieses grenzenlose Meer und fühlt sich verbunden mit allem, was ist. Und ich spreche von meinen wissenschaftlichen Erkenntnissen. Dann wird deutlich, dass wir in zwei Welten leben. Ich lebe in der Welt des Verstandes und mein Gegenüber im Gefühl.
Gibt es ein besser oder schlechter? Ein richtig oder falsch? Muss ich mehr fühlen und mein Gegenüber mehr denken? Und was geschieht, wenn ich anfange mich zu lieben? Die Liebe verbindet diese beiden Kraftquellen und scheinbar entgegengesetzten Pole. Sie macht deutlich, dass der Verstand für sich allein armselig ist und das Gefühl für sich allein keine Substanz hat. Die Verbindung von Herz und Weisheit führt zur Herzensweisheit, zu einem Weisheitsherz. Beide Fähigkeiten können sich auf diesem Weg wunderbar ergänzen und gegenseitig bereichern. Es braucht eine Instanz, die nicht bewertet und dieses Zusammenspiel fördert und unterstützt. Die Liebe wertet nicht. Sie kann stehen lassen und beiden Qualitäten Raum geben. Mehr davon – das wünsche ich dir und mir.

Die zehnte Auswirkung: Mehr leben

„Wir brauchen uns nicht weiter vor Auseinandersetzungen, Konflikten und Problemen mit uns selbst und anderen zu fürchten, denn sogar Sterne knallen aufeinander und es entstehen neue Welten.
Heute weiß ich: Das ist LEBEN."

Viele von uns leben nach einem unausgesprochenen und allgegenwärtigen absoluten Grundgefühl. Wir wünschen uns Glück und es möge uns gut gehen. Wir möchten positive Gedanken denken und wohlige Gefühle haben. Wir lieben die Freiheit und möchten zugleich geborgen sein. Wir lieben paradiesische Zustände und tun ganz viel dafür. Wir arbeiten, damit wir uns das Glück leisten können. Die Konsumindustrie weiß um unser Begehren und lebt davon. Am Silvestertag umgeben wir uns mit lauter Glückssymbolen und wünschen allen Menschen ein friedliches und erfülltes neues Jahr.
Wir wollen nichts hören von Krieg, Hunger und Zerstörung. Konflikte sind uns ein Dorn im Auge und wir vermeiden sie lieber. Wer setzt sich denn schon gerne auseinander und beschäftigt sich mit Problemen. Wir wünschen uns nicht solche zerstörerischen Zustände und wir tun ganz viel dafür, dass so etwas auf keinen Fall passiert.
Wenn ich aber auf mein Leben zurückblicke, dann sehe ich eine bunte Mischung. Ich sehe alles! Ich sehe meine kranken und meine gesunden Anteile. Ich nehme meine zerstörerischen und aufbauenden Gedanken wahr. Ich hatte manchmal Glück und immer wieder auch Pech. Mir wurde einmal meine Lieblingsgitarre gestohlen und ich bekam einfach so Geld geschenkt.
Das Geheimnis besteht für mich nicht darin, weniger vom Unglück abzubekommen. Ich übe mich darin ein, dass es mir immer weniger ausmacht. Dass ich immer einverstandener damit werde, weil das Leben auf diesem Planeten so gestrickt ist. Das Leben auf der Erde ist eine bunte Tüte – von allem und für jeden ist etwas dabei. Wenn ich ohne Abstriche mich selbst

liebe, dann kann ich mich fallen lassen in ein großes und umfassendes Einverständnis. Und davon ruhig mehr – das wünsche ich dir und mir.

7 Mein toter Winkel!

Spätestens seit der Fahrschule weiß ich es ganz praktisch. Beim Überholen in die Spiegel schauen und einen Blick über die linke Schulter werfen. Links von mir gibt es einen Bereich, den ich über den Seitenspiegel nicht einsehen kann. Da gibt es einen toten Winkel. Ein für mich unsichtbares Feld.
Ich weiß um diesen toten Winkel beim Autofahren und kann darauf achten. Es fordert meine sorgfältige Aufmerksamkeit und ich muss regelmäßig vor dem Überholen da hinblicken.
Diese Erfahrung kann ich leicht auf das Leben übertragen. Auch dort gibt es „tote Winkel". Bereiche, die existieren, aber unsichtbar sind für meine Augen. Weil ich nicht hinschauen mag oder dafür einfach zu blind bin. Auf diese toten Winkel möchte ich gerne mit dir meine Aufmerksamkeit richten. So, wie es inzwischen Spiegel gibt, die den toten Winkel erhellen gibt es vielleicht auch Haltungen und Einstellungen, die inneren toten Winkel von der Unsichtbarkeit zu befreien.
Im Film „The bleep" wird erzählt, dass die Ureinwohner Amerikas die Schiffe von Christoph Kolumbus nicht sehen konnten obwohl sie in Sichtweite des Strandes waren. So große Schiffe aus Holz mit weißen Männern kamen in ihrer Erfahrung nicht vor und das Bewusstsein weigerte sich, da überhaupt etwas zu sehen, was nicht sein konnte.
In manchen Internetforen wird diese Idee angezweifelt und als Mythos abgetan. Aber ein Vater erzählte von seinem Besuch beim Friseur mit seinen Töchtern. Seine Töchter hätten Läuse und er müsse da was machen. Der Vater selbst konnte aber zu hause keine Läuse entdecken. Einen Tag später ging er mit den Kindern zum Hausarzt und die Arzthelferin entdeckte sofort die ersten Nissen. Der Vater schaute sie sich unter dem Mikroskop an und sah ab dann die Nissen auch auf dem Kopf der Töchter. Das war für ihn der Beweis, dass es diese „Kolumbuserlebnisse" auch heute noch gibt. Ich sehe nicht alles, was ich sehen könnte. Wenn mir etwas völlig unbekannt ist kann es sich vor

meinen Augen scheinbar verbergen obwohl es offensichtlich da ist.
Vielleicht hast du es auch schon erlebt, dass du etwas gesucht hast und es lag direkt vor deiner Nase. So, als ob du den Wald vor lauter Bäumen nicht sehen könnest. Manche Menschen kommen zu mir mit einem Problem und wir kommen sehr schnell auf eine Lösung. Der Ratsuchende wundert sich dann, dass er nicht von selber da drauf gekommen ist. Eigentlich hätte er es einfach wissen können.
Ich lade dich ein zu einer kleinen Phantasiereise: Stell dir vor, dass wir beide uns gemeinsam in einem Raum befinden und uns umschauen. Wir hätten die gleichen Gegenstände in diesem Raum. Würden wir das Gleiche sehen? So ungefähr schon, aber nicht jedes Detail. Und jetzt stell dir vor, wir bekämen die einmalige Möglichkeit, für ein paar Minuten die Augen untereinander tauschen zu können, würden aber unsere Persönlichkeit und unsere bisherige Lebensgeschichte behalten. Ich sehe mit meiner Persönlichkeit die Welt mit deinen Augen. Wie würdest du meine Welt wahrnehmen und wie ich deine? Was würden dann bei dir oder mir für Gedanken auftauchen? Wie wären die Farbeindrücke und welche Gefühle würden wir bekommen? Was würde dich oder mich dabei überraschen?
Unser Verstand gaukelt uns ja ein gewisses Maß an Sicherheit vor. Das, was ich sehe, sehe ich und ich sehe es umfangreich und ganz wirklich. Ich sehe alles mit meinen Augen und mir entgeht nichts. Ich behalte den Überblick und kann auch noch die winzigen Details erkennen. Ich kann mich auf meine Augen verlassen. Und wenn ich eine Brille trage erst recht. Die Brille bestätigt mich, dass sich meine Kurzsichtigkeit korrigieren lässt. Ich sehe klar!
Aber sehe ich alles? Ich wollte mir vor ein paar Jahren einen Teppich kaufen. Ich fand im Geschäft einen, der mir gefiel und hatte zugleich ein nicht verstehbares ablehnendes Gefühl. Diese Ambivalenz konnte ich nicht einordnen. Erst, als ich den dickflorigen Teppich auseinanderbog, sah ich kleine grüne Plastikfäden, die mit eingewoben waren. Etwas in meinem Körper-

system hat mehr wahrgenommen als die Augen. Da gibt es Anteile in meinem Körpersystem, die mehr „sehen" als die Augen.
Wohin wird mich mein Gedanke führen wenn ich mir vorstelle, dass ich gar nicht alles sehe, was zu sehen möglich wäre. Meine Augen könnten sagen: Die Straße ist gut ausgebaut. Ich habe festen Boden unter den Füßen. Dann würde ich loslaufen und plötzlich abstürzen. Die feste Straße war nur eine Illusion. Ich könnte auf die Idee kommen und feststellen, dass die meisten Dinge nur eine Illusion sind und wir reden sie uns sicher, damit wir ein besseres Gefühl haben. Ohne diese Illusionen würden wir vor Angst vergehen.
Zu mir kam mal ein Mann in die Beratung und erzählte mir ausführlich davon, wie gut alles läuft. Ich wartete auf das Problem und – es kam keines. Es war alles in Ordnung. Worin lag dann der Sinn der Beratung? Er wollte es mir erzählen und im Erzählen erschuf er sich die Sicherheit, dass wirklich alles gut war. Auch der Berater konnte keine Gefahr wahrnehmen. Dieser Mann brauchte mich als Berater um zu überprüfen, ob es für ihn einen toten Winkel gab.
Ich möchte mit dir noch einen Schritt weitergehen in der Beobachtung des toten Winkels. Ich glaube, dass wir Menschen auch im Umgang miteinander unsere toten Winkel haben. Wenn du dich verliebst nimmst du beim Gegenüber nicht alles wahr, was zu diesem Menschen dazu gehört. Vielleicht schlägt deine Freundin die Hände über den Kopf zusammen und sagt zu dir: „Wie kannst dich nur in diesen Menschen verlieben. Weißt du denn nicht...! Siehst du denn nicht, dass ...!"
Du kannst sogar mit einem Menschen über viele Jahre zusammenleben und siehst nur das Bild, dass du dir von ihm gemacht hast. Du siehst deine fürsorgliche wohlwollende Ehefrau und alle anderen in deinem Umfeld denken, wie kannst du dich nur so unterdrücken lassen.
Bis zu einem gewissen Alter hast du die Lust, immer wieder neues kennen zu lernen. Die Welt ist groß und das Abenteuer wartet auf dich. Vielleicht bist du eines Tages satt und fragst

dich, was du wohl übersehen haben könntest. Noch weißt du nicht was. Aber dir ist klar, dass es sehr wahrscheinlich ist, dass es da tote Winkel gibt.
Wie wäre es, wenn du dich diesen toten Winkeln im Leben einmal widmen würdest? Du richtest deine Aufmerksamkeit auf diesen Wunsch: „Ich möchte die toten Winkel in meinem Leben sehen, wahrnehmen und kennenlernen." Weckt das in dir Angst oder eher Neugier?
Auf den letzten Seiten eines Detektivromans steht der Held in der Regel von dem größten Rätsel. Er hat alles zusammengefügt und dennoch das Gefühl, etwas Wichtiges übersehen zu haben. Dann entdeckt er das fehlende Puzzleteil und die Geschichte bekommt plötzlich Sinn.
Wenn du die Idee davon bekommst, dass dein Leben sich nicht so ganz richtig anfühlt, oder dass da irgendwie etwas quer läuft, dann könntest du mal nach toten Winkeln schauen. Legenden und Mythen erzählen davon, dass das die Lieblingsplätze von Gott sind. Er hält sich dort total gerne auf. Weil da nicht jeder hinschaut und der Platz nicht so arg belebt ist, kann es dort zu intimen Begegnungen kommen. Stell dir vor, dass Gott schon immer in deiner Nähe war, nur halt im toten Winkel. Du musst nur die Augen ein wenig verdrehen, das Herz in eine andere Richtung wenden und schon ist der tote Winkel mit Leben erfüllt.
Genau das erzählt eine alte Sufi Legende. Gott schuf die Erde für den Menschen, aber der Mensch wollte lieber im Himmel bleiben. Die Engel schlugen also vor, den Himmel abzuschließen und den Schlüssel zu verstecken. In die Tiefen des Meeres? Auf dem höchsten Berg? Irgendwo im Weltall? Keine dieser Ideen findet bei Gott gefallen. Dort werden die Menschen bestimmt suchen. Der Erzengel Gabriel schlägt vor, den Schlüssel zum Himmel im Herzen der Menschen zu verstecken und Gott gefällt diese Idee. Dort werden die Menschen bestimmt nicht suchen. In unserem eigenen Herzen befindet sich also der tote Winkel, wo der Schlüssel zum Himmel zu finden wäre?
Ich stelle mir vor, wie ich ständig alles so kompliziert wahrnehme. Ich entwerfe Gedanken, wälze Pläne und suche nach

der hundertsten Lösung noch die hundert und erste. Nie bin ich einverstanden mit dem, was ich sehe oder mir so ausdenke. Es könnte so einfach sein, nicht wahr? Der Satz vom kleinen Prinzen bekommt vielleicht hier noch eine kleine Färbung: „Das Wesentliche ist für die Augen unsichtbar.“ Das Auge sieht nicht den Raum, der sich im toten Winkel befindet. Der tote Winkel zirkelt ja einen bestimmten Raum ab. Einen Raum, den ich mir doch einmal anschauen könnte.

„Warst du auch auf der Party? Ich habe dich gar nicht gesehen!“ „Was, du bist schon seit einem Jahr so traurig? Ich habe nichts davon bemerkt!“ „Ich hätte schon vor einem Jahr kündigen sollen, aber ich wollte nicht hinsehen und habe mir alles irgendwie schöngeredet.“ Warum schauen wir nicht in den toten Winkel hinein? Es könnte mir Schmerzen bereiten! Da lauert bestimmt eine fette Krise. Noch ist es ja nicht so schlimm!

Beim Autofahren habe ich die Chance, im toten Winkel ein herankommendes Fahrzeug zu sehen und mögliche Gefahren zu bannen. Wie würde mein Leben aussehen, wenn ich in alle Räume schauen würde, die ich mit dem toten Winkel aus meinem Blickfeld verbanne? Ich schaue über die linke Schulter in das verborgene Feld und verliere für einen Moment die Kontrolle nach vorne. Damit gehe ich ein Risiko ein. Schnell nach links blicken und dann wieder geradeaus. Aber für einen Moment verliere ich die Kontrolle. Da könnte für den Augenblick etwas passieren. Beim Blick nach links in das Feld des toten Winkels. So ist das im Leben auch. Wenn ich in meine toten Winkel schaue gehe ich ein Risiko ein. Da könnte etwas passieren. Ich könnte die Kontrolle verlieren. Das Risiko bleibt, egal, wie ich mich entscheide. Der Raum im toten Winkel lädt mich ein, das Abenteuer zu wagen. Ich lebe jetzt!

8 Vom Wurzeln ausgraben!

In unserem Garten gab es und gibt es noch viele Wurzeln. Zuletzt habe ich fünf vor dem Haus ausgebuddelt. Dort werden wir im Herbst eine Hecke pflanzen. Keine ausgegrabene Wurzel kannte ich als Baum. Die Vorbesitzer haben die Bäume fällen lassen und die Wurzeln blieben stehen. Bislang habe ich ungefähr 15 davon entfernt. Eigentlich stören sie niemanden, aber sie besetzen ein Teil des Grundstückes. Sie nehmen mir den Platz weg für die Möglichkeiten, die Plätze neu zu gestalten. Meine Wurzelentfernungswerkzeuge bestehen aus Spaten, Säge, Astschere, Gabel, Axt, Seilen und einem Wagenheber. Viele boten mir ihre Unterstützung an durch wertvolle Ideen. „Mache es mit einem Bagger!“ „Da hilft nur eine Fräse!“ „Tu dir das nicht an!“ „Das habe ich früher auch gemacht. Aber ich grabe nicht mehr. Ist mir zu anstrengend und zu viel Arbeit.“

Es gibt ein paar Baumstümpfe, die lassen wir stehen. Sie sind mir zu groß und übersteigen meine Möglichkeiten. Da wächst Efeu drüber oder sie dienen als Podest für ein Kunstobjekt. Als Baum haben sie ausgedient aber sie bekommen eine neue Bestimmung.

Beim Ausgraben sind mir ein paar Gedanken gekommen, die ich gerne mit dir teilen möchte. Für das Ausgraben von Wurzeln benötigst du Einstellungen und Fähigkeiten, die du gut gebrauchen kannst für die sonstigen Lebensprobleme. Ich muss immer wieder Aufgaben bewältigen oder schwierige Situationen meistern. Da habe ich was auf meinem „Lebensacker“ liegen, das meine Aufmerksamkeit fordert. Es ist da. Ich brauche es nicht mehr. Ich will es nicht mehr haben. Es geht nicht von selber. Ich stolpere drüber. Es nervt mich!

Ich könnte es ignorieren und übersehen. Ich könnte auch ausweichen oder einfach damit leben. Ich kann es durch Dekorieren schön reden oder resigniert aufgeben, weil es mich überfordert. Ich kann aber auch sagen: „Jetzt packe ich es an.“ Es ist nun mal da und ich könnte die Aufgabe lösen oder mich dem Problem stellen. Und das möchte ich jetzt gerne mit dir tun.

So, wie bei einer Wurzel schaue ich mir die anderen Lebensaufgaben erst einmal genau an. Ich mache mich damit vertraut. Da gibt es einen sichtbaren und einen verborgenen unterirdischen Anteil. Ich muss eine erste Entscheidung treffen, die da heißt: „Ich will es lösen. Ich will was machen. Ich probiere aus!" Ohne die Entscheidung wird es keine Energie geben, es auch anzupacken.
Den sichtbaren Teil kann ich einschätzen. Bei der Wurzel sehe ich den Umfang des Baumes, ich kann sehen, ob ich an allen Seiten graben kann oder ob mir eine Mauer im Weg steht. Ich kann prüfen, ob die Erde hart oder locker ist oder ob ich noch Hindernisse aus dem Weg räumen muss. Schaffe ich es alleine? Brauche ich Hilfe? Welche Geräte habe ich zur Verfügung und welche muss ich noch organisieren. Lauter Fragen, für die ich Lösungen finden kann weil ich es sehe. Wie bei meinen Lebensthemen. Wenn ich den sichtbaren Teil meiner Probleme anschaue, kann ich für jeden Anteil nach einer Lösung suchen. Das macht mich stark und handlungsfreudig. Ich habe den Willen und auch die Möglichkeiten.
Den unsichtbaren Teil kann ich jedoch nicht einschätzen. Wie tief und wie weit verzweigt sich die Wurzel unterirdisch? Wie schwer wird sie sein wenn ich sie anheben muss? Wo hat sie sich so festgemacht in der Erde, dass ich auf starke Hindernisse stoße? Vielleicht ist unterirdisch auch so gut wie nichts vorhanden. Ich setze den Spaten an und schon bin ich fertig. Dann hätte ich mir viele Sorgen um nichts gemacht. Wenn unterirdisch die Wurzeln dünn und schmal verlaufen geht das Lösen leicht mit einer Astschere. Aber wenn sich da eine dicke und fette Wurzel ausgebreitet hat – mir fehlt das Werkzeug oder mir gehen die Ideen aus! Geht es mit der Axt? Springt diese von der Wurzel ab, die quer sitzt und ich treffe eher meinen Fuß? Unterirdisch wartet die eigentliche Herausforderung. Bei Wurzeln und bei sonstigen Aufgaben. Manchmal kann ich vom sichtbaren Teil her ahnen, was auf mich zukommt und vieles weiß ich aus den Vorerfahrungen. Aber nicht alles!

Es können Hürden und Hindernisse auftauchen. Es ist sogar ziemlich wahrscheinlich, dass da welche auftauchen. Sozusagen normal! Die Zukunft kenne ich nicht. Sie ist mein unsichtbarer Teil. Vielleicht wird alles ganz leicht. Es können aber auch große Hindernisse auftauchen. Lasse ich mich schnell entmutigen? Wann resigniere ich? Habe ich das geeignete Werkzeug? Genug Energie? Ausreichend Willenskraft? Schaff ich es allein oder brauche ich Unterstützung? Mag ich um Hilfe bitten?
Welche Strategien und Einstellungen helfen beim Wurzel ausgraben und können eine Vorlage bieten auch für den Umgang mit den sonstigen Lebensaufgaben. Zehn Impulse möchte ich mit dir teilen.

1. Trete einen Schritt zurück und verschaffe dir einen Überblick!

Sondiere die Lage und verschaffe dir einen ersten Überblick. Rechne aus, was du brauchst und was du zur Verfügung hast. Mache eine nüchterne Kalkulation über den Daumen gepeilt. Lohnt es sich oder lässt du einfach die Finger davon.

2. Entdecke deine eigenen Ressourcen und überprüfe sie.

Eine Aufgabe kannst du gut bewältigen, wenn die Ressourcen vorhanden sind und ausreichen. Möchtest du wirklich die Aufgabe lösen? Welche Vorerfahrungen hast du? Wo kannst du dich schlau machen? Welche Fähigkeiten bringst du mit und wo sind deine Grenzen?

3. Mache einen ersten Schritt.

Wenn der Berg zu hoch ist taucht die Resignation vielleicht sehr schnell auf. Mach auf jeden Fall einen ersten Schritt. Hol den Spaten aus dem Keller. Denke nicht darüber nach. Mache keine weiteren Pläne. Einfach nur den Spaten aus dem Keller holen. Das ist dein erster Schritt. Wenn du den ersten Schritt gemacht hast, dann bist du auf jeden Fall schon mal einen Schritt gegangen und hast mit etwas begonnen. Wo der erste Schritt gegangen ist, wird ein zweiter Schritt auch möglich. Der erste Schritt ist viel schwerer als der zweite. Nicht, wie du gehst ist wichtig, sondern dass du es machst. Also gehe den ersten kleinen, aber hilfreichen Schritt!

4. Fange an, wo es leicht ist!

Beim Wurzelgraben kannst du mit der Axt auf dem Stumpf hauen oder in genügend Abstand die erste Erde abtragen. Erde abtragen geht mit einem Spaten aber auch mit einer Bürste. Oder du beginnst mit dem Unkraut jäten. Du musst es dir nicht schwer machen damit du allen sagen kannst, wie schwer es war und was du geleistet hast. Damit du also genügend Bewunderung bekommst. Es darf auch ganz leicht sein. So im Vorübergehen. Stell dir vor, dass du beim Spazierengehen im Garten mal eben den Spaten nimmst für eine Schüppe Erde. Bei deinen Aufgaben machst du es ähnlich. Mal eben so und ganz nebenbei.

5. Achte auf deinen Kräftehaushalt!

Geh behutsam mit deinen Kräften um. Manche gehen ständig über ihre Grenzen. Eigentlich können sie nicht mehr. Dann taucht die innere Stimme auf: „Es ist ja schon fast geschafft! Den Rest mache ich auch noch!“ Dann ist der Rest auf einmal viel größer als gedacht. Du kannst voller Elan ein paar Schaufeln Erde abtragen und machst Schluss, wenn keine Kraft mehr da ist. Nicht dem Gedanken folgen: „Ist ja nicht mehr so viel. Geht noch ein Stück!“

6. Lasse es auch mal liegen!

Manchmal ist es gut, etwas liegen zu lassen. Du gräbst die Wurzel ein ganzes Stück weit frei und lässt es dann liegen. Tage und Wochen! Währenddessen arbeitet die Natur für dich. Du musst nichts tun! Im Leben kommt es auch darauf an, die Momente zu nutzen, wo du es liegen lassen darfst. Wein muss reifen, Korn muss trocknen, alles besitzt ein eigenes Zeitmaß. In der Zeit des Liegenlassens können neue Ideen reifen. Stell dir vor, dass du mit großer Anstrengung deine Wurzel ausgräbst und zwei Tage später gibt es eine Erfindung, die es dir viel leichter gemacht hätte. Wenn du gewartet hättest, hättest du von der Erfindung profitieren können.

7. Treibe es voran!

Das Gegenteil stimmt auch. Manchmal braucht es einen Impuls. „Jetzt aber!" Genug gewartet! Raus aus der Resignation. Sich lösen aus der Erstarrung! Da geht doch noch was! Dann wirst du überrascht, dass da mehr geht, als du gedacht hattest.

8. Freue dich über das Erreichte!

Wenn die Aufgabe groß ist schaust du schnell auf das, was du noch machen musst. Die Aufgabe ist erst fertig, wenn sie erledigt ist. Solange die Wurzel dich noch anschaut, ist sie halt da und nicht weg. Das verhindert die Dankbarkeit für das schon Erreichte. Du könntest dir immer wieder sagen: „Wie schön! Das habe ich schon erreicht! Ich habe schon etwas geschafft! Nicht schlecht!"

9. Bitte um Hilfe!

Du bist groß und erwachsen und bist verantwortlich für dein Leben. Du bist gerne eigenständig und liebst die Unabhängigkeit. Und dennoch kann der Punkt kommen, wo du an Grenzen stößt. Deine Hände allein reichen zum Buddeln nicht aus. Du brauchst eine zusätzliche Hand, eine Idee von außen, ein ermutigendes Wort. Das steht aber nicht auf deiner Stirn geschrieben. Bitte einfach um Hilfe! Die meisten Menschen unterstützen dich gerne.

10. Genieße den Freiraum danach!

Wenn die Wurzel ausgegraben und das Loch zugeschüttet ist, genieße den Anblick des freien Platzes ohne ihn gleich wieder zu füllen. Wenn du deine Aufgabe erledigt, das Problem gelöst hast, gönne dir den Freiraum. Nicht sofort das nächste Projekt. Lass zu, dass sich in dir ein wenig stille Freude ausbreiten kann. Du befindest dich wieder im Meer der tausend neuen Möglichkeiten. Aber es eilt nichts! Genieße diesen Freiraum!

9 „Wow!“ Du darfst über dich staunen!

Läuft deine Energiekurve auch nach einem verborgenen Programm ab? Gibst du vor dem Urlaub noch einmal Gas damit sich die Erholung lohnt? Und nach dem Urlaub stellst du dir einen vollen Tank vor in der Hoffnung, dass er bis Weihnachten reicht? Stellst du dir deinen Körper vor wie ein Auto, das zweimal im Jahr zur Inspektion muss und zwischendurch am Wochenende mal kurz auftanken darf?
Dahinter steckt für mich ein bestimmtes Gedankenmodell. Ich habe eine begrenzte Energie, die ich verbrauchen kann. Wenn nichts mehr da ist, muss ich mich wieder erholen. Das mache ich am Wochenende und vor allem im Urlaub. Ich möchte dir gerne ein alternatives Gedankenmodell mit auf den Weg geben.
Jenseits von Arbeitswochen und Urlaubszeiten besitzt jeder Mensch ein riesengroßes Feld von Kräften, Ressourcen, Strategien und „Kunstfertigkeiten“. Damit könntest du dir den Alltag und deine Aufgaben erleichtern und kraftvoller angehen. Du wärest nicht mehr so schnell urlaubsreif! Verlockend?
Bist du vertraut mit diesem Ressourcenfeld? Ich möchte es den „Wow-Faktor“ nennen. Du spürst diesen Faktor, wenn du eine Herausforderung annimmst und dabei nicht in die Anstrengung gehen musst. Du kannst es mit leichtem Gefühl und wie im Flow umsetzen. Wenn du deine Aufmerksamkeit darauf richtest kannst du diese Faktoren bewusster für dich nutzen.

Mein Wow-Faktor Nr. 1: Die Vision in mir ist immer noch lebendig und aktiv!

Erinnerst du dich an die erste Phase deiner Liebe? Als du mit deinem Partner deine schönsten Lebensträume geteilt hast? So wolltest du leben! Im eigenen Haus oder auf keinen Fall. Ein oder zwei Kinder oder auch mehr. Du wolltest vielleicht eine Art Paradies erschaffen. Oder ein Nest bauen oder eine kleine Oase errichten. Diese Vision hast du mit deinem Partner geteilt und gemeinsam habt ihr es umgesetzt. Voller Elan und mit einem unerschütterlichem Vertrauen. Du wusstest auf einmal, warum du auf dieser Welt warst.

Ich könnte auch den Beruf als Beispiel wählen. Du wolltest nie einfach nur einen Job machen und Geld verdienen. Du wolltest etwas Sinnvolles tun. Etwas mit Herz! Etwas, wo du alle deine Begabungen und Fähigkeiten ausdrücken konntest. Weil du wusstest, dass du nur dieses eine Leben hast und dass es darauf ankommt genau das zu nutzen. Du hast vielleicht ein tolles Vorbild gehabt oder eines, das dich abschreckte. Du hattest so eine Art Mission, eine Berufung.

Vielleicht war dein Traum von der Liebe und der Arbeit auch gar nicht so spektakulär. Du träumtest eher von einer bezahlbaren Wohnung und einer Arbeit, von der du leben konntest. Oder du freutest dich über ein Zeitfenster im Jahr an einem Urlaubsort – ganz und nur für dich. Ein Lebenstraum für zwei Wochen. Oder ein Haustier, das dich glücklich machen durfte. Oder dein Engagement für die Umwelt, die Gerechtigkeit oder die Kirche!

In dir gab es einmal ein Bild, das dich ausfüllte. Du wurdest getrieben von einer Vision. Du wolltest einmal irgendetwas unbedingt. Dafür warst du sogar bereit zu leiden! Erinnerst du dich an deine stärkste Vision? An deinen einzigartigen Lebenstraum? „Einmal im Leben möchte ich...!“ Kannst du diese Vision wieder in dir wecken? Gibt es eine neue Vision, die dich erfüllen könnte? Eine Vision setzt ungeahnte Kräfte frei! Darum geht es! Etwas zu tun aus Liebe zu... oder aus Leidenschaft... oder eben mit dem Willen, die Vision umzusetzen. Und spürst du, wie erfüllt sich das anfühlt, wenn du wieder einen Zugang bekommst zu deiner Vision? „Wow“ – du bist noch nicht tot! Der Tiger schlummert immer noch in dir und wartet darauf, aufzuspringen.

Mein Wow-Faktor Nr. 2: Ich bin reich gesegnet mit einem Netz von Beziehungen!

Du bist nicht allein! Du magst dich manchmal so fühlen. Aber es stimmt nicht! Du bist kein Robinson Crusoe! Du bist keine Insel! Du kommst aus dem Bauch deiner Mutter und ohne deinen Vater wärest du auch nicht auf dieser Welt. Sie haben dafür gesorgt, dass du da bist. Auch wenn sie nicht mehr leben oder wenn du mit ihnen nicht glücklich warst. Du warst das Kind und sie waren deine Eltern. Es mag noch so ärmlich oder armselig gewesen sein. Aber ohne sie wärest du nicht!

Manche Menschen sagen zu mir: „Ich habe niemanden!“ Die Kinder sind ausgezogen. Der Mann ist gestorben. Die sozialen Kontakte haben sich stark reduziert. Aber stimmt der Satz zu hundert Prozent? „Ich habe niemanden?“ Da gibt es die Ärzte, die Kirchengemeinde, Nachbarn, die freundliche Verkäuferin beim Bäcker. Es gibt vielleicht nur wenige bis gar keine ganz nahen Menschen. Aber niemanden?

Vielleicht gehörst du aber zu den Menschen, die mit Beziehungen reich gesegnet sind. Wenn du einen runden Geburtstag feiern möchtest, musst du dich dann begrenzen, weil dir so viele einfallen? Oder ist deine Liste kurz und dein Wohnzimmer reicht aus?

Werde dir deines Netzes bewusst. Schließe deine Augen und gehe zurück bis in deine Kindheit. Stell dir eine Prozession von Menschen vor, denen du seit der Geburt begegnet bist bis heute. Jeder hat dir etwas geschenkt. Und sei es nur einen winzigen aufmerksamen „Augenkontakt“. Diese Menschen kommen aus deiner Familie, aus deinem Freundeskreis, dem Arbeitsumfeld, Dienstleister, Nachbarn und Urlaubsbekanntschaften. Du bist Teil eines großen Netzes, das sich bis heute weiterentwickelt hat. Du gehörst dazu! Du hast einen Platz in deiner Familie und im Freundeskreis. Irgendwo gehörst du dazu. Und wenn dein Netz wenig ausgeprägt ist, kannst du das schnell ändern. Chöre suchen immer Sänger. Du kannst immer jeman-

den nach dem Weg fragen, auch wenn du den Weg schon kennst. Nur wegen des Kontaktes.
Du bist nämlich sozial begabt. Du bist als soziales Wesen grundsätzlich befähigt, ein Netzwerker zu sein. Es gibt natürlich extrovertiertere Leute. Deren Netz mag darum größer sein. Aber du musst nicht viel machen. Jemand, der dir freundlich zunickt, gibt dir damit auch eine wunderbare Beziehungsenergie. Pro-biere es doch einmal aus! Geh durch die Fußgängerzone und strahle jeden an, der mit dir Kontakt aufnimmt. Denke dir: „Dich kenne ich doch! Schön, dich zu sehen!" Du bekommst Energie und musst nichts dafür tun. Vielleicht spürst du Dankbarkeit, wenn du an einen Menschen denkst, den du magst oder der dich mag. Was verändert sich bei dir, wenn du das machst!
Wow! So viele Menschen kenne ich! So viele Menschen haben mein Leben bislang bereichert! So vielen Menschen war ich einmal wichtig oder bin es noch. Welch ein Geschenk!

Mein Wow-Faktor Nr. 3: Das, was ich mache, bewirkt auch was!

Sind dir folgende Gedanken vertraut wie: „Warum soll ich zur Wahl gehen? Meine Stimme zählt ja doch nicht. Ich kann an meinem Arbeitsplatz eh nichts ändern. Ich habe ja nichts zu sagen. Ob ich meinen Kindern etwas sage oder nicht ist eh egal. Die machen, was sie wollen. Es hört ja sowieso niemand auf mich. Das ist ja nur ein kleiner Tropfen auf dem heißen Stein. Was ich mache hat eh keine Auswirkungen."
Wenn du oft so denkst, dann verlierst du irgendwann die Lust, dich einzubringen. Du denkst, es ist eh ohne Wirkung, was du machst. Du resignierst, fühlst dich wie gelähmt. Dir schwinden Energie und Kraft.
In die Beratung kommen Menschen in der Regel erst dann zu mir, wenn sie schon alles probiert haben. Wenn sie festgestellt haben, dass sie mit ihrem Latein am Ende sind. Wenn nichts mehr wirkt! Am Ende wächst das Gefühl von Hilflosigkeit und

Resignation. Je resignierter du dich fühlst, desto anfälliger wirst du für die Negativbotschaften in der Welt. „Ich kann sowieso nichts machen. Und dann ist da noch der Klimawandel und die korrupte Politik und die Machteliten!" Du kommst dir immer kleiner und wirkungsloser vor. Wofür lohnt sich das Leben, wenn du nichts dazu beitragen kannst?

Aber das stimmt nicht! Auch wenn es manchmal den Anschein hat. Natürlich ist nicht alles wirksam. Aber an irgendeiner Stelle kannst du immer etwas bewirken. Es kommt darauf an, diese Stelle zu finden. Das, was du machst, bewirkt auch etwas. Natürlich kannst du nicht das Klima und deinen Chef großartig verändern. Das wäre auch vermessen. Dennoch bist du wirksam in dem was du denkst, fühlst und tust. Beispiele?

Du gehst zum Bäcker und kaufst ein Brot. Damit bewirkst du mit deinem kleinen Anteil, dass der Bäcker heute sein Geld verdient. Du grüßt jemanden auf der Straße mit einem Lächeln. Dieser grüßt zurück und fühlt sich für einen Moment glücklich. Du öffnest den Wasserhahn und durch dein Drehen kommt tatsächlich Wasser heraus. Du betätigst die Muskeln in deinem Körper und kannst wirklich ein paar Schritte gehen. Du kaust deine Nahrung, schluckst sie herunter und die Speisen verschwinden in deinem Magen. Bist du dir dessen bewusst, in wie vielen Bereichen du etwas bewirken kannst? Vieles machst du einfach und bist dir der anschließenden Wirkung gar nicht bewusst. Der Eindruck der Unwirksamkeit ist nur ein Eindruck.

In einer meiner Gesprächsrunden ging es hoch her. Da sagte eine Teilnehmerin: „Wenn ich das so höre, was ihr da erzählt, werde ich ganz traurig." Alle werden still. Für ein paar Augenblicke sagt kein Mensch etwas. Alle schauen betreten nach unten. Mit diesem einfachen Satz der Betroffenheit hat diese Frau viel bewirkt.

Beginne doch einmal deinen Tag und halte jede Stunde für einen Augenblick inne. Was hast du in der vergangenen Stunde gedacht und gemacht und was hat das bewirkt. Achte dabei auch auf Kleinigkeiten. Du hast das Fenster geöffnet und für frische Luft gesorgt. Du bist aufgestanden von deinem Stuhl und hast deine Wirbelsäule entlastet. Du hast einen Schluck Wasser getrunken und für deinen Flüssigkeitshaushalt gesorgt. Wenn du diese Übung einen ganzen Tag lang machst wirst du staunen, was du alles bewirkst. Du wirst dir dessen bewusst, dass und was du bewirkst. Du wirst dadurch wirkmächtiger und selbstbewusster und strahlst das für dich selber und vor anderen aus. Kennst du wirkmächtige Menschen? Menschen, die den Raum betreten und erst einmal nichts machen? Die trotzdem eine „Auswirkung" haben? In der Regel sind diese Menschen sich ihrer selbst sehr bewusst! Warum nicht auch du? „Wow, ich bin wirksam!"

Mein Wow-Faktor Nr. 4: Ich habe noch immer eine Tür gefunden, die ich öffnen konnte!

Jeder kommt mal in eine schwierige Situation. Du wirst es nicht schaffen, bis zum Ende deines Lebens nicht in eine schwierige Situation zu geraten. Es gehört also zum Leben dazu. Wenn es so weit ist dann gibt es eben nicht die vertrauten wunderbaren tausend Möglichkeiten, sondern die drei oder vier Unmöglichkeiten. Pest oder Cholera. Vielleicht auch nur noch das Ende einer Sackgasse. Eine Wand ohne Tür!

Oft landest du vor dieser Wand, weil es nicht so kommt, wie du es dir so schön ausgedacht hattest. Es ist halt nicht so geworden wie dein Plan! „Ich habe das so und so gedacht und so und so gemacht. Jetzt muss doch auch das dabei herauskommen! Ich habe jetzt sogar noch dies gemacht. Selbst das hat nicht geholfen. Es muss doch aber...!" Die Geschichte dazu ist eigentlich egal. Der Weg dahin ist immer ähnlich. Ich habe eine Vorstellung vom Leben und den Abläufen und dann kommt es anders! Und ich bin ratlos und fühle mich wie in einer Sackgasse. Wenn du dich aktuell so fühlst ist das schwer und ich bin ganz mit dir!

Wenn du aber mal von der Wand einen Schritt zurücktrittst wirst du vielleicht offen für eine Idee. Du hast schon öfter eine

schwierige Situation erlebt. Im Rückblick stellst du fest, dass du immer noch lebst. Irgendetwas ist fast wie von selbst passiert oder du hast doch was richtig gemacht. Du hast es geschafft, dass du weiter lebst. Dann muss da auch eine Tür in der Wand oder in der Sackgasse gewesen sein. Umkehrlogik! Wenn du es bis heute nicht geschafft hast, angesichts einer aussichtslosen Situation zu sterben, besteht eine gewisse Wahrscheinlichkeit, dass du auch jetzt eine Tür findest. Irgendeine halt! Nicht die gewollte und ausgesuchte, aber eben doch eine, die dich einen Schritt weiterbringt!
Kannst du dir vorstellen, dass das zugleich eine Fähigkeit von dir ist? Du bist als Mensch prädestiniert, Türen zu finden und sie zu öffnen. Das hast du mit auf die Welt gebracht. Ein echter Wow-Faktor! Und jetzt überlege doch mal, wann und wo hast du eine Tür gefunden, die du durchschreiten konntest. Gib dir die Erlaubnis, genau hinzusehen und die Tür zu identifizieren.

Mein Wow-Faktor Nr. 5: Ich bin damit einverstanden wenn es ist, wie es ist.

Bist du bereit, das anzunehmen, was ist? Nehmen wir einmal an, du hast Gäste eingeladen für 20.00 Uhr. Die ersten Gäste kommen eine viertel Stunde früher und du bist noch nicht fertig. Bleibst du heiter und gelassen oder denkst du: „Das finde ich nicht richtig!“ Und ärgerst dich – vielleicht nur ganz wenig! Dann kommen die letzten Gäste eine halbe Stunde zu spät obwohl du zum Essen eingeladen hast. Bleibst du gelassen? Dein Gemüse verkocht. Der Salat fällt zusammen, die übrigen Gäste werden ungeduldig. Du versuchst, die unangenehme Atmosphäre aufzufangen. Findest du das Verhalten deiner späten Gäste richtig? Was fühlst du, wenn du nicht einverstanden bist?
Du kannst deine Gäste nicht verändern und auch nicht die Situation. Du wirst damit leben müssen. Du kannst eine Ansprache halten und deine Gäste beschuldigen oder sie bitten, das

nächste Mal um acht Uhr zu kommen. Aber jetzt ist es so, wie es ist.
Geh mal einen typischen Alltag gedanklich durch. Dein Zusammensein mit der Familie. Deine Arbeit. Die Wege, die du zurücklegst... Wem begegnest du und wer macht was? Wer sagt was? Wie reagierst du auf das, was dir begegnet? Womit bist du einverstanden und wo regt sich in dir Protest und Widerstand. Wann wertest du? Was findest du unerträglich und wo ziehst du deine Grenzen?
Wenn du selber gerade nicht gut gelaunt bist, wirst du nicht so großzügig sein. Du wirst dich schneller ärgern oder gekränkt sein. Die ganze Welt ist falsch und niemand verhält sich so, wie du es gerne hättest und wie du es richtig findest.
Dann gibt es aber Tage, da können Gäste zu früh oder zu spät kommen. Da können Menschen seltsame Ansichten haben. Da können sich Kunden an der Kasse vordrängeln oder im Verkehr dir den Weg abschneiden. – Du bleibst heiter und gelassen. Du lehnst dich zurück und bist einverstanden! Es ist, wie es ist – und du bist einverstanden!
Das ist eine Fähigkeit, die wir Menschen haben. Wenn ich meine Vorstellungen vom „richtigen“ Leben loslassen kann, dann darf viel mehr sein auf der Welt. Dann dürfen die anderen alles anders machen als ich und es ist trotzdem in Ordnung. „Wow!“
Du besitzt auch diese Fähigkeit! Werde dir dessen bewusst und schlüpfe immer wieder hinein in diesen Bewusstseinszustand. Du erteilst dir die Erlaubnis, dass da sein darf, was da ist.

Mein Wow-Faktor Nr. 6: Ich bekomme jeden Tag ein Geschenk!

Gehörst du zu den Menschen, die das Leben schrecklich langweilig finden? „Und täglich grüßt das Murmeltier!“ Die Tage sind austauschbar. Nichts passiert. Weder im Positiven, noch im Negativen. Keine interessanten neuen Menschen. Das Leben

plätschert eintönig dahin. Darum gibt es auch nichts zu erzählen. Worüber solltest du auch sprechen?
Ich erinnere mich an manche Ferientage in meiner Kindheit: „Mir ist so langweilig! Was soll ich nur machen?“ Der Kommentar meiner Mutter: „Es wird Zeit, dass die Schule wieder anfängt!“
Wie fühlt es sich an, wenn du diese Eintönigkeitsgedanken denken würdest? Wofür würde sich dein Leben noch lohnen? Wofür noch weiterleben? Die Tage und Jahre auf dem Abstellgleis verbringen und hoffen, dass es vorbeigeht?
Vielleicht gehörst du ja zu den Menschen, die kein aufregendes Leben führen. Eben so ein durchschnittliches wie die meisten. Aber du kannst genauer hinschauen! Deine Aufmerksamkeit auf das richten, was in deinem Leben „sonnenhaft“ ist. Vielleicht darfst du deine Brötchen bei einem Bäcker kaufen, der besonders gut backen kann. Dann bist du reich gesegnet! Oder du bist mit einem Menschen verheiratet, der dir einen freundlichen Blick schenkt. Welch ein Geschenk! Vielleicht bist du reich gesegnet mit Geschenken, die du bislang nicht genügend beachtet hast. Du lebst mitten im Glück und bemerkst es gar nicht! Du besitzt zwar keine große Villa, aber tausende von kleinen Gesten und Zeichen, die dir den Alltag verschönern.
Stell dir vor, dass du jeden Tag ein Geschenk bekommst. Es gibt keinen Tag im Leben, wo es kein Geschenk gab. Du musst nur das Geschenk erkennen. Wenn für dich alles selbstverständlich ist, wirst du es nicht finden. Manche leben nach dem Motto: „Das Leben schuldet mir noch was. Ich bin benachteiligt.“ Wenn du so denkst, dann wirst du zum Schuldeneintreiber und nicht zum Geschenkesammler.
Wenn du dir bewusst wirst, dass du heute ein Geschenk bekommen hast, dann liegt in diesem Geschenk Liebe drin. Du bist heute schon geliebt worden! „Wow!“ – ein echter Grund zur Freude.
Bei einer Weiterbildung sollten wir benennen, worüber wir uns geärgert haben. Anschließend sollten wir überlegen, worin das Geschenk des Ärgers lag. Eine neue Perspektive! Auch in dem, was ich nicht mag, finde ich ein Geschenk. Ich ärgere mich über

eine Situation, aber es gibt fast immer etwas Positives dabei. Ich habe was gelernt oder jemand anders hat davon profitiert. „Wow!“ Das Leben so sehen zu können wie ein tägliches Geschenk ist eine Fähigkeit und eine Gabe. Ich wünsche dir mehr davon!

Der Wow-Faktor Nr. 7: Ich habe viele Möglichkeiten, aus Fehlern zu lernen.

Möchtest du perfekt sein? Deine Aufgaben wirklich gut machen? Vor dem Spiegel stehen und stolz auf dich sein? Nicht unbedingt für die anderen, aber für dich selbst? Willkommen im Club der Menschen, die die Welt besser machen wollen!
Ich glaube, dass sich viele so etwas wünschen wie ein Paradies. Es möge schön sein. Die Dinge mögen funktionieren. Jeder mag jeden und die Welt soll bunt sein. Und vor allem gerecht und liebenswert. Jeder soll die Möglichkeit haben, sich zu entfalten und sein Leben auszudrücken. Alle gehen wohlwollend und zugewandt miteinander um. Niemand nimmt dir den Platz weg und kommt nicht mal auf die Idee.
Welche Paradiesgedanken schwirren in deinem Kopf? Wie sähe deine tolle Welt aus? Vielleicht brauchen wir ja alle diese Visionen und Bilder, damit wir schöpferisch tätig werden.
Wenn es da nicht den menschlichen Faktor gäbe. Du planst und hast doch nicht alles bis ins Letzte durchdacht. Du hast einen Flüchtigkeitsfehler gemacht. Vielleicht nicht einmal das, aber dein Gegenüber ist trotzdem unzufrieden. Lange Zeit passiert dir nichts – und dann lässt du etwas fallen, weil du zu viel in die Hand genommen hast. Du magst die Fehler nicht, die du begehst. Aber sie passieren. Einfach so! Du magst deine Fehler nicht mögen. Du schämst dich. Du hast bestimmte Erwartungen. Du hast jetzt ein trauriges, ärgerliches oder ängstliches Gefühl. Diese negativen Gefühle magst du nicht. Und so versuchst du, Fehler zu vermeiden – wegen der späteren Scham.

Aber du kannst es auch anders sehen! Du probierst etwas aus, was du noch nicht gemacht hast. Etwas gelingt und anders nicht. Du überlegst, was du verbessern kannst aufgrund deiner ersten Erfahrungen. Du probierst wieder und es gelingt dir schon besser, weil du erfahrener geworden bist und deine Fehler in Stärken umgewandelt hast.
Die Piloten, die die großen Verkehrsflugzeuge fliegen haben eine Sammlung von Flugfehlern zusammengestellt. Ein großes Kompendium von Verbesserungsvorschlägen. So passieren immer weniger Unfälle. Fehler werden dort freudig begrüßt und in den Katalog mit aufgenommen. Wie schön! Schon wieder ein Fehler gefunden, der uns bei der Weiterentwicklung hilft. In manchen Firmen fällt oft das Wort: „Das hätte dir nicht passieren dürfen!" Und alle haben Angst vor Fehlern. Fehlerfeindliche Firmen entwickeln sich nicht weiter. Und du? Du hast jeden Tag die Möglichkeit, dich weiterzuentwickeln. „Wow!" – Fehler als Geschenk und Möglichkeit! Könntest du dir vorstellen, dass du dich eines Tages über einen Fehler freuen wirst? Wer Fehler erkennt und sieht, ist eigentlich kompetent. Er weiß, was richtig wäre und wie es besser ginge. Er kann den Fehler als Fehler erkennen. Du besitzt die Fähigkeit, Fehler zu erkennen. Und du besitzt die Fähigkeit, daraus dein Potential von Veränderung zu entwickeln. „Wow!" Du darfst Fehler machen und dich mit ihrer Hilfe weiterentwickeln.

Der Wow-Faktor Nr. 8: Ich kann gut für mich sorgen!

Es gab eine Phase in deinem Leben, wo du völlig angewiesen warst auf deine Eltern. Sie mussten dich füttern, waschen und anziehen. Du konntest nichts am Anfang deines Lebens! Stimmt das?
Nicht ganz! Schon zu Beginn konntest du dich bemerkbar machen in deiner Not. Du konntest schreien. So lange, bis deine Eltern herausgefunden hatten, was dir fehlte und was du gerne gehabt hättest. Schreien war eine der wenigen Möglichkeiten,

dass du für dich selber sorgen konntest. Wenn du geschwiegen hättest, wärest du leer ausgegangen.
Du wurdest älter und konntest sprechen und um etwas bitten. Du konntest deine Hände gebrauchen und zu den Orten hinlaufen, wo deine Begehrlichkeiten lagen. Mit jedem Tag in deinem Leben wurdest du autonomer. Manchmal versuchten deine Eltern noch, dir zu helfen und du hast gesagt: „Das kann ich alleine!"
Möglicherweise gibt es aber im Erwachsenenleben auch Phasen wo du diese Fähigkeit nicht mehr im Blick hast. Du gerätst in eine Situation, die dich völlig hilflos macht. Du fühlst dich wie gelähmt. Deine Welt bricht zusammen. Alles gerät aus dem Lot. In der Zeit der Krise hast du den Eindruck, dass dir nichts mehr einfällt.
Doch dann kommt die Erinnerung: „Ich kann gut für mich sorgen!" Wer könnte dir jetzt helfen? Welche Ressourcen schlummern noch in dir? Welche Reserven stehen dir zur Verfügung? Vielleicht kannst du im Augenblick nicht mehr alles! Aber etwas geht noch! Und vor allem merkst du, dass du dich wieder im Blick haben kannst. Du kannst die Idee davon wach halten, dass du dich um dich kümmern kannst. Du kennst deine Bedürfnisse und Wünsche! Du kannst sie benennen. Du kannst dir Hilfe holen oder dich daran erinnern, dass du durchaus krisenerprobt bist. Je früher du das entdeckst, desto eher kommst du aus der Hilflosigkeit heraus. Diese Fähigkeit kannst du ausbauen. „Wow – ich kann gut für mich sorgen!"

Abschluss

Ich bin jetzt den Weg mit dir durch acht „Wow!" - Faktoren gegangen und vielleicht bekommst du eine Ahnung, wie dein Leben aussehen könnte, wenn du diesen Prinzipien, die du ja schon lange lebst, noch mehr Raum gibst. Vielleicht meint Jesus im Thomasevangelium ähnliches wenn er sagt: „Das Reich

Gottes ist inwendig in euch!“ Wir müssen nur unsere Aufmerksamkeit darauf richten.
Wenn es dir schlecht geht, verlierst du den Zugang zu deinen Fähigkeiten und Ressourcen. Darum ist es hilfreich, für den Tag vorzubeugen. Wer „ressourcentrainiert“ ist, kann es in der Krise besser abrufen und für sich nutzen. Wie kannst du deine Ressourcen trainieren?
Im ersten Schritt erinnerst du dich mit der Hilfe deines Verstandes, was du alles kannst und schon bewältigt hast.
Im zweiten Schritt lässt du das dazugehörige Gefühl entstehen. Das „Wow!“ setzt die Energie für die Umsetzung frei. Das „Wow“ wirkt auf das Herz, dass du in ein starkes Gefühl kommst und von dort aus in die Tat.

10 Freu dich, du wirst erwartet!

Stell dir vor, dass du zu einem Fest eingeladen bist. Du schellst beim Gastgeber und dieser schaut dich verwundert an. Es gibt kein Fest, es ist nichts vorbereitet und niemand hat dich erwartet. Obwohl alles abgesprochen und eindeutig war. Wie würde es dir da gehen? Was würdest du denken und fühlen? Neben der Suche nach einer rationalen Erklärung gäbe es vermutlich Gefühle von Ärger und Traurigkeit.

Ein Freund erzählte mir von seinen Erfahrungen mit Marathonläufen. Da gibt es am Ziel manchmal Familienmitglieder oder Freunde, die dort auf die Läufer warten. Und wie wunderbar das Gefühl ist, sich dann fallen lassen zu können in der Erschöpfung und der Freude, die lange Strecke geschafft zu haben. Wenn niemand am Ziel wartet dann fallen sich wildfremde Läufer und Läuferinnen in den Arm.

Wenn die Kinder dieses Freundes eine Prüfung in der Schule haben dann steht er da und wartet. Er weiß, wie gut sich das anfühlt, nach der Prüfung eine Anlaufstelle zu haben. Dort fängt er gerne Frust und Ärger auf oder noch viel schöner: Die Freude über das Gelingen zu teilen.

Zeiten der Erwartung gehören zum Leben dazu. Ich erwarte ein stimmungsvolles Fest, einen erfüllten Arbeitstag, ein tolles Date mit Freund oder Freundin. Ich bereite mich vor, stimme mich ein und gehe einen Weg und hoffe, dass am Ende ein Fest stattfindet. Eine erfüllende Begegnung! Eine gute Verbindung! Eine große Freude! Schöne Überraschungen! Ich erwarte Menschen und werde von Menschen erwartet. Ich möchte diese Erwartungen nicht enttäuschen und selber nicht enttäuscht werden.

Die Lebensangst könnte darin bestehen, dass ich erwarte und die Arme ausbreite und niemand kommt und will mich umarmen. Oder ich selbst werde von niemandem erwartet und stehe am Ende alleine da. Damit diese Horrorvorstellung auf keinen Fall eintritt setzen wir uns ein. Wir möchten dazugehören. Der Teil von einer Gemeinschaft sein und nicht einsam und ganz allein.

Da gibt es auf der einen Seite die persönlichen Erwartungsvorstellungen von beruflicher und familiärer Nähe. Auf der anderen Seite auch die tieferen spirituellen Sehnsüchte. Diese möchte ich mit dir gerne in den Blick nehmen.
Wir feiern jedes Jahr Weihnachten. Viele inzwischen in säkularisiertet Form und es ist schwer, sich dem Ganzen völlig zu entziehen. Die Christen erwarten die Geburt von Jesus im Stall zu Bethlehem und zugleich die Wiederkunft Christi am Ende der Erdenzeit.
Eigentlich eine merkwürdige und widersprüchliche Vorstellung. Die Ankunft hat schon lange stattgefunden. Es gibt nichts mehr zu erwarten. Jesus hat gelebt vor mehr als 2000 Jahren. Er wurde von Maria und Josef und vom Volk Israel erwartet und die Erwartung hat sich erfüllt. Mit Freude oder auch mit Ablehnung. Eigentlich ist das Kapitel abgeschlossen. Die Geschichte ist geschrieben und das Fest liegt weit in der Vergangenheit zurück. Wenn wir das Kind in der Krippe an Weihnachten erwarten, von welcher Art der Erwartung sprechen wir eigentlich? Tun wir so als ob es keine Geschichte gab? Lieben wir die Romantik und die Wiederholung eines Rituals? Wir erwarten ja nicht wirklich ein kleines lebendiges Kind in Israel, oder?
Beim zweiten Aspekt geht es um die Wiederkunft Christi. Die ersten Christen glaubten, dass sie das zu ihren Lebzeiten erfahren würden. Morgen schon kommt Christus wieder und wird die Welt erlösen in einem dramatischen Finale. Gut kämpft gegen das Böse und Gott wird gewinnen. Und wenn das Ende heute schon kommt, dann verändert sich alles schlagartig. Es lohnt sich zum Beispiel nicht, Besitz anzuhäufen. Dann „läutere" ich lieber zügig meine Seele, damit ich „reinen Herzens" vor Gott treten kann. Seit mehr als zweitausend Jahren warten die Christen nun und es passiert nichts, oder? Im übertragenen Sinn werden wir jedes Jahr zu einem Fest eingeladen, das in aller Regelmäßigkeit nicht stattfindet. Wir haben diesen Aspekt in unserer Kultur ja weitgehend verdrängt. Wir beschränken uns auf einen nostalgischen Aspekt. Ein wenig Krippe, gute Stimmung und familiäre Weihnachtsgefühle.

Was sollen wir auch machen, wenn Christus sich mit der Wiederkunft so viel Zeit lässt. Oder haben wir sein Konzept noch nicht verstanden?
Meine spirituelle Überzeugung liegt darin, dass er immer schon da war und immer schon da ist und immer schon da sein wird. In diesem Sinne gibt es nichts zeitlich zu erwarten. Alle Erwartungen haben sich erfüllt. Ich muss weder nostalgische Erinnerungen pflegen noch merkwürde Jahrhunderte auf ein Ereignis warten, das vielleicht mit dieser apokalyptischen Vorstellung nie stattfinden wird.
Ich möchte dich einladen, der Erwartungsidee von vorhin noch einmal Beachtung zu schenken. Es ist so schön, wenn ich erwartet werde. Wenn mich jemand empfängt und mich willkommen heißt. Wenn ich mich darauf verlassen kann, dass ich für einen anderen Menschen so wichtig bin, dass er Zeit für mich investiert. Wenn er alles stehen und liegen lässt, nur um mit mir zu sein und mein Leben jetzt zu teilen. Diese Gefühle und dieses Bewusstsein beflügeln meinen „Marathonlauf".
Was wäre, wenn wir alle wie Marathonläufer wären, Wir wären unterwegs und jemand würde uns erwarten. Wir würden uns nicht irgendwie abstrampeln und kämpfen, sondern am Ende des Weges würde etwas Großartiges auf uns warten und uns empfangen.
Dann würden wir nicht mehr passiv darauf warten, dass Gott zu uns kommt, sondern er würde uns erwarten. Wir wären ihm willkommen. Ohne jeden Vorbehalt und immer und ständig. Vor unserem Leben und weit nach unserem physischen Tod. Ich bin also gar nicht der Gastgeber und Ausrichter eines spirituellen Lebens, sondern viel mehr der Gast. Und Gott wäre kein Gastgeber, der nur am 24.12. sein Haus öffnen würde. Das würde wenig Sinn machen. Wo fände ich für den Rest des Jahres dann meine Heimat? Der 24.12. dient lediglich der Erinnerung aufgrund unserer Vergesslichkeit. Und er dient der Bewusstwerdung. Ich werde mit Freuden erwartet. Immer!
Du könntest jetzt deine Augen schließen und dir deinen Lieblingsmenschen vorstellen. Dieser Mensch lächelt dich an

und lädt dich ein. Mit Blicken, Worten und Gesten. Total vorbehaltlos und du hast keinen Zweifel. Du fühlst dich mit allen Seiten und Aspekten in dir geborgen und gesehen. Du jubelst in deinem Herzen und freust dich über dieses grandiose Geschenk von Wohlwollen und Willkommen.
Dann öffnest du deine Augen und trittst vor den Spiegel. Du schaust dich an und empfindest und denkst das Gleiche wie bei deinem Lieblingsmenschen. Jetzt in diesem Augenblick bist du dein Lieblingsmensch.
Du schließt deine Augen wieder und gehst in Verbindung mit diesem Gefühl und Bewusstsein, dass du jetzt in dir spürst nachdem du mit deinen „Lieblingsmenschen" geübt hast. Das, wessen du dir jetzt bewusst wirst und was du gerade erlebst, ist zugleich das göttliche Willkommen. Du befindest dich jetzt direkt in der göttlichen Begegnung.
Die Idee von der Erwartung kann also in dir etwas auslösen, das dich darauf aufmerksam macht, dass es keinen Unterschied gibt zwischen dir und Gott und deinem Lieblingsmenschen. Im Zentrum deines Herzens verbindet sich alles miteinander.
Nur in Raum und Zeit spürst du die Entfremdung und die Heimat-losigkeit. Du kannst aber den Schalter in dir umlegen und dir deines Ursprunges wieder bewusst werden. Du kommst von einer göttlichen Quelle, du lebst in ihr und du kehrst zu ihr zurück. Und zugleich hast du diese Quelle nie verloren und musst auch nicht dahin zurückkehren. Du bist immer schon mittendrin.

11 Wenn dich etwas bewegt

WAS MICH BEWEGT

Man muss den Dingen,
die eigene, stille,
ungestörte Entwicklung lassen,
die tief von innen kommt,
und durch nichts gedrängt
oder beschleunigt werden kann;
alles ist austragen –
und dann
Gebären …

Reifen wie der Baum, der seine Säfte nicht drängt
und getrost in den Stürmen
des Frühlings steht,
ohne Angst,
dass dahinter kein Sommer
kommen könnte.
Er kommt doch!

Aber er kommt nur zu den Geduldigen,
die da sind,
als ob die Ewigkeit vor ihnen läge,
so sorglos still und weit …

Man muss Geduld haben,
gegen das Ungelöste im Herzen,
und versuchen, die Fragen selber lieb zu haben,
wie verschlossene Stuben,
und wie Bücher, die in einer sehr fremden Sprache
geschrieben sind.

Es handelt sich darum, alles zu leben.
Wenn man die Fragen lebt,

lebt man vielleicht allmählich,
ohne es zu merken,
eines fremden Tages
in die Antwort hinein.

(Rainer Maria Rilke: Aus den „Briefen an einen jungen Dichter“)

Wenn ich mitten im Geschehen bin fehlt mir manchmal der Abstand. Ich verliere den Überblick und ich weiß nicht mehr so recht, wo will ich eigentlich hin. Ich bin damit beschäftigt, das Leben am Laufen zu halten. Darum ist es heilsam, ab und zu eine Pause einzulegen und im Abstand zu sich selbst und zu den Ereignissen sein eigener Supervisor zu sein.

Was ist gerade wirklich wichtig? Was möchte ich lieber loslassen? Was möchte ich mehr stärken? Rainer Maria Rilkes Gedicht „Was mich bewegt“ kommt mir bei meinen Reflektionen sehr entgegen. Und vielleicht darf ich meine Gedanken dazu mit dir teilen.

In der Regel plane und entwickle ich verschiedene Projekte und Ideen. Rilke spricht aber davon, den Dingen die eigene und ungestörte Entwicklung zu lassen. Zulassen, dass etwas ohne mein Drängen geschieht. Das Gesetz von Wachsen und Reifen beachten. Eigentlich weiß ich das. Spätestens seit ich einen eigenen Garten bewirtschafte und darin regelmäßig arbeite. Ich kann nicht an Pflanzen herumziehen. Sie wachsen von innen aus sich heraus in ihrem Tempo mit den Vorausbedingungen, die sie antreffen. Sie wachsen mit dem Mix aus Sonne, Regen, Erde und den inneren Bedingungen. Dem der Pflanze innewohnenden Wesen.

Und wie gehe ich mit „meinen Dingen“ um? Ich weiß, wie lange meine Kartoffeln kochen und steche nicht ständig darin herum, ob sie schon gar sind. Ich warte geduldig ab, bis es so weit ist. Ich überlasse den Kuchen sich selbst und bin geduldig beim

Schreiben meiner Texte. Es kommt was, oder es kommt nichts. Wenn kein Gedanke da ist kann ich auch keinen aufschreiben. Wenn ich ihn erzwingen will gibt es nur Leere im Kopf.

Rilke lädt ein, den Dingen ihre ungestörte Entwicklung zu lassen. Schreibt er das aus einer Ungeduld und Unzufriedenheit heraus als Appell an sich selbst? Oder lebt er diese Erkenntnis schon lange? Hat er das bitter lernen müssen? Ich weiß es nicht.

Mir kommen Situationen in den Sinn, wo es mir nicht so leicht fällt, den Dingen ihre Zeit zu lassen und das Gesetz von Wachsen und Reifen zu beachten. Wenn der Zug, in dem ich sitze nicht vorankommt, denke ich, er muss jetzt die Zeit aufholen, damit ich rechtzeitig mein Ziel erreiche. Ich sitze dann auf meinem Platz und schiebe meinen Hintern mit nach vorne als ob ich das Tempo dadurch beeinflussen könnte. Ich fahre also mit, statt mich in den Sitz zurückzulehnen und den Zug einfach fahren zu lassen.

In meinen Beratungen bin ich sehr geduldig und beherzige das Gesetz von Wachstum. Bis zu einem gewissen Punkt. Am Ende des Jahres kommt auf einmal der Gedanke, dass es doch jetzt genug sein müsste. Mein Kunde muss es doch endlich begriffen haben. Er müsste doch jetzt die Veränderungsprozesse angestoßen haben. Wie kann er so lange das Leid aushalten, wo es doch schon einen lichtvolleren Weg gibt. Der Dezember eignet sich wunderbar, für den Januar neue Ziele zu vereinbaren. Dann sitze ich dort und resigniere, dass das neue Jahr so weiterlaufen wird, wie das alte Jahr endet. Da möchte ich aufspringen und für meine Kunden die Veränderungsarbeit machen. Plötzlich gibt es diesen ungeduldigen „Aufstehimpuls" im Körper, der mir sagt, dass ich es nicht mehr aushalte. Da muss doch jetzt was passieren.

„Den Dingen ihre ungestörte Entwicklung lassen!" Was ist, wenn es aber jetzt zur Abwechslung mal meinen kräftigen Impuls braucht. Da gibt es ja auch das Stagnieren und die Resignation. Schließlich kommen Menschen zu mir in die Beratung, weil sie etwas brauchen. Weil es von selbst nicht weiterwächst.

Manchmal gebe ich Kunden einen Impuls und finde ihn wunderbar. Genau richtig! Dann stelle ich fest, dass er gar nicht hilfreich war. Es war halt mein eigener Impuls und nicht der des Kunden. Kennst du ähnliche Erfahrungen? Du gibst deiner Partnerin oder deinen Kindern einen Rat. Ganz wohlmeinend und tief aus deinem Herzen gesprochen. Aber es bleibt dein eigener Impuls und deine Menschen wollen ihn nicht. Rilke spricht von den Dingen, die aus tief innen kommt. Jeder Mensch hat so etwas tief drinnen in seinem eigenen Herzen. Er möchte keine fremden Pflanzen wachsen lassen, sondern die, aus dem eigenen Inneren. Darum fühlen sich fremde Ratschläge auch so unrichtig an. Sie mögen gut gemeint sein, entsprechen aber nicht deinem Wesen. Wie anders fühlt es sich an, wenn dich jemand begleitet, indem er dir nicht tolle Tipps gibt, sondern dir hilft, dein eigenes Inneres zu finden.

„Alles ist austragen“ meint Rilke. Da gibt es bei mir die tiefe Freude, wenn ich eine Idee austragen darf. Wenn da etwas wächst in mir und ich einfach nur gespannt und aufmerksam dabei sein kann. Im Moment habe ich drei Ideen, die in mir wachsen. Ich möchte an dieser Stelle gar nicht davon erzählen, weil sie noch pflanzlich gesprochen unter der Erde sind. Erst, wenn sie ans Tageslicht kommen, werde ich sie teilen. Es muss ausgetragen werden und ich weiß nicht, ob und wie der Prozess sich entwickeln wird. Vielleicht werde ich die eine oder andere Idee nicht austragen. Das weiß ich aber jetzt noch nicht. Ich kann nur achtsam dabei bleiben.

„Alles ist austragen“ Dann folgt bei Rilke ein Bindestrich - „und dann gebären.“ Es gibt die Zeit des Bindestriches und dann muss etwas geschehen. Egal wie lange das Austragen dauert, irgendwann muss das Kind auf die Welt. Tot oder lebendig.

Irgendwann muss es heraus. Wie schätzt du am Ende deines Jahres deine Geburten ein? Möchtest du noch etwas gebären? Gibt es da eine Lust oder eine Angst? Gibt es vielleicht aber auch Dinge, die schon lange wie tot in dir herumgammeln und eigentlich entsorgt werden müssten? Dinge, an die du krampfhaft festhältst? „Eigentlich müsste ich mal wieder..." – „Ich habe schon lange..." Wenn du etwas zu lange „austrägst" chronifiziert sich das Tragen und wird zum Selbstzweck. „Schon seit zehn Jahren trage ich mich mit dem Gedanken, dass mein Haus für mich viel zu groß ist und ich umziehen müsste." Wie lange willst du noch deinen lähmenden Gedanken tragen? Wann endlich wirst du gebären? Bist du im guten Fluss mit dem, was in dir und um dich herum geschieht? Fühlst du dich stimmig mit dir selbst? Trägst du, wenn es zu tragen gilt und gebierst du, wenn es ans Gebären geht? Oder hältst du vielleicht ängstlich etwas fest? Denk mal darüber nach!

Im nächsten Vers spricht Rilke im Bild des Baumes. Der Baum weiß aus Erfahrung, dass nach jedem Sturm im Frühling auf jeden Fall der Sommer kommt. So stürmisch es auch ist. Der Sommer kommt gewiss. Auch wenn alles gegenteilig aussieht. Es sieht so aus, als ob die Krise nie vorübergeht. Es sieht so aus, als ob es keinen Ausweg gäbe oder das Wachstumsprozesse ins Stocken geraten. Das kann hart werden und schwer auszuhalten sein. Und dennoch kommt der Sommer. Unweigerlich. Ich kann machen, was ich will! So wird also auch mein Zug ankommen. Ich könnte versuchen, ihn anzuschieben, damit er schneller wird. Aber ich könnte mich auch zurücklehnen in der Gewissheit, dass er ankommt. Ich saß vor ein paar Wochen in einem ICE, der eine Schleichstrecke durch das Bergische Land fahren musste mit Tempo 50 Km/H. Das war sehr skurril, aber er kam in Dortmund an.

Leider macht sich mein Verstand so seine unsinnigen Gedanken! Das stimmt: Wenn mein Zug schneller wäre hätte ich am Ende mehr Zeit am Ziel. Aber was würde ich mit dieser Zeit machen? Meine Unruhe während der Fahrt würde mich viele Nerven kosten und ich wäre völlig erschöpft. Dabei hätte ich entspannt Zugfahren können. Das Leben ist sowieso nur eine Reise. Warum nicht im Zug sitzen. Dann bin ich auf jeden Fall schon mal unterwegs. Meistens. Die Vorstellung vom Baum, dass es gewiss einen Sommer geben wird kann mich gelassen machen. Egal wie es wird und was geschieht, es kommt der Sommer. Ich kann am Silvesterabend den Kamin anmachen und meine unerledigten Geschäfte betrachten. Ich kann mir Sorgen machen um meine Gesundheit und meine Familie. Es wird den nächsten Sommer geben. Schwangerschaft, Geburt und der nächste Sommer!

Rilke macht eine kleine Einschränkung: Der Sommer kommt zu den Geduldigen in ihrer Sorglosigkeit. Zu denen, die das Wort Ewigkeit in den Zellen eingeschrieben haben. Wenn du ungeduldig bist, könntest du den Sommer einfach verpassen. Du würdest ihn nicht wahrnehmen. Es ist stürmischer Frühling und du regst dich auf und dann kommt der stürmische Herbst und im Winter sagst du, dass der Sommer ausgefallen ist. Seit ein paar Jahren sind unserer Sommer zum Glück „unüberfühlbar“. Sie finden definitiv statt. Satt und prall! Aber wie war es vor zehn Jahren? Hat da der Sommer stattgefunden für dich? Wenn du das Ewigkeitsgen in dir trägst wirst du sommerlich fühlen. Sogar im Winter. Du hast dich dann so in den Sommer hineingesetzt, dass er dich ganz erfüllt. Du wirst quasi zu einem sommerlichen Menschen, dem die Kälte des Winters nichts anhaben kann. Zu welchem Ergebnis kommst du wenn du an deinen jetzigen Lebensabschnitt denkst? Bist du voller Sommer und Ewigkeit und Geduld?

Wenn ich jetzt weitergehe im Gedicht von Rilke komme ich zu dem „Ungelösten“ im Herzen. Bei dieser Vorstellung werde ich unruhig. Das Ungelöste! Die Aufgaben, für die ich keine Lösung weiß. Die Beziehungen, die mir Bauchschmerzen und negative Gefühle machen. Da kommen Begegnungen hoch, für die ich

Scham und Abwehr empfinde. Da verklumpt sich sofort etwas im Herzen und schreit nach Lösung. Das ist der Augenblick, wo ich unmittelbar Pläne schmiede oder verdränge. Dabei habe ich jetzt die Gelegenheit, mal endlich und endgültig das Problem anzupacken.

Aber das Ungelöste ist nicht ohne Grund ungelöst. Ich war unfähig. Es gab nicht den richtigen Zeitpunkt. Da ist jemand inzwischen gestorben. Da liegen die Scherben am Boden. Im Warten und in der Stille wird mir das Ungelöste leider viel bewusster und zugleich schmerzhafter. Da sitze ich dann und möchte gar nicht daran erinnert werden und kann es nicht verhindern.

Rilke schlägt vor, dass ich beim Ungelösten in meinem Herzen die Fragen selber liebe. Ich betrachte das Schatzkästchen, dass die mögliche Lösung enthält und wenn ich an die Lösung nicht herankomme kann ich das Schatzkästchen selbst lieb haben. Ich kann mich den Fragen als Fragen hingeben und mich darüber freuen, dass ich ein fragendes Wesen bin. Nicht die Antworten treiben mich voran, sondern der Akt des Fragens. Vielleicht muss ich meine Fragen anders stellen! Vielleicht fühlt es sich in meinem Herzen darum ungelöst an, weil ich Fragen stelle, die sich nicht beantworten lassen. Ich besitze ein Buch in einer fremden Sprache und darf diese Sprache jetzt lernen. Das Ungelöste in meinem Herzen kann auch etwas Verlockendes haben. Ich könnte also mit dem Ungelösten in meinem Herzen neugierig in die nächste Phase hineingehen und einfach gespannt sein.

Rilke lädt ein, alles zu leben. Nicht auswählen, was ich mag und weglassen, was ich nicht mag. Da gibt es ja den Wunsch für die Zukunft, dass ich glücklich sein möge. Aber ich werde nicht nur glücklich sein. Das wäre ein wenig unrealistisch. Das Morgen wird viele verschiedene Aspekte haben wie das Heute auch. Manche sagen, dass sie in diesem Jahr viel Pech hatten und sich für das neue Jahr besseres wünschten. Aber wenn ich so denke dann komme ich in eine Abhängigkeit und Wertung. Das Jahr wird gut, wenn ich Glück habe und schlecht wenn ich Pech habe. Befreie dich von solchen Vorstellungen. Das Ungelöste in meinem Herzen gehört zu mir und zu meinem Leben dazu. Es ist ein beständiger Teil davon und könnte mich auch reich machen.

Wie wunderbar ist doch die Vorstellung, dass wir in die Antwort hineinleben könnten. Die Antwort ereignet sich völlig ungeplant. Irgendwann denke ich mal wieder über meine ungelösten Dinge nach und es fühlt sich irgendwie gelöst an. Ich weiß nicht einmal, wie das geschah. Vielleicht kann ich aufhören, ständig nach Lösungen zu suchen. Wenn ich annehmen kann, was ist, brauche ich nicht nach etwas besserem zu suchen. Ich muss das, was geschieht, auch nicht bewerten. Ich lebe halt in einem Haus mit vielen Fragen und bisweilen wenig Antworten. Und so ist es.

Am Ende einer Lebensphase werde ich mir manchmal meiner Erschöpfung bewusst. Es war viel in den vergangenen Monaten. Dann halte ich inne und lache über mich. Das sage ich in bestimmten Abständen immer wieder. Es ist viel im Augenblick! Wenn ich in die Antworten hineinlebe kann ich einen Unterschied machen. Es ist nie zu viel. Es ist dann immer genau so richtig. Andererseits: Wenn alle Menschen in ihre Antworten hineinleben täten wäre ich als Berater arbeitslos. Aber auch das wäre nicht schlecht. Wäre ich die Arbeit los, könnte ich was anderes machen. Ich habe von einem Psychiater gelesen, wie er Depressionen bewertet. Er meint, dass manche Therapien die Depression verlängern. Manche Depressionen wären ohne Therapie kürzer weil der Patient sich von selbst her heilt. Er hat einfach die Nase voll von den Depressionen.

Rilke teilt in seinem Gedicht das mit uns, was ihn bewegt. Sein Vertrauen, seine Hoffnung und sein Einverständnis mit den ungelösten Dingen. Einen Dichter erlebe ich manchmal allein mit seinen Gedanken. Darum bewegt mich die Vorstellung, dass ich nicht allein bin mit meinen Wachstumsprozessen und den ungelösten Dingen in meinem Herzen. Mir wird es warm ums Herz wenn ich an dich denke und mich mit dir verbinde. Wenn ich die Solidarität spüre, dass wir alle unsere Prozesse haben und mit den ungelösten Dingen leben müssen. Sich zu verbinden fördert mein Wachstum unglaublich und macht die ungelösten Dinge ganz erträglich. Und mir gefällt die Vorstellung in Anlehnung an Rilke, dass ich in meine Beziehungen hineinleben kann. Ich muss mich nicht dafür anstrengen. Die Menschen sind ja schon alle da. Du auch! Ob ich dich sehe oder nicht. Du bist auf jeden Fall da. Und ich gerne mit dir!

12 Die fünf Freiheiten nach Virginia Satir

Virginia Satir war eine wichtige systemische Familientherapeutin und lebte von 1916 - 1988. Sie hat wertvolle und heilende Impulse gesetzt für Familien und sehr wertschätzend und ressourcenorientiert gedacht und gehandelt. Sehr bekannt geworden sind ihre "fünf Freiheiten", die ich gerne mit dir erschließen möchte.

Die erste Freiheit: **Die Freiheit zu sehen und zu hören was im Moment wirklich da ist, anstatt was sein sollte, gewesen ist oder erst sein wird.**

„Mein Mann sollte mir besser zuhören können. Dann wäre das Leben viel schöner." „Mein Kind sollte mehr aufräumen, dann wäre ich viel entspannter." „Mein Arbeitgeber sollte sehen, was ich alles leiste, dann würde ich viel lieber arbeiten."

Oder: Früher war doch alles besser. Die Bahn war pünktlicher. Die Brötchen schmeckten frischer und waren günstiger. Die Milch kam noch von der Kuh. Ich war körperlich fit. Die Welt war einfach schöner. Die Leute hatten alle mehr Zeit.

Oder: Wenn ich in Rente gehe, dann werde ich mehr Zeit haben. Wenn meine Kinder groß sind, dann werde ich endlich tun können was ich immer schon tun wollte.

Du denkst oft mit den Worten: "sollte" du gehst in die "gute Vergangenheit" oder phantasierst dich in eine "bessere" Zukunft. Du machst das schon automatisch, ständig oder mehrmals am Tag. Du verlässt die Gegenwart und den Augenblick und merkst nicht, wie unfrei du dadurch wirst. Du wirst wie ein Sklave, der sich die Freiheit wünscht: Wenn ich erst einmal diese Fesseln loswerde, dann wird alles anders! Pustekuchen!

Virginia Satir lädt dich ein zu einem ganz bestimmten Aspekt der Freiheit. Du entscheidest dich für das "sollte" "die tolle Vergangenheit", die "bessere Zukunft". Du trägst die Verantwortung dafür, wohin deine Phantasie, Sichtweise, dein Ohr und deine Gedanken gehen.

Und du hast die Freiheit, dich jetzt neu zu entscheiden! Du kannst dich dafür entscheiden und hast die Freiheit das zu sehen und zu hören, was im Moment wirklich da ist. Du musst dir nichts vormachen. Du brauchst nichts beschönigen. Du musst dir die Zukunft nicht toll vordenken. Bekommt das, was ist, jetzt von dir die Erlaubnis da zu sein?

Mein Mann kann nicht zuhören. Das ist so. Aber ich kann ihn immer wieder darauf hinweisen, dass er das jetzt in diesem Augenblick tun kann. Mein Kind ist kein Aufräumer. Das ist einfach so. Und mein Kind ist trotzdem in Ordnung. Die Welt wird nicht untergehen, wenn es nicht aufräumt und es bleibt mein Kind. Mein Arbeitgeber ist blind für die Leistungen der Angestellten. Das ist einfach so! Aber ich kann für mich würdigen, was ich leiste. Und ich leiste was! Und das fühlt sich stark an! Egal, ob es der Chef sieht oder nicht.

Ich warte nicht bis zur Rente, damit ich mehr Zeit habe. Jetzt in diesem Augenblick nehme ich mir die Zeit. Es ist meine Zeit, meine Lebenszeit. Heute schmecken mir die Brötchen und außerdem bin ich ein toller Bäcker. Und heute noch werde ich tun, was ich immer schon gerne tun wollte.

Merkst du wie es ist, wenn du ein Gespür für deine Freiheit wieder findest und entwickelst? Wenn du unerfüllten Sehnsüchten hinterherträumst kann es dich viel Kraft und Energie kosten und irgendwann bist du weg! Du bist nicht mehr da. Gedankenverloren schlürfst du deinen Kaffee und weißt gar nicht, was du getrunken hast. Was kannst du jetzt in diesem Moment hören und sehen?

Die zweite Freiheit: **Die Freiheit das auszusprechen, was ich wirklich fühle und denke, und nicht das, was von mir erwartet wird.**

Was wird von dir erwartet? Von einer Mutter wird erwartet dass sie empört ist, wenn das eigene Kind ungerecht behandelt wird. Von einem Kind wird erwartet, dass es auf seine Eltern hört.

Was wird von dir in einer Beziehung erwartet? "Wenn du mich wirklich liebst, dann wüsstest du jetzt wie es mir geht!" "Wenn ich wirklich wichtig für dich wäre, dann würdest du dich heute nicht mit deinen Freunden treffen sondern bei mir bleiben!"

Ich kenne solche Merkwürdigkeiten zur Genüge aus meiner Kindheit. Häufig hatte ich Fragen und Sätze im Kopf wie: Wie sage ich es meiner Mutter? Mir ist einmal eine kostbare Tasse auf den Boden gefallen und sie ging dabei kaputt. Eigentlich war mir diese Tasse egal. Eine Tasse ist eine Tasse. Mir war nicht egal, dass meine Mutter vielleicht traurig war, aber die Tasse an sich fand ich nicht wichtig. Also musste ich überlegen wie ich mich denn jetzt gegenüber meiner Mutter verhalte. Was erwartet sie? Sie erwartet bestimmt, dass ich den Kopf senke, mich entschuldige, drei Tage mit einem schlechten Gewissen herumlaufe, mich klein mache, mich nie wieder aufrichte usw. In meiner Phantasie malte ich mir aus, wie schlecht es jetzt meiner Mutter geht und was ich alles dazu beigetragen habe dass es ihr jetzt so schlecht geht. Ich war also immer damit beschäftigt darüber nachzudenken, was meine Mutter erwartet, was ich jetzt fühlen müsste.

Ich erinnere mich an einen Spruch von meinem Vater: "Du müsstest dich schämen!" Aber ich schämte mich nicht. Sich nicht zu schämen war also falsch! Für das, was ich getan hatte, musste ich mich schämen. Scham war das angemessene und richtige Gefühl.

So kann es kommen, dass du ständig mit der Frage beschäftigt bist: „Wie muss ich denken und fühlen, dass die anderen das als richtig empfinden?“ Irgendwann kennst du deine eigenen, unmittelbaren und ursprünglichen Gefühle gar nicht mehr. Du fühlst und denkst, was die anderen meinen, was du fühlen und denken müsstest. Du richtest dich ein in einer permanenten Unsicherheit von fremden Gefühlen und Gedanken.

Ich las einmal von einer Frau, die mit einem ehemaligen Mönch zusammenlebte. Ihr Mann war kaum in der Lage, eigene Bedürfnisse zu äußern. Das mönchische Leben hatte ihn bedürfnislos gemacht. Sein früheres Leben war bestimmt durch die Klosterregeln und dem Gehorsam gegenüber dem Abt. Jetzt in der Partnerschaft wären eigene Wünsche und Bedürfnisse wichtig für die Beziehung.

Jetzt stell dir vor, dass du eigene Gedanken und eigene Gefühle hast. Es sind deine! Nicht die deiner Eltern, deiner Freunde, deiner Familie oder deines Arbeitgebers. Es sind deine Gefühle! Sie gehören zu dir. Du darfst sie haben, deine Gedanken und deine Gefühle! Niemand kann sie dir absprechen. Niemand hat das Recht, sie zu bewerten. Und wenn, musst du das nicht beachten. Du hast die Freiheit das auszusprechen was du wirklich selber fühlst und denkst. Das ist wichtig, damit du spürst, wo du stehst und wer du gerade bist. Denn daraus ergeben sich deine Handlungsimpulse. Du bekommst heraus, was du im Innersten willst und umsetzt, damit du in Übereinstimmung mit dir bist.

Zugegeben! Es ist nicht immer leicht, die eigenen Gefühle auszusprechen. Möglicherweise wirst du dein Gegenüber enttäuschen. Dein Gegenüber hat etwas anderes erwartet. Aber zugleich ist es wichtig, dass dein Gegenüber auf ein wirkliches "Du" trifft und nicht auf eine "Eigenprojektion". Wenn dein Gegenüber enttäuscht ist über deine Gedanken und Gefühle gibst du die Möglichkeit, dass dieser sich von seinen "Täuschungen" befreien kann. Du gibst ihm die Gelegenheit, dich wirklich kennenzulernen und wahrzunehmen, was du gerade fühlst und denkst.

Du hast die Freiheit auszusprechen was du denkst und fühlst! Die Freiheit, keinen Zwang! Es heißt nicht, dass du das tun musst. Dann wäre das ein neuer Zwang. Du kannst es dir einfach mal überlegen ob das für dich eine Möglichkeit sein kann. Hin und wieder experimentierst du und sprichst aus, was du wirklich denkst und fühlst. Du darfst, aber du musst nicht! Du hast die Freiheit!

Die dritte Freiheit: **Die Freiheit zu meinen Gefühlen zu stehen, und nicht etwas anderes vorzutäuschen.**

Stell dir dein Inneres vor wie ein Team. Da gibt es ganz viele Persönlichkeitsanteile, Gefühlsebenen und Identitäten. Stelle dir deine reiche Gefühlswelt vor. Du magst wahrscheinlich die Freude in dir. Du magst deine Fähigkeiten und alles wozu du vorbehaltlos "Ja!" sagen kannst.

Dann gibt es noch Gefühle, die empfindest du eher als zwiespältig. Wie ist das zum Beispiel mit der Angst? Du wirst mir vielleicht zustimmen, dass die Angst manchmal notwendig ist. Du bist dadurch vorsichtig im Straßenverkehr. Du passt auf dich auf, damit dir nichts geschieht. Die Angst warnt dich vor möglichen Gefahren. Du empfindest die Angst vielleicht als unangenehm aber sie ist notwendig. Manchmal steht sie dir auch im Weg. Du möchtest mutiger sein und mehr wagen. Da kommt dann die Angst und sagt: "Mit mir nicht!" In diesem Augenblick magst du die Angst gar nicht mehr und schiebst sie aus dem Weg, kämpfst mit ihr, ignorierst sie oder lässt sie gewinnen. Dann wird die Angst, die dich vor Gefahren schützt, zu einem unüberwindlichen Hindernis in deiner Weiterentwicklung.

Neben der Angst gibt es andere Gefühle, die ähnlich ambivalent, unwillkommen oder ungeliebt sind. Da gibt es die reiche Palette von Ärger bist Wut, den Ekel, die Traurigkeit. Ich kenne Menschen, die ganz viel Zeit und Kraft darauf verwenden, diesen Gefühlen möglichst keinen Raum zu geben. Sie lesen dann gerne Bücher über die Kraft des positiven Denkens oder ähnliche Literatur.

Kennst du das auch? Du fühlst dich mies und jemand fragt dich, wie es dir geht? Du sagst dann: "Danke, mir geht es gut!" Oder traust du dich zu sagen: "Mir geht es echt Scheiße!" Ich traue mich das nicht! Ich gehöre zu den Berufsoptimisten! Ich schaffe das auch ganz gut, meine "negativen Gefühle" auszublenden. Das ist nicht wirklich gut!

Manchmal schaffe ich es aber auch, mein ganzes Team im Inneren willkommen zu heißen. Das fühlt sich dann sehr rund an, wenn ich zu meinen Gefühlen stehen kann. Willkommen Angst! Willkommen Ärger! Hallo Wut, du hast auch deinen Platz! Ich sage innerlich "Ja!" Und wenn ich mich traue, auch den anderen gegenüber zu meinen Gefühlen zu stehen, fühlt sich das sehr frei an! Wenn die so genannten "negativen und belastenden Gefühle" da sein dürfen, verlieren sie ihre Macht. Sie müssen nicht mehr kämpfen und um Erlaubnis bitten. Sie "müssen" sich nicht mehr mit aller Macht bemerkbar machen. Sie haben ja die Erlaubnis, da sein zu dürfen. Im Innen wie im Außen. Und auch in der Kommunikation!

Die vierte Freiheit: **Die Freiheit um das zu bitten, was ich brauche, anstatt immer erst auf Erlaubnis zu warten.**

Manchmal muss man Sätze von Virginia Satir quer lesen. Ich habe die Freiheit um das zu bitten, was ich brauche. Moment einmal! Im Allgemeinen finde ich das Bitten sehr unangenehm und vermeide es wenn möglich.

Stell dir vor, du siehst eine Galerie und dort findet gerade eine Ausstellungseröffnung statt. Du stehst vor der Tür und möchtest da herein. Du bist neugierig auf die Bilder, auf die Künstlerin und auf die Gäste. Aber du bist nicht eingeladen. Jetzt stehst du vor der Tür und hoffst. Du hoffst, dass dich jemand sieht und hereinbittet. Du wünschst dir, dass dir jemand die Erlaubnis gibt, diese Eröffnung zu besuchen. Jetzt stell dir vor: Niemand kommt! Niemand erteilt die Erlaubnis! Niemand bittet dich herein!

Jetzt könntest du fortgehen oder dich überwinden und nachfragen. Du könntest die Galeristen bitten, dabei sein zu dürfen. In deinem gängigen Verhaltensmuster würdest du dich dazu überwinden. Du würdest dich durchringen. Es wäre dir peinlich und unangenehm. Du würdest es vielleicht nur im Notfall machen. Du würdest nur fragen, wenn es dir ganz wichtig wäre.

Jetzt kommt dieser so nenne ich ihn "Quersatz" von Virginia. Du hast die Freiheit um das zu bitten, was du brauchst. Zugegeben, der Besuch einer Ausstellung ist vielleicht nicht nötig. Aber vielleicht brauchst du ja jetzt diesen Input und diese Erfahrung. Du hast die Freiheit zu bitten. Es gibt keine Notwendigkeit, keinen Zwang, keine Scham und keine Peinlichkeit. Du hast die Freiheit!

Um in Freiheit fragen zu können ist es wichtig, dass du ein Bewusstsein davon erlangst. Du darfst dir bewusst werden in jeder Situation deines Lebens, dass du frei bist. Du kannst fragen und bitten, aber du musst nicht.

Wo kommt es in deinem Leben vor, dass du etwas brauchst. Dein Gegenüber sieht es nicht und du denkst, er müsste es aber doch sehen! Du brauchst Zuwendung, Trost, ein offenes Ohr, Zeit, Verständnis oder sonst etwas Wichtiges. Da geht es um mehr als um eine Bilderausstellung. Da geht es um ganz fundamental menschliche "Notwendigkeiten". Du kannst leer ausgehen, weil dich niemand beachtet. Da bleibst du am Ende frustriert stehen! Niemand hat dich gesehen! Niemand gibt dir eine Erlaubnis! Und warum? Weil du nicht fragst! Weil du dich nicht getraut hast! Weil es dir peinlich ist! Weil du dich schämst! Weil du schon groß bist! Weil es eine Bedürftigkeit offenbart?

Es kann geschehen, dass du dir selber eine so hohe Hürde aufbaust, dass du lieber verzichtest, anstatt zu fragen. Stell dir vor, du hast Durst. Du möchtest einen Becher Wasser. Dein Gegenüber sieht nicht, dass du Durst hast. Wärst du bereit zu sterben? Würdest du verdursten oder doch irgendwann fragen?

Du könntest eine Grundsatzentscheidung treffen um ein für alle mal dieses "Spiel" zu beenden. Du gibst dir die Freiheit, immer zu fragen. Du fragst halt einfach. Du fragst und fragst. Irgendwann wird es zu einer Selbstverständlichkeit und du wunderst dich, warum du nicht schon viel früher damit angefangen hast. Bitte doch um das, was du brauchst! Nur du kennst deine Bedürfnisse! Niemand sonst, und an deiner Nasenspitze kann man sie nicht ablesen!

Die fünfte Freiheit: **Die Freiheit in eigener Verantwortung Risiken einzugehen, anstatt immer nur auf Nummer sicher zu gehen und nichts Neues zu wagen.**

Ich gehe auf Nummer sicher. Das haben wir immer schon so gemacht. Das hat doch bis heute gut funktioniert. Warum sollte ich etwas ändern?

Da gibt es doch die Weisheit von dem toten Pferd, von dem man absteigen soll, oder? Ich glaube, dass wir oft unsere toten Pferde weiter reiten. Das alte System funktioniert zwar nur noch so ungefähr aber nicht mehr wirklich. Wir sind ja unglaubliche Künstler darin, das Tote schön zu reden. Wir setzen die rosarote Brille auf. Wir ignorieren die Veränderungen. Wir tun so als ob alles in Ordnung wäre. Wir kleben an unseren Überzeugungen und Glaubensätzen fest. Wir schauen uns das tote Pferd an und sagen, es schläft ja nur!

Dahinter steckt unser Bedürfnis nach Sicherheit. Da weiß ich Bescheid. Das ist bequem. Da kenne ich mich aus. Da blamiere ich mich nicht. Da habe ich ein gutes Gefühl. Das erspart Zeit und Ärger. Wenn ich auf Nummer sicher gehe dann kann es geschehen, dass die Nummer gar nicht mehr so sicher ist wie sie erscheint. Klar, ein totes Pferd wird keiner weiter reiten. Aber du gehst zu deiner Arbeit, obwohl sie dich nicht mehr erfüllt. Du bleibst verheiratet obwohl deine Beziehung schon lange nicht mehr stimmt. Du trittst nicht aus der Kirche aus, obwohl du keinen stichhaltigen Grund mehr dafür findest, dabei zu bleiben. Du wohnst mit deinem Mann, deiner Frau in einem Haus, das einmal für eine fünfköpfige Familie gedacht war, und das du heute gar nicht mehr mit Leben füllen kannst.

Für eine Phase in deinem Leben war das einmal ganz stimmig, was du so machst und denkst. Aber ist es heute auch noch stimmig? Wer sagt dir, dass du es beibehalten musst? Du musst nichts behalten. Du darfst alles loslassen. Im Tod musst du loslassen. Jetzt darfst du es freiwillig machen.

Stell dir einmal vor, dass du stirbst. Du kommst an die Pforte des Himmels und Petrus öffnet die Tür. Du stehst da sehr unentschlossen herum. Du willst ja gar nicht in den Himmel. Du weißt ja nicht, was da auf dich wartet. Vielleicht würdest du zu Petrus sagen: "Schick mich wieder zurück in mein altes Leben! Das ist mir vertraut!" Dann würde Petrus zu dir sagen: "Das geht leider nicht. Ich kann dich nicht in dein altes Leben lassen, denn dein Körper funktioniert nicht mehr und einen anderen kann ich dir nicht zur Verfügung stellen. Wenn du damals deine Chancen mehr genutzt hättest, wärest du jetzt gut vorbereitet auf das, was auf dich wartet. Der Himmel ist voller Überraschungen. Du wirst ihn jeden Augenblick neu erleben und neu gestalten. Der Himmel ist nicht vorgefertigt, sondern du gestaltest ihn."

Wir sind auf dieser Erde, damit wir Erfahrungen machen können. Wenn du eine bestimmte Erfahrung gemacht hast, dann kannst du doch abschließen und eine neue Erfahrung machen. Virginia Satir lädt ein, in Freiheit die Verantwortung für das Leben zu übernehmen. Es ist dein Leben! Du darfst Risiken eingehen! Es darf etwas schief gehen! Es darf alles schief gehen! Es darf etwas gelingen und es muss gar nichts gelingen! Du brauchst nicht das Leben deiner Eltern fortsetzen und auch nicht deiner Lehrer oder sonstiger Menschen. Du hast dein ganz eigenes Leben. Du hast den Bauch deiner Mutter verlassen und sie hat dir gesagt: "Jetzt mach mal!" Also los: "Jetzt mach mal!"

13 Auch du bist ein Kunstwerk!

Jeder Mensch ist Kunst! Du bist ein Kunstwerk! Du bist so wunderschön und so äußerst liebenswert. Das meine ich wirklich so. Und du auch und du auch wenn ich in die Runde schaue von allen Menschen, die das jetzt lesen. Du bist ein wunderbar liebenswerter und schöner Mensch. Kein Künstler hätte dich wunderbarer gestalten können. Du bist das perfekte und wunderbare Kunstwerk überhaupt. Erlebst du dich selber auch so? Oder denkst du, dass ich übertreibe. Schaust du in den Spiegel und siehst deine Falten? Deine grauen Haare und deine Speckröllchen? All die Dinge, die im Laufe der Jahre dazugekommen sind? Erinnerst du dich noch an die früheren Zeiten, wo alle dich als Kind so süß fanden? Als die Erwachsenen sich über deinen Kinderwagen beugten und sich nicht satt konnten an deiner Süße und Schönheit. Was warst du für ein Wunderwerk der Schöpfung!

Und heute? Du bist immer noch ein Wunderwerk... und das Leben hat dich gezeichnet. Du hast dich dem Leben für das Zeichnen zur Verfügung gestellt und daran mitgewirkt. Du bist ein Wunder mit Spuren! Deine Geschichte ist eingeschrieben in dein Gesicht, in deine Augen, in deine Haut und in deine Organe. In deine Muskulatur und in deinem Knochengerüst. Keine Zone deines Wesens ist geschichtslos. Alles in dir erzählt davon, wie du als wunderbares Kunstwerk das Leben gemeistert hast.

Das größte Wunder jedoch wird sich noch ereignen. Wenn du aufhörst zu hadern mit dir und mit den Zeichen an deinem Körper. Wenn du einverstanden mit dir bist und loslassen kannst. Dann verwandeln sich die "Zeichen" in einen Ausdruck deiner einmaligen Persönlichkeit. Dann ist es nicht mehr wichtig, dass du wie alle Babys nur süß warst. Sondern dein Wesen bekommt die wunderbare Süße einer eindrucksvollen Lebensgeschichte. Manchmal schaue ich in das Gesicht von älteren Menschen und bin voller Bewunderung über deren Ausstrahlung. Ich kann mich nicht satt sehen und freue mich total über das, was ich wahrnehmen darf. Ich bekomme das Geschenk von bejahtem Leben in Höhen und Tiefen mit allem, was die Erde uns anbieten kann. Und ich wünsche mir, dass ich das genauso könnte. Und dass ich vor dem Spiegel stehe mit allen Blessuren und Falten und gerade darin die Kunst und die Schönheit entdecken darf.

Wie wäre es, dieses Kunstwerk mal ein wenig näher zu betrachten? Von den unterschiedlichen, bisweilen überraschenden Facetten her? Wo drückt sich deine Lebenskunst aus? Welche Ereignisse, Fähigkeiten und Begabungen haben dich gezeichnet?

Die Kunst, einen kleinen Schritt zu machen

Bei Antoine de Saint-Exupéry lese ich den Satz: Lehre mich die Kunst der kleinen Schritte.

Ich kenne Menschen, die stecken sich große Ziele. Vor einiger Zeit erzählte mir eine Frau, dass sie jetzt ernsthaft abnehmen will. Fünfzehn Kilo sind ihr Ziel. Sie hatte es schon so oft versucht und stets war sie gescheitert. So hat sie im Laufe der Jahre sich gut kennengelernt mit ihren Hürden und Hindernissen. "Das Ziel war zu schwer!" "Der Weg war so lang!" "Ich habe mich überfordert!" "Ich konnte nicht durchhalten!" "Ich wusste nicht, was da wirklich auf mich zukam!"

Wenn du ein großes Ziel hast, dann siehst du auch die möglichen Hindernisse auf diesem Weg. Das könnte dazu führen, dass du gar nicht erst losläufst. Du schaffst es ja eh nicht. Warum erst anfangen! Du siehst, dass du wirklich einen langen Atem brauchst und viel Geduld. Du musst mit Rückschlägen klarkommen. Es kann sein, dass der Weg gar nicht richtig für dich ist. Dein Ziel ist gepflastert mit Wenn und Aber.

Was bewirkt da die Kunst der kleinen Schritte? Wenn du dich auf den jetzigen Schritt konzentrierst und diesem Schritt deine volle Aufmerksamkeit schenkst, kannst du diesen Schritt gehen. Nur diesen Schritt, nicht mehr! Du schaust nicht auf das Ziel und hast auch nicht mehr die Hürden und Hindernisse im Blick. Jedes Abnehmen beginnt mit dem ersten Gramm. Es kommt also jetzt und in diesem Augenblick auf das erste Gramm an. Auf nicht mehr und nicht weniger. Du beschäftigst dich nur mit diesem ersten Gramm.

Erst dann und wirklich erst dann, wenn du das erste Gramm geschafft hast, beschäftigst du dich mit dem zweiten Gramm. Nicht früher! Am zweiten Gramm könnte nämlich eine unüberwindliche Hürde kleben.

Die Kunst der kleinen Schritte ist wirklich eine Kunst. Die Kunst heißt: Im Hier und Jetzt sein! Das Kleine wertschätzen! Im Augenblick leben! Das Leben auskosten!

Bislang hatte die Frau, die abnehmen wollte, immer von den großen Zielen gelebt. Die konnte sie leider nie erreichen. Dann fiel ihr ein, dass der Wunsch des Abnehmens für ihr ganzes Leben stand. Sie konnte nicht gut loslassen. Sie konnte sich nicht von ihrer Freundin trennen, die sie schlecht behandelte. Sie konnte ihren verstorbenen Vater nicht loslassen. Dann machte sie die Erfahrung, dass sie doch loslassen konnte, nachdem es ihr bewusst war. Der kleine Schritt geht leicht, wenn man sich darauf einlässt und sich vom Großen und Ganzen verabschieden mag.

Der kleine Schritt geht schwer, wenn man alle Wenn und Aber und Konsequenzen daran fest klebt. Wie gut und beruhigend, dass ein Schritt so klein kann, dass du sofort wieder umkehren darfst wenn es nicht passt.

Die Kunst, Probleme zu finden

Du wünschst dir ein Leben ohne Probleme? Na klar, ich glaube, das wünschen sich die meisten Menschen! Du möchtest glücklich sein? Deine Arbeit soll dich erfüllen? Du möchtest leben wie im Paradies? Das ist verständlich!

Probleme höchstens ab und zu. Ausnahmsweise! Immer glücklich sein ist vielleicht auch gar nicht so schön! Ein kleines Problem hier und da zur Abwechslung wäre hilfreich für den Unterschied. Wenn du dein Problem gelöst hast, bist du wieder glücklich. Und zugleich bist du glücklich, dass du wieder glücklich sein darfst.

Wenn du viele Probleme hast, dann wird es dir mit der Zeit immer besser gelingen, diese zu lösen. Du kannst zu einem Meister in Lösen von Problemen werden. Psychotherapeuten sind wie geschaffen dafür. Polizisten und Rechtsanwälte auch. Es gibt ganze Gruppen von "Problemlösungshelfern".

So weit so gut! Mich interessiert jetzt in diesem Augenblick allerdings eine ganz andere Seite dieses Themas. Alle "professionellen Problemlöser" wären arbeitslos, wenn es nicht die Problemfinder gäbe.

Stell dir einen Menschen vor, der zu dir kommt und dir sagt: "Kannst du mir helfen? Ich habe ein Problem!" Du hilfst natürlich gerne weiter, in dem Maße, wie du kannst. Wenn nicht, schaltest du einen Profi ein je nach Thema. Das Problem wird also gelöst. Wunderbar! Du hast einen Menschen glücklich gemacht.

Nach kurzer Zeit kommt dieser gleiche Mensch wieder zu dir und sagt: "Du, ich hab da noch ein Problem. Kannst du mir noch einmal helfen? Das hat ja beim letzten Mal so gut geklappt!" Also hilfst du freundlicherweise noch einmal, mit oder ohne Profi.

Jetzt kommt dieser Mensch zum dritten Mal zu dir. Nun gehen deine ersten Alarmzeichen an. "Der hat doch bestimmt wieder ein Problem!" Deine Alarmzeichen geben dir Recht. Ein neues Problem ist aufgetaucht. Du bekommst einen Verdacht. Du bist einem Menschen begegnet, der ständig Probleme hat. Kaum hat er eine Schwierigkeit überwunden, tut sich die nächste Baustelle auf. Oft muss dieser Mensch mehrere Probleme gleichzeitig lösen. Wahrscheinlich bist du nur einer von vielen Problemlösungshelfern in seinem Bekanntenkreis.

Ich kenne Familien, die mit Arbeitslosigkeit, Suchtproblemen und Erziehungsfragen eine ganze Batterie von "Helfern" am Laufen halten. Angefangen von Familie, Nachbarn und Freunden über Sozialamt, Jugendamt, Therapeuten und Caritasstationen beschäftigen sie so viele Menschen, dass man sie als Unternehmer bezeichnen könnte.

Ein solches Unternehmen muss laufen! Aber wie? Denn, wenn alle Probleme gelöst wären, würde sich das "Helferunternehmen" auflösen und arbeitslos werden. Was ist also die beste Lösung im Umgang mit Problemen? Klar! Man findet neue Probleme!

Und das ist die Kunst! Darauf will ich hinaus! Ich selber gehöre eher zu den Genügsamen, die sich schwer tun, etwas als Problem anzusehen. Aber ich bewundere Menschen, die es schaffen, ein Problem nach dem anderen zu finden. Sie sind Weltmeister im Anziehen von Problemen! Sie werden überfallen. Sie stürzen da hinein! Sie finden einfach Probleme wie Pilze im Wald. Sie haben halt einen Blick dafür. Es gibt Menschen, denen wird es unheimlich, wenn sie glücklich sind. Das kann einfach nicht sein!

Ein Leben mit Problemen kann sehr vertraut werden. Wenn du immer Probleme hast, hast du auch immer etwas zu tun. Das gibt ein vertrautes Gefühl. Von außen betrachtet mag das zwar unangenehm sein, aber für "Problemkünstler" ganz selbstverständlich.

Wenn du die meiste Zeit glücklich bist kennst du gar nicht mehr den Unterschied von "Problem" und "problemfreiem" Leben. Ein Problemkünstler empfindet vielleicht wie ein Junkie. Er genießt den Zeitpunkt und den Augenblick, wenn das Problem gerade gelöst wird. Dieses "Lösungsgefühl" möchte er immer wieder erleben. Erleichterung! Entlastung! Entspannung! Ein starkes Gefühl!

Vielleicht machen uns "Problem-finde-künstler" auf etwas Wichtiges aufmerksam: Hierfür sind wir Menschen auf dieser Welt! Wir sammeln Erfahrungen. Wir erleben etwas. Das geht schief! Es gibt ein Problem! Wir lösen es!

Die Kunst, es sich bei einem schlechten Leben gut gehen zu lassen

Beim Loseverkauf für einen guten Zweck kauft mir eine Frau ein Los ab. Sie erzählt mir, dass sie eigentlich kein Geld übrig habe. Sie würde sich gerne einmal Spargel kaufen, aber es reiche nur für Möhren. Aber von Möhren könne man auch satt werden und so führe sie kein schlechtes Leben.

Immer wieder beobachte ich Menschen, die ein tolles Leben führen. Sie besitzen ein großes Haus. Die Kinder sind prächtig geraten. Es gibt ein großes Familienauto und einen Kleinwagen für die Fahrten so nebenbei. Dann höre ich sie so reden: "Es geht bergab mit der Wirtschaft. Überall wirst du ausgenutzt. Das Geld ziehen sie dir aus der Tasche und im Supermarkt bekommst du keine nahrhaften Lebensmittel mehr. Die Kinder werden in der Schule ja nur noch gemobbt und die Lehrer haben ihr Studium im Lotto gewonnen."

Dann beobachte ich Menschen wie diese Frau auf dem Markt. Abgetragene Kleidung. Der Speiseplan besteht aus Kartoffeln, Gemüse und Brot vom zweiten Tag. Lücken im Gebiss. Jeden Tag genau rechnen und jeden Cent umdrehen. Dann höre ich ihnen zu: "Ich lebe. Ich habe zu essen. Die Sonne scheint. Was will man mehr."

So unterschiedlich kann es sein. Ich möchte von der Kunst sprechen, es sich bei einem schlechten Leben gut gehen zu lassen. In unseren Köpfen existiert ja irgendwie die Vorstellung, dass du dir deinen Lebensunterhalt hart erarbeiten musst. Jeden Braten hast du dir ordentlich verdient. Für ein Auto musst du lange sparen. Ein Haus zahlst du dein Leben lang ab. Es wird dir nichts geschenkt. Dabei trägt all dein Besitz relativ wenig zum Glücksgefühl bei.

Du gehst wandern und setzt dich auf einen Stein. Die Sonne scheint, die Vögel zwitschern und es gibt nichts zu tun. Das darfst du genießen. Es ist dir geschenkt. Es ist jedem Menschen geschenkt. Egal, wie gut oder schlecht dein Leben sonst auch ist. Die Sonne ist für dich. Dein Körper gehört dir. Du hast deine Gedanken. Du darfst wahrnehmen mit deinen Sinnen. Allein damit kannst du es dir gut gehen lassen, egal wie schlecht auch dein Leben ist. Bist du noch aufmerksam für die Fülle, die dich umgibt?

Die Kunst, zufrieden mit der Unzufriedenheit zu sein

Wir haben unsere inneren Abläufe und Mechanismen, die oft schon automatisch funktionieren. Du wachst zum Beispiel morgens mit einem "Unzufriedenheitsgefühl" auf. Dieses Gefühl ist einfach da. Kann ja auch gar nicht anders sein, bei dem Wetter draußen! Oder: "So, wie mich die Kinder schon anschauen kann der Tag nur schrecklich werden!" Oder: "So, wie mir das Essen heute schmeckt! Wenn das nicht ein schlechtes Zeichen ist.!" Oder: "Was meine Waage schon wieder anzeigt! Heute gibt es einen erzwungenen Fastentag!"

Ich finde immer einen Grund, warum meine Unzufriedenheit berechtigt ist. So schaffe ich es mit Leichtigkeit, diesen Gefühlszustand den ganzen Tag durchzutragen und den Abend mit Unzufriedenheit zu erreichen! Vielleicht aber geht dir ein solches Leben irgendwann auf die Nerven. Deine Familie sieht in dir einen Dauernörgler! Du verbreitest ständig schlechte Laune! Du leidest auch noch selber darunter! Du kannst alles so lassen oder es auch ändern. Aber wie?

Morgen wirst du aufwachen und dir folgende Frage stellen: "Wie werde ich es schaffen, dass ich den heutigen Tag unzufrieden beende!" Dann denkst du über deine typischen automatisierten

Unzufriedenheitsgründe nach. Sie werden dir bewusst und es wird nicht mehr so leicht sein, den Abend mit völliger Unzufriedenheit anzusteuern. Es könnte ja zur Abwechslung auch mal der Wunsch nach Zufriedenheit gleich zu Beginn des Tages auftauchen! Du kommst zu der Erkenntnis: Du willst ein zufriedener Mensch sein und richtest deine Aufmerksamkeit auf alles, was schön ist und was dir gelingt. Dann hat dir die Unzufriedenheit geholfen, ein zufriedenerer Mensch zu werden.

Die Kunst, den Atem zu überlisten

Im Rahmen meiner Klangtranceausbildung habe ich gelernt, das Didgeridoo zu spielen. Einen Ton zu erzeugen auf dem Instrument der australischen Ureinwohner ist nicht so schwer. Wenn es aber darum geht, einen Dauerton zu erzeugen, der quasi nie mehr aufhört, dann muss das Gehirn überlistet werden.

Dein Geist und dein Körper sagen dir: du kannst nur entweder einatmen oder ausatmen. Beides zusammen geht nicht! Du kannst nicht zugleich einatmen und ausatmen. Immer schön im Wechsel! Und du kannst nur so viel Luft ausatmen, wie du eingeatmet hast. Von der ersten Stunde deines Lebens an befolgst du diese Regel. Niemand hat dir dieses Gesetz beigebracht. Du bist auf die Welt gekommen und hast ein- und wieder ausgeatmet.

So läuft das auch beim Didgeridoo. Du holst Atem und bläst in das Rohr hinein. Dann hast du ausgeatmet und atmest wieder ein. Während du einatmest muss dein Instrument ja logischerweise stoppen. Es braucht dein Ausatmen zum Ton erzeugen. Dein Gehirn weiß das von Geburt an. Dein ganzer Körper ist darauf eingerichtet. Und dennoch ist es möglich, einen Dauerton zu erzeugen, der nicht mehr aufhört. Du atmest ein und spielst in das Didgeridoo. Du behältst dir aber ein kleines Reservoir im Mund. Während du dieses Reservoir hinausbläst, eben nicht aus der Lunge, sondern aus der Reserve des Mundraumes, kannst du einen tiefen Atemzug nehmen und die eingeatmete Luft dem

Reservoir zufügen. Im Prinzip spielst du ständig auf Reserve. Immer auf kontinuierlichen Nachschub.

Zugleich ergibt sich für mich daraus eine Art Lebensweisheit. Im Leben folgen wir häufig den Gesetzen der Logik und der Erfahrung. Ein Apfel fällt immer vom Baum. Es folgt den Gesetzen der Schwerkraft. Wenn die Sonne scheint ist es hell und wenn sie verschwindet ist es dunkel. Eins und eins macht zwei. Jeder Mensch hat einen biologischen Vater und eine biologische Mutter.

Manche Vorstellungen und "Logiken" sind so in unsere Zellen eingebrannt, dass wir nichts anderes für vorstellbar halten. Schade! Mein Didgeridoo sagt mir: Es geht auch anders. Wer die Kunst lernt, den Atem zu überlisten, erfährt einen "Aha"-Effekt. Das Leben ist überraschend! Es folgt allen Gesetzen und setzt sie zugleich außer Kraft.

Die Kunst, auf Stelzen zu laufen

Eines muss ich gestehen. Ich konnte noch nie Stelzen laufen. Ich habe als kleiner Junge immer die Mädchen bewundert, die so leichtfüßig auf Stelzen laufen konnten. Ich konnte weder das Gleichgewicht halten, noch die Stelzen bewegen. Irgendwie hatte ich immer den Eindruck, dass ich am Boden festklebte.

Aber bis heute lässt mich die Vorstellung nicht los, dass es wunderbar wäre wenn ich es könnte. Als Mensch stehst du auf deinen zwei Beinen und bist von deiner Körperlänge her so groß wie du groß bist. Die Stelzen sagen dir aber: "Ich kann über mich hinauswachsen." Du bist also größer als du glaubst. Wenn ich mich auf einen Stuhl stelle, dann verändert sich auch die Perspektive. Mein Vorgesetzter wird kleiner und ich verliere die Angst vor ihm. Ein Bischof trägt eigentlich auch Stelzen, der Bequemlichkeit halber lieber auf dem Kopf. Seine Mütze macht ihn auch größer als er in Wirklichkeit ist.

Die Stelzen sagen dir zusätzlich: "Das Leben ist wackelig." Du kannst nichts festhalten. Heute glückt dein Leben und wie es im nächsten Augenblick oder morgen aussieht weißt du nicht.

Die Stelzen sagen dir aber auch: "Sei achtsam!" Wenn du nicht achtgibst, fällst du sofort herunter. Du musst wach sein für den Augenblick. Du musst auf deinen Weg achten und auf deinen Körper. Du musst viele Dinge gleichzeitig beachten und das geht nur, wenn du nicht träumst. Da kannst du fürs Leben lernen. Auch dort kommt es darauf an, dass du aufmerksam bist für den Moment. Denn nur der zählt.

Und die Stelzen sagen dir auch: "Manchmal brauchst du eine Krücke!" Wenn es dir nicht gut geht brauchst du einen Menschen, der dich vorübergehend unterstützt. Du kannst lernen, Hilfe anzunehmen. Für das, was du selber nicht kannst, suchst du dir eine Ergänzung.

Eine kleine Einschränkung möchte ich machen in meinem Lobgesang auf mein phantasiertes Kunstverständnis. Stelzen laufen wirkt auf mich immer ein wenig steif. Das ist die Kehrseite. Eine Stelze bleibt eine Krücke, eine geniale zwar, aber eine Krücke. Du bist so groß wie du bist. Dein Leben bleibt wackelig auch auf deinen originalen Füßen. Und über dich hinauswachsen kannst du auch ohne. Entfalte einfach dein Potential. Da geht noch was!

Die Kunst, nicht mehr als das Beste aus allem zu machen!

Du hast etwas nicht hinbekommen! Dein Kuchen wurde nicht richtig gar. Dein Brief enthält viele Rechtschreibfehler. Du hast dich blamiert bei deinen Freunden. Du hast schlecht über jemanden gesprochen und der hat das "zufällig" mitbekommen.

Du hast einen Auftrag bekommen und dein Auftraggeber ist mit dem Ergebnis unzufrieden. Egal, was du vergeigt hast, du kannst immer noch das Beste daraus machen. Den Kuchen schiebst du wieder in den Ofen, den Brief korrigierst du, bei den

Freunden entschuldigst du dich. Du kannst das Beste daraus machen.

Wenn du vor einer Prüfung stehst oder dein Kind vor einer Klassenarbeit zur Schule schickst kannst du dir oder deinem Kind sagen: "Mach das Beste daraus!" So einfach und so banal! Du kannst immer und in jeder Situation das Bestmögliche finden. Glück im Unglück. Das Schlimmste verhindern. Dem Ganzen die Spitze nehmen. Retten, was zu retten ist. So weit, so gut! Oder auch, so schlecht?!

Geh mit mir noch einmal zu der Situation, in der du über jemanden schlecht gesprochen hast. Und diese Person hat das mitbekommen! Du versuchst also, das Beste daraus zu machen. Aber innerlich läuft ein dramatischer Vorgang ab. Du fühlst dich ertappt! Du wirst rot im Gesicht! Dir geht es schlecht! Du möchtest es rückgängig machen, im Boden versinken und dich unsichtbar machen! Es sei denn, du bist in der Lage, fehlerfreundlich mit dir umzugehen und dir deine Fehler nicht so zu Herzen zu nehmen. Wobei Fehler einfach entstehen können durch Unachtsamkeit oder Unvermögen. Aber schlecht über jemanden reden und dabei erwischt zu werden ist mehr als ein Fehler.

Doch jetzt komme ich zu der Kunst, nicht mehr als das Beste aus allem zu machen. Eigentlich möchtest du mehr als das Beste aus allem machen wenn du versuchst, deine Peinlichkeiten rückgängig zu machen. Du möchtest etwas ungeschehen machen. Das ist dein eigentlicher Wunsch! Du kannst es zwar nicht, aber du möchtest es! Fallen dir Situationen im Leben ein, die du rückgängig machen möchtest? Ein Streit mit deinem Mann, deiner Frau? Ein furchtbares Wort deinen Kindern gegenüber? Klebt an dir so ein Wort oder ein Satz, der bis heute Auswirkungen auf dein Leben hat und dein Glück einschränkt?

Die Kunst, nicht mehr als das Beste aus allem zu machen besteht darin, grundsätzlich einverstanden zu sein mit allem, was du gemacht hast. Du übernimmst die Verantwortung für dein Leben, für deine Gefühle, deine Gedanken und deine Taten. Du stehst einfach dazu. Du stehst zu deiner Scham und zu allem, was dir peinlich ist. Wenn du versuchst, mehr als das Beste aus allem zu machen, bewegst du dich in einen Bereich der Phantasie. Da kannst du alles rückgängig machen. Da ist dann nichts geschehen. Dann musst du aber gut im Verdrängen sein!

Nicht mehr als das Beste aus allem zu machen! Die Perfektionisten leben nach diesem Motto. Das Beste ist nicht gut genug. Es geht noch besser! Stress und Burnout sind da vorprogrammiert. Wenn du die Kunst beherrscht, nicht mehr als das Beste aus allem zu machen kannst du sogar anfangen, deine Fehler zu lieben. Du bist dir selbst von Herzen gut und gehst ganz wohlwollend mit dir um. Dann stehst du vor dem Herd und sagst zum Kuchen: "Ach ja! So ist es jetzt." Und gut!

Die Kunst, aus der Schüchternheit eine Tugend zu machen!

Ein Freund sagte einmal zu mir: „Ich traue mich gar nicht, dich zu fragen, ob du einmal Zeit für mich hast." Für einen Augenblick stutzte ich. Moment mal! Wie raffiniert ist das denn? Er traut sich nicht zu fragen und fragt dann doch! Sehr geschickt, auf diese Weise seine Schüchternheit zu überwinden und das zu erhalten, was man sich wünscht. Du fragst einfach, indem du nicht fragst. Das ist eine wunderbare Art, die Hindernisse und Hürden zu überwinden oder geschickt zu umgehen.

Probiere es doch einmal aus!

"Ich traue mich nicht, dir zu sagen, dass ich dich liebe, weil ich nicht weiß, wie du darauf reagieren wirst. Ich könnte es nicht ertragen, wenn du einfach Nein zu mir sagst!" Statt: "Ich liebe dich."

"Ich traue mich nicht, Ihrer geschickten Verkaufsstrategie jetzt am Telefon zu widerstehen. Sie könnten mir böse sein und mich beim nächsten Anruf über den Tisch ziehen." Statt: "Ich möchte nichts!"

"Ich traue mich nicht, von Ihnen ein kostenloses Angebot für eine Heizung machen zu lassen, weil ich mein schlechtes Gewissen fürchte, wenn ich das Angebot nicht annehme und Sie umsonst gekommen sind." Statt: "Machen Sie mir ein kostenloses Angebot!"

Manche Dinge lassen sich nicht einfach direkt sagen, aber indirekt geht es leichter. Es ist wie mit den dicken Pillen. Schluckst du sie pur hinunter, könnten sie dir im Hals steckenbleiben. Legst du sie auf einen Löffel mit Joghurt rutscht es wie von selbst.

Überlege einmal, wie oft du am Tag indirekte Fragen stellst oder Wünsche äußerst und hoffst, der andere versteht dich. Direkte Fragen und Wünsche vermeidest du, damit du dir keine Abfuhr holst. Du sagst zum Beispiel: "Kommt morgen nicht die Müllabfuhr?" Statt: "Stell doch bitte den Müll raus!" "Ist noch Tee im Schrank?" Statt: "Kochst du mir einen Tee?" "Bis zum Fußballplatz ist es ziemlich weit!" Statt: "Könntest du mich dahinfahren?"

Niemand mag so gerne eine Zurückweisung mit einem „Nein!“ hören. Oftmals hören wir im "Nein" zu einer ganz bestimmten einzelnen Frage gleich eine grundsätzliche Ablehnung. Indirektes Fragen verkompliziert leider das Leben ein wenig es sei denn, du machst das so geschickt wie mein Freund.

Die Kunst ganz zu sein statt gut!

"Willst du gut oder ganz sein?" hat C.G. Jung einmal gefragt. Gibt es da einen Unterschied? Ich glaube, der Unterschied ist gewaltig und macht ein ganzes Leben aus.

Im 5. Kapitel des Matthäusevangeliums lesen wir nach der Einheitsübersetzung. "Ihr sollt also vollkommen sein, wie es auch euer himmlischer Vater ist." In der Regel verstehen wir den Satz so, dass wir gut sein sollen. Wir sollen so moralisch gut sein wie Gott. Gott ist der Maßstab für unsere Moral. Da werden wir Menschen ganz schnell ganz klein. So gut wie Gott kann kein Mensch sein.

Immerhin kommt dieser Satz von Jesus. C.G. Jung schlägt tatsächlich vor, dass wir weniger auf das "gut sein" schauen sollen sondern mehr auf das "ganz sein".

Dieser Satz steht allerdings auch in der Bibel. Gott sagt zu Abraham: "Wandle einher vor meinem Antlitz und sei ganz." Welch ein schöner Satz! Die Übersetzung des Jesus Satzes gibt übrigens nicht den Inhalt wirklich wieder. Dort steht das hebräische Wort: "tamin". Tamin bedeutet so viel wie "ganz sein" oder sogar "vergnügt". Das klingt doch ganz anders, wenn es heißt: "Seid also vergnügt, wie es auch euer himmlischer Vater ist."

Unsere Eltern haben es versucht, uns zu moralisch einwandfreien Menschen zu erziehen. Es gab ständig die Bewertung: "Das ist gut!" oder "Das ist schlecht!" Naschen ist schlecht, ordentlich grüßen (mit Diener) ist gut. Danke sagen ist gut und grußlos Geschenke entgegenzunehmen ist schlecht. An jeder Tat klebte ein Zettel: Gut oder schlecht, richtig oder falsch!

Als Erwachsener laufen wir dann ständig mit einem inneren Kritiker herum. Auch wir kleben solche Zettel an uns oder an andere Menschen. Du bist richtig! Du bist falsch!

Es ist sicherlich hilfreich für unser soziales Zusammenleben, gut zu sein! Die Welt braucht alle Retter und Heilige! Aber was ist mit deinen Fehlern, deinen Schwächen und deinen Schattenseiten? Was ist mit deiner Wut, deinem Ärger und deinen Tränen? Wo darfst du hin mit deinen Bedürfnissen und deiner Trauer? Bei "Gut" und "Heilig" findet es oft keinen Platz. Wenn du aber ganz bist, dann findet alles seinen Platz. Alles darf sein und nichts ist ausgeschlossen. "Sei vergnügt!" sagt Jesus. Das entspricht der Grundhaltung, wie im Paradies zu leben. Es ist genug da! Du bist genug! Die anderen Menschen sind genug! Es gibt keinen Mangel und es gibt nichts hinzuzufügen.

Es dauert lange, die Erziehungszettel von den Körperzellen zu entfernen, durchzustreichen, zu übermalen oder auszutauschen. Wie geht es dir mit deinem inneren Bewerter und Kritiker? Wie verträgt er sich mit dem "Erlauber"? Wenn du die Kunst beherrschst, eher ganz zu sein statt gut, wird man es dir ansehen! Dein Schritt wird leicht und dein Blick wird gütig.

Die Kunst indianisch zu gehen

Ich las von einem alten Indianer, der mit seinen Enkelkindern unterwegs war. Er forderte sie dazu auf, für alles am Weg aufmerksam zu sein. Irgendwann blieb er stehen und fragte die Kinder, was es dort besonderes gäbe. Die Kinder schauten sich um und konnten nichts Außergewöhnliches entdecken. Der alte Indianer zeigte nach oben in den Baum und wies auf eine Eule hin.

"Wie konntest du die Eule sehen, wo du doch die ganze Zeit auf den Boden geschaut hast?" bemerkte einer von den Kleinen. "Es liegt an den Mäusen", erwiderte der Großvater. "Weit und breit ist am Boden keine Maus zu sehen. Die Mäuse kommen nur, wenn es keine Gefahr gibt. Darum war mir klar, dass im Baum eine Eule sitzen muss."

An dieser Geschichte imponiert mir, dass der Indianer die Zeichen lesen konnte. Er muss nicht die Eule sehen um zu wissen, dass sie da ist. Am Fehlen der Mäuse erkennt er die Anwesenheit der Eule.

Wie würde unser Leben aussehen, wenn wir uns in dieser Kunst üben könnten, die Welt so wahrzunehmen. Klar, wenn es auf der Straße stinkt wissen wir, dass wir in der Nähe eines Feldes sind, wo gerade Gülle ausgefahren wird. Kondensstreifen am Himmel deuten an, dass dort gerade ein Flugzeug vorbeizog. Es geht eher um die Kunst, quasi um die Ecke zu denken.

Der Indianer findet seine Orientierung mit Hilfe der Mäusesicht. Er taucht in diese Welt ein und denkt von da aus. Das ließe sich gut auf uns übertragen. Du könntest zum Beispiel einen ganzen Tag lang die Welt mit den Augen und dem Bewusstsein eines Kindes betrachten. Du steigst in die Welt eines Kindes ein und fühlst und denkst so wie es. Du hast die gleiche Körpergröße, das gleiche Wissen und die gleichen Fähigkeiten. Was geschieht, wenn du das machst? Wirst du vielleicht neugieriger, unbeschwerter oder unmittelbarer?

Die Prärie mag ja voller Mäuse sein, darum ist ihre An- oder Abwesenheit für die Deutungen des Lebens hilfreich. Wir müssten etwas anderes finden als Mäuse in unserer Zivilisation. Was kommt bei uns denn häufig vor und könnte gut als Indikator dienen? Aus der Sicht eines Vogels? Oder eines Autos?

Nicht so leicht! Meine Idee heißt: Immer mal wieder das eigene "Ich" verlassen und die Perspektive wechseln. Sonst besteht die Gefahr, dass du denkst, die Welt ist so, wie du sie siehst. Aber die Welt ist nicht so! Es könnte sein, dass deine Welt vielfältiger wird, wenn du hin und wieder die Perspektive wechselst. Du gehst nach außen und nimmst etwas wahr. Du kehrst zu dir zurück und nimmst das Neue mit in dir hinein. Das wird dich verändern und deiner Weiterentwicklung dienen. So lernst du die Kunst des indianischen Weges.

Die Kunst des Nebelbombenwerfens

Bei einer Nebelbombe handelt es sich um eine Granate, die starken Rauch oder Nebel erzeugen kann. Menschen im Nebel verlieren die Orientierung und verirren sich. Eine wirkungsvolle Taktik bei militärischen Einsätzen. Wenn der Gegner die Orientierung verliert gehen die Angriffe ins Leere.

In der Politik werden auch gerne im übertragenen Sinne Nebelbomben geworfen. Man macht viel Getöse um irgendein unwichtiges Thema, damit man vom eigentlichen und brisanteren Thema ablenken kann. Da handelt es sich dann um eine wirkungsvolle Taktik, unbeliebte Entscheidungen durchzusetzen.

Es wäre bestimmt interessant, unsere Gesellschaft einmal zu durchleuchten. Wo wird uns mit Hilfe von Nebelbomben die Wirklichkeit "vernebelt"? Brot und Spiele kannten schon die alten Römer. Sorge für gute Unterhaltung, dann ist das Volk regierbar.

Auf die Nebelbomben in der Politik und in der Gesellschaft haben wir nicht so viel Einfluss. Aber auf Nebelbomben im eigenen Umfeld können wir achten. Kennst du Nebelbombenwerfer und -werferinnen? Woran kann man sie erkennen?

Eine Frau kommt zu mir und erzählt mir ganz aufgeregt von ihrer Tochter, die keine Freunde in der Schule findet. Und was sie schon alles unternommen hat. Und wie schrecklich die Lehrerin ist. Und wer bislang schon nicht helfen konnte. Jetzt sollte ich mich daran beteiligen endlich eine gute Lösung für die Tochter zu finden. Ich hätte gerne mit ihr danach gesucht, wenn ich nicht den Verdacht gehabt hätte, dass dort eine Nebelbombe liegt. Was möchte die Frau verbergen? Beim Stochern im besagten "Nebel" stellt sich heraus, dass sie ärgerlich auf ihren Ehemann ist. Der war einfach nicht solidarisch. Er hat sie nicht unterstützt. Dem ist das Thema egal! Aber die Frau kann es sich nicht leisten, auf den Mann sauer zu sein, weil sie ihn noch braucht. Ihren Ärger über den Mann lädt sie nun ab über Schule und andere Menschen.

Ein Mann hat vor meiner Einfahrt geparkt. Ich spreche ihn an, dass er dort nicht parken dürfte was man an dem Schild auch deutlich sehen könnte. Der Mann spricht von seiner furchtbaren Fahrt hierher. Von dem Stau, in dem er stand. Von dem dringenden Termin, den er hatte und der Unmöglichkeit hier auch nur in der Nähe einen Parkplatz zu finden. Außerdem sei das Schild so klein und es war so dunkel, dass er nichts sehen konnte.

Wir legen alle gerne einmal Nebelbomben. Wenn wir gesund essen wollen, legen wir auf das panierte Schnitzel ein Stückchen Gurke und Tomate. Wenn wir mit dem Auto und schlechtem Gewissen zum nahen Bäcker fahren verbinden wir das mit einer "eigentlichen" Fahrt zum Getränkehändler. Wir sind sehr geschickt mit unseren Nebelbomben. Und oft sind sie uns nicht bewusst. Wenn du nicht zum Eigentlichen kommst und gerne drum herum redest, oder wenn du dich in Nebengedanken verstrickst oder Dramen inszenierst und wenn du dich mit Ablenkungsmanövern auskennst... bist du schon ziemlich gut in diesem Thema.

Die Kunst, sich die Schuhe zu binden

Die Überschrift kommt von einem Filmtitel, wo es darum geht, dass Menschen mit einer geistigen Behinderung nicht nur das irgendwann stupide Schuhe binden lernen sollten sondern sich kreativ ausdrücken dürfen im Theater spielen.

Kannst du dich daran erinnern in welchem Alter du gelernt hast, eigenständig deine Schuhe zu schnüren? War es für dich schwer oder leicht? Wer hat dir die Schuhe gebunden? War es dein Vater, deine Mutter, die Erzieherinnen im Kindergarten? Ich kann mich nicht mehr daran erinnern. Aber ich habe in den Zeiten vor dem Klettverschluss Mütter dabei beobachtet. "Deine Schuhbänder sind auf! Du stolperst gleich! Warte!" Ich kann mich wohl noch daran erinnern, dass meine Schuhe immer stramm an meinen Füßen saßen. Meine Eltern banden kräftige Schleifen, die sich nie von selbst auflösten.

Es hatte zugleich etwas Unangenehmes. Da greift jemand in dienen Körper ein. Das liegt auf einer Linie wie Fingernägel schneiden, füttern oder Hintern abputzen. Ein fremder Mensch kann nie nachempfinden, wie es für dich angenehm ist.

Irgendwann wolltest du diese Dinge selber machen. Autonomie! Nur du weißt, was dein Körper braucht, dass es sich angenehm und richtig anfühlt. Die ersten Schleifen waren mühsam. Das Koordinieren der Bewegungen hat dich vielleicht überfordert. Schnell fielen sie wieder auseinander und du musstest von vorne beginnen. „Kannst du es mir noch einmal zeigen?“ „Jetzt musst du es doch mal endlich begriffen haben! Du bist doch schon groß!“

Irgendwann hast du es gekonnt. Du kannst bis heute Schleifen binden. Du kannst deine Schuhe schnüren! Niemand muss es für dich tun! Du findest das selbstverständlich? Wenn du jetzt in diesem Augenblick eine Schleife bindest dann wirst du feststellen, wie viele Handlungsabläufe es dazu braucht. Und wenn es noch schön sein soll wird es zu Kunst! Was kannst du sonst noch als Erwachsener, was du als Kind nicht konntest? Was hast du im Laufe deines Lebens alles gelernt? Du bist eine Meisterin und Künstlerin im Schleifenbinden. Eine Meisterin, ein Meister in der Fingernagelmaniküre. Ist das nichts?

Wenn du manchmal zweifelst an deinen Fähigkeiten im Beruf und im Alltag, dann betrachte dich einmal gütig und würdige all das, was du im Laufe deines Lebens gelernt hast. Beim Schuhe binden fängst du an und wirst erstaunt sein, wohin dich deine Erkenntnisse führen.

Übrigens: Ich kann mit meinen Fingern Rhythmen auf dem Tisch trommeln. Mich auf jeder Stelle meines Rückens kratzen. Kirschen im Mund vom Kirschkern befreien und sie über hohe Sträucher ausspucken. Und sowohl mit dem linken als auch mit dem rechten Zeigefinger auf andere Menschen zeigen.

Die Kunst, Schluss machen zu können

Als Jugendlicher wurde ich oft Zeuge davon, wie ein Freund mit einem Mädchen Schluss gemacht hat. „Wir haben Schluss gemacht!“ Jedes mal zuckte ich zusammen. „Ach du lieber Gott! Wie schrecklich! Wie mag es denen jetzt gehen? Die sind bestimmt ganz unglücklich!“ Ich konnte es kaum ertragen.

Ich gehöre zu denen, die diese Kunst definitiv nicht beherrschen. Ich kann nicht gut Schluss machen. Ich zögere den Abschied hinaus. Meine Gespräche werden immer länger als geplant. Ich bleibe in Beziehungen, auch wenn der Wurm drin ist. Ich verlasse nicht gerne und werde nicht gerne verlassen. Warum? Es fühlt sich schmerzhaft an und den Schmerz möchte ich gerne vermeiden. Die Schmerzvermeidung führt dann dazu, nicht Schluss zu machen, wenn es eigentlich dran wäre. Dabei gehört der Schluss von etwas einfach dazu. Alles hat ein Ende! Wenn ich mir das klar mache, dann wird es leichter. Dann ertrage oder vermeide ich nicht das Thema. Ich stelle mich dem einfach und fange an zu gestalten. „Ich beende jetzt unser Gespräch und danke dir." „Ich mache jetzt Schluss mit unserer Beziehung weil es nicht mehr zu mir passt." „Ich bin müde und mache jetzt Feierabend." Ich merke, wenn ich so spreche gibt es Klarheit. Und mehr möchte ich jetzt dazu nicht sagen.

14 Wandlungen auf der Bettkante

Jeden Abend, bevor ich ins Bett gehe, sitze ich für einen Moment auf der Bettkante. Ich halte inne und werde mir bewusst, dass ich gleich den Modus wechsle. Von aktiv auf passiv. Gleich überlasse ich meinen Körper und meinen Geist dem Nichtstun und der Dunkelheit.

Und jeden Morgen, bevor ich aufstehe, sitze ich wieder für einen Moment auf der Bettkante. Wieder halte ich inne und schalte nun von passiv auf aktiv und gehe bewusst und geplant in den Tag.

Ich möchte dich einladen, in den kommenden 24 Tagen einen Moment auf der Bettkante zu verweilen. Nur für ein paar wenige Atemzüge. Du schließt die Augen. Atmest ein und aus und nimmst dabei einen Impuls in dich auf. Werde dir dieses kostbaren Momentes bewusst. Genieße dieses außergewöhnliche Geschenk. Dein Leben im Übergang. Die Weichenstellungen und Wechselphasen. Wir Menschen mögen nicht so gerne die Veränderungen. Wir lieben die Sicherheit und die gleichen Abläufe. Auf der Bettkante kann dir deutlich werden, dass du dich permanent veränderst. Regelmäßiger Wandel am Morgen und am Abend.

Schon, wenn du auf der Bettkante sitzt, je nach Bettenmodell, spürst du die Unterschiede. Die weiche Matratze, die harte Holzkante und der freie Raum, in dem du deine Füße abgestellt hast. Drei verschiedene Zonen, zwischen denen du dich bewegst. Und immer nur für einen winzigen Augenblick. Im Hauch des Vergänglichen. Auf diesen Bereich möchte ich deine Aufmerksamkeit lenken.

Du liest diesen Impuls jetzt und nimmst ihn gedanklich mit zur Bettkante. Du sitzt und lässt das jetzt Gelesene wieder in dir wach werden. Nach der Nachtruhe wachst du auf und nimmst auf der Bettkante wahr, was in der Nacht geschehen ist. Du wirst Unterschiede wahrnehmen am Morgen und am Abend.

Ich werde dir 24 kleine Gedankenimpulse mit auf den Weg geben für deine ganz persönlichen Kurzerlebnisse. Du liest meinen Gedanken jetzt und überlässt dich dann deinem Unterbewusstsein und bittest es, dass es in der Nacht für dich wirkt. Wie ein Medikament. Du musst nur sehr wenig machen. Diesen kleinen Impuls lesen und dich auf der Bettkante daran erinnern und hineinspüren in deinen Körper.

1. Tag: Meine Übergänge

Wenn du auf der Bettkante sitzt wird dir vielleicht bewusst, dass es ein Übergang ist. Du sitzt dort nicht stundenlang herum. Du wirst aufstehen oder dich hinlegen. Du sitzt jetzt nicht wie auf einem Stuhl, um in dieser Haltung etwas zu erledigen. Du verabschiedest dich vom Tag und begibst dich in die Vorbereitung für die Nacht. Du wechselst den Modus. Dein Betriebssystem. Du gibst deinem ganzen Körper das Signal, dass es gleich so weit ist. Normalerweise denkst du gar nicht darüber nach. Du machst es einfach.

Heute wirst du auf der Bettkante sitzen und bewusst den Tag hinter dir lassen und dich auf die Nacht einstimmen. Du dankst deinen Körperzellen und deinen Kreislaufsystemen für den Dienst, den sie dir erwiesen haben und verabschiedest dich. Du bittest deinen Körper, jetzt wirklich loszulassen, damit dein Körper die Ruhe genießen kann. Auch dein Geist darf sich ausruhen. Der tut sich manchmal schwer damit. Er will unbedingt noch ein Problem bedenken und wehrt sich gerne gegen den Schlaf und die Gedankenstille. Bitte ihn freundlich um deine Unterstützung. Sage ihm, dass du ihm morgen gerne wieder zuhören wirst.

Am Morgen wenn du aufwachst machst du den Prozess wieder. Nur dieses mal umgekehrt. Du dankst für die Ruhe der Nacht. Für die Unterstützung deines Verstandes und bittest den Körper um Unterstützung für den Tag. Du könntest für diese beiden

„Bettkantensitzungen“ ein Ritual verwenden indem du eine Hand auf dein Herz legst und dich leicht verneigst. Danke!

2. Tag: Das spüre ich jetzt

Heute möchte ich dich einladen, dass du dich vor dem Einschlafen auf die Bettkante setzt und in deinen Körper hineinspürst. Fühlst du Leichte oder Schwere? Erschöpfung oder Vitalität? Signalisiert dein Körper irgendwo Unbehagen, Druck oder gar Schmerz? Sei mit deiner ganzen Aufmerksamkeit bei deinem Körper und gib ihm deine liebevolle Aufmerksamkeit. Leg deine Hand an die Stellen, wo dein Körper eine Berührung mag. Sei nur dabei und überlass dich deinem Körper.

Am Morgen setzt du dich wieder auf die Bettkante und spürst in deinen Körper hinein. Fühlt es sich ausgeruht an? Sind alle Körperteile entspannt? Was sagen deine inneren Organe? Fühl dich einfach hinein. Schenke dir einen Moment des Daseins mit deinem erwachenden Körper. Stehst du sonst vielleicht zu plötzlich und schnell auf und dein Körper signalisiert Protest? Fühlt sich dein Körper am Morgen mit dir wohl? Auf der Bettkante wirst du schnell herausbekommen. Lege deine Hand auf dein Herz und bedanke dich.

3. Tag: Mein Lieblingsmensch

Wenn ich dich nach deinem Lieblingsmenschen frage wirst du schnell auf deine Lebenspartnerin oder deinen Partner kommen oder auf deine Kinder oder deine Eltern oder einen Freund. Heute möchte ich dich einladen, dass du dir vorstellst, dass du selbst dein Lieblingsmensch bist. Lege einen Handspiegel auf dein Nachttischschränkchen und wenn du auf der Bettkante sitzt schau in den Spiegel. Dort siehst du deinen Lieblingsmenschen. Schau ihn voller Zärtlichkeit an und sei gut mit ihm. Sag ihm einfach nur: „Du bist mein Lieblingsmensch.“ Spüre in dich hinein, was dann in dir geschieht. Fühlst du dich wohl dabei? Ist das ungewohnt? Wirst du dich vielleicht scheuen, das wirklich zu machen? Vor allem, wenn du dein Zimmer mit einem anderen Menschen teilst? Noch liest du ja diesen Text und du sitzt nicht auf der Bettkante. Du bereitest dich auf diesen Moment jetzt gedanklich vor. Heute Abend wirst du dort sitzen und dich selber treffen.

Und am nächsten Morgen schaust du wieder in deinen Handspiegel. Vielleicht siehst du dich sonst im Bad an und magst dich nicht leiden, weil du so verknautscht und zerzaust aussiehst. Morgen aber wirst du in den Spiegel schauen und triffst wieder deinen Lieblingsmenschen. Werde dir bewusst, dass dieser Mensch dich den nächsten Tag begleiten wird. Lächle ihm freundlich zu: „Hey, du bist mein Lieblingsmensch!“ Dann legst du die Hand aufs Herz und nickst dir freundlich zu.

4. Tag: Von Wärme und Kälte

Bevor du dich auf deine Bettkante setzt ziehst du dich um. Du ziehst deine Alltagskleidung aus und hast für einen Moment weniger an. Vielleicht bist du auch nackt für eine Zeit. Und je nach Jahreszeit spürst du den Wechsel von Wärme und Kälte. Die Kleidung des Tages hat dich gewärmt und nun spürst du vielleicht die Kälte auf deiner Haut. Dir fröstelt womöglich. Gleich wirst du dich hinlegen und mit deinem Körper dein Bett wärmen und auf Temperatur bringen. Für ein paar Minuten gibt es einen Unterschied. Du erlebst im schnellen Wechsel Wärme und Kälte. Was findest du angenehmer? Wenn du auf deiner Bettkante sitzt dann spüre mal deinen Körper in diese Richtung ab. Wo ist es warm und wo ist es kalt? Ist es angenehm für dich oder eher unangenehm?

Du kannst dich verbinden mit allem, was dich wärmt und was dir erfrischende Kühle gibt. Du kannst dich verbinden damit, dass du ein abhängiges Wesen bist. Du brauchst Kleidung und körperliche Nähe. Und wenn du am Morgen aufwachst erlebst du wieder diesen Temperaturunterschied. Setz dich am Morgen auf die Bettkante und spüre nach, wie du bettwarm die Kühle des Schlafzimmers spürst. Gleich ziehst du dich wieder aus und bist nackt und dann ziehst du dich wieder an. Lege die Hand auf dein Herz und spüre die Wärme deiner Hand auf der Haut. Du kannst dich selber wärmen und für dich sorgen.

5. Tag: Von Dunkel und Licht

Du sitzt auf deiner Bettkante und nimmst die letzten Strahlen des elektrischen Lichtes wahr. Gleich, wenn du liegst, wirst du das Licht löschen und die Augen schließen. Die Welt um dich herum wird dunkel und du verstärkst das Gefühl durch das Schließen deiner Augen. Aber jetzt sitzt du da und siehst. Schau dich für einen Moment um. Aber nicht zu lange. Sonst wirst du dir zu viele Gedanken machen. Das Auge sieht etwas. Der Verstand sucht etwas und fängt gleich an zu arbeiten. Der Verstand braucht am Abend eine reizarme Umgebung. Sonst kann er nicht abschalten. Die Dunkelheit gibt dem Verstand die Erlaubnis, ruhiger zu werden.

Du sitzt auf der Bettkannte und nimmst Licht und Dunkel war. Auch das elektrische Licht kann nicht verhindern, dass es dunkle Bereiche im Schlafzimmer gibt. Wie lichtempfindlich bist du? Welche Gefühle tauchen auf, wenn du ins Dunkel abtauchst? Denke nicht darüber nach sondern lass die beiden Erfahrungen für einen Moment auf dich einwirken. Du wirst dich gleich hinlegen und ins Dunkel abtauchen. Und morgen früh machst du die umgekehrte Erfahrung. Du tauchst aus dem Dunkel auf und hinein in das Licht. Nimm wahr, ob deine Augen den Wechsel mögen. Endlich Tag? Oder schade vorbei mit der Nacht?

6. Tag: Sich geborgen fühlen und einsam sein

Du sitzt auf deiner Bettkante in deinem Nachtoutfit und spürst ein wenig Kälte in dir und um dich herum. Jetzt einen wärmenden Körper an deiner Seite! Einen Menschen, an dem du dich anschmiegen kannst. Gibt es da ein Bedürfnis? Eines, das tagsüber gar nicht so auftaucht, weil du gut beschäftigt bist. Vielleicht bist du ja auch satt an Geborgenheit, weil es genug Nähe gab. Vielleicht bist du aber auch gar nicht so bedürftig und sitzt auf deiner Bettkante in einer Art von Neutralität. Du sitzt auf deiner Bettkante und spürst dem einfach mal nach. Dein Körper könnte sich erinnern an die Zeiten, wo du ein Baby warst. Deine Mutter hat dich zur Nacht weggelegt. Die Wärme ihres Körpers eingetauscht gegen die hoffentlich warme Decke der Nacht. Fühlst du dich geborgen oder eher unbehaust? Wenn du dich hinlegst wirst du möglicherweise in ein Alleinsein mit dir abtauchen. Wird es dir das Einschlafen erschweren? Oder kannst du dir vorstellen, dass das Alleinsein ein „mit allem Einssein“ werden kann! Wenn du die Hand auf dein Herz legst erschaffst du dir einen Moment der Geborgenheit. Deine Hand mit deinem Herzen.

Und am Morgen wirst du wieder auf der Bettkante sitzen. Die Wärme deiner Decke spürst du noch auf deiner Haut. Dann nimmt diese Wärme ab und der kalte Raum umgibt dich. Wie fühlt es sich jetzt in dir an? Geborgen oder doch eher einsam? Was sagt der Verstand und was dein Körper? Gibt es eine Ambivalenz? Ein sowohl als auch? Gibt es einen Unterschied zum Abend davor, als du das letzte mal auf der Bettkante saßest. Wie satt bist du jetzt oder wie bedürftig? Verbinde dich mit dir und halte deine Hand auf dein Herz.

7. Tag: Angezogen und nackt

Du sitzt auf der Bettkarte und warst eben noch angezogen. Im Winter bestimmt angezogener als im Sommer. Wenn du dich ausgezogen hast könntest du dich für einen Moment nackt auf die Bettkante setzen und diese Nacktheit spüren. Das bist du ohne Kleidung. So fühlt es sich an! Werde dir des Unterschiedes bewusst. Angezogen und jetzt nackt. Ist es unangenehm oder befreiend. Wie schnell taucht der Wunsch auf, etwas anzuziehen und unter die Decke zu kriechen. Wer könnte dich jetzt nackt sehen und dich betrachten und welche Gedanken würden dann bei dir auftauchen.

Wenn du angezogen bist, dann kannst du Stellen deines Körpers verbergen, die du nicht so magst. Du kannst dich „schöner" machen. Der Blick deiner Mitmenschen richtet sich auf deine schöne Kleidung. So fühlst du dich sicherer. Du bist also ganz „schön" angezogen und sicher und jetzt bist du nackt. Du hast jetzt die Möglichkeit deine nackte Hand auf deine nackte Brust zu halten und in den direkten Körperkontakt zu gehen mit dir. Kein Stück Stoff, der dich hindert, „schön" mit dir zu sein.

Du sitzt auf der Bettkante und sitzt dort nackt oder wirst gleich deine Nachtwäsche ablegen. Nackt warst du im Bauch deiner Mutter. Nackt bist du auf die Welt gekommen. Angezogen verbringst du die meiste Zeit deines Lebens. Nackt bist du ursprünglich. Mit dem Ursprung verbunden. Du könntest den Tag nackt beginnen. Nur für diesen Moment bewusst auf der Bettkante. Du kehrst am Anfang des Tages zu deinem Ursprung zurück.

8. Tag: Wachend und schlafend

Und wieder sitzt du auf der Bettkante und dir wird klar, dass du jetzt noch wach bist. Dein Verstand funktioniert noch gut und zugleich werden die Gehirnwellen langsamer. Wie fühlt sich wach sein eigentlich an? Der Atem geht zügig. Du spürst deinen Herzschlag? Gleich kommt der Atem ein wenig verzögert. Vor dem nächsten Atemzug machst du eine kleine Pause. Da geschieht nichts. Noch bist du mit dem Einatmen wach. In der Wachheit gibt dein Verstand noch mal alles. „Habe ich an alles gedacht?" „Bin ich für morgen vorbereitet?" Kann ich es mir erlauben, jetzt loszulassen?“ Dein Verstand möchte jeden Augenblick ausnutzen. Jeden Moment, indem die Augen noch geöffnet sind und Impulse in dir hereinlassen können. Du sitzt auf deiner Bettkante und schließt jetzt die Augen im Sitzen. Und schon bist du nicht mehr ganz so wach. Von Sekunde zu Sekunde wirst du schlafender. Im nächsten Augenblick, wenn du liegst, wird der Zustand kippen. Immer weniger wachend und immer mehr schlafend.

Wie erlebst du diesen Wechsel? Sehnst du dem Schlaf entgegen und nimmst ihn freudig an? Oder wehrst du dich? Du bleibst lieber wach und behältst die Kontrolle! Lege deine Hand auf dein Herz und spüre, wie wachsam es ist. Es wird über dich wachen, auch wenn du schläfst.

Und am Morgen, wenn du aufwachst, bleib noch für einen kleinen Moment liegen und nimm den Bewusstseinszustand der letzten Atemzüge des Schlafes mit. Die Traumfetzen oder was immer es ist. Bewahre dir den „Rest“ des Schlafes und setze dich auf die Bettkante. Du bist nicht mehr schlafend und auch noch nicht ganz wach. Wo zieht es dich jetzt hin? Zurück zum Schlaf oder hin zu mehr Wach sein. Was ist unterschiedlich am Übergang vom Wachsein zum Schlaf und vom Schlaf zum Wachsein? Und wie verbindet sich das wieder miteinander. Du sitzt also am Morgen auf der Bettkante und wirst dir bewusst, dass du zu mindestens zwei Welten gehörst. Der wachen und der schlafenden!

9. Tag: Tag und Nacht

Du sitzt auf der Bettkante und schaust mit deinem inneren Auge auf eine etwas größere Dimension. Da gibt es den „Gott“ des Tages. Er hat dir eine Zeitspanne zur Verfügung gestellt. Er hat das Licht angeknipst und du konntest dich orientieren und dem Tag eine Gestalt geben von Arbeit, Freizeit, Essen und Ausruhen. Dieser „Gott“ des Tages gibt jetzt seine Macht ab weil er das Licht nicht mehr halten kann und weil seine Möglichkeiten sich für diesen Tag einfach erschöpfen. Der Tag ist leer geworden. Du sitzt auf der Bettkante und lässt wie in einem Film die Ereignisse passieren. Nicht langsam, sondern ganz schnell.

Die „Göttin“ der Nacht wartet schon auf dich und möchte dich in Empfang nehmen. Gleich wirst du in ihre Welt eintauchen. Sie arbeitet nicht mit dem Licht und der Möglichkeit, dass du die Kontrolle behältst. Ihr Reich funktioniert nach anderen Gesetzen. Sie sind dir über viele Jahre vertraut, aber im „Tagesbewusstsein“ nicht bewusst. Du kannst jetzt auf der Bettkante nicht viel davon erzählen. Wie es sich nachts im Körper anfühlt. Wohin dein Bewusstsein geht und was es so macht in der Nacht. Du verlässt gleich das eine Reich und betrittst das andere. Du auf der Bettkante bist die Grenze. Wenn du sitzen bleibst wird die Nacht ohne dich stattfinden. Leg deine Hand auf dein Herz und verneige dich vor dem Tag. Danke damit für deine Geschenke und gib der Nacht die Ehre, dass du bereit bist.

Am Morgen wachst du auf und setzt dich wieder auf die Bettkante. Jetzt kommst du aus dem Reich der Nacht. Du hattest nichts kontrolliert. Vielleicht bist du zwischendurch aufgewacht und der „Tag“ hatte dich für ein paar Momente wieder. Du warst Zeuge vom Kampf der beiden Reiche miteinander. Aber jetzt sitzt du auf der Bettkante und wie hast du die Zeit empfunden? War es lang oder kurz oder kannst du gar nichts dazu sagen. Im Reich der Nacht existiert die Zeit nicht. Du warst dort zeitlos. Die Zeit gehört dem Tag. Aber wie fühlt sich dieser Zustand an? Was nimmst du daraus mit in das Tagesbewusstsein? Du sitzt auf der Bettkante und dir wird bewusst, dass es den Augenblick geben wird, wo du nicht zur Bettkante zurückkehrst. Wo du im Reich der Nacht bleiben wirst um von dort aus weiterzuwandern. Aber jetzt bist du zurückgekehrt. Die Nacht hat dich freigegeben und der Tag heißt dich willkommen.

10. Tag: Vom Häutig sein

Du sitzt auf der Bettkante und spürst deine Haut. Diese Haut hält deinen Körper zusammen. Ohne würdest du dahinfließen. Geh mit deiner Aufmerksamkeit auf deine Haut. Da gibt es diese Außengrenze, die das Innen vom Außen trennt. Es gibt etwas in dir und etwas um dich herum. Das Innere gehört zu dir und das um dich herum nicht so wie das Innere. Das um dich herum steht auch anderen zur Verfügung. Das in dir gehört dir allein und niemandem sonst. Die Haut beschützt diesen Teil. Jetzt auf der Bettkante spürst du diese schützende Grenze. Lege die Hand auf dein Herz und spüre, wie Haut an Haut liegt. Die Haut ist nicht nur Grenze, sondern auch Kontaktorgan. Die Haut grenzt nicht nur ab, sie verbindet auch. Sie hat Kontaktpunkte von Kopf bis Fuß. Vielleicht spürst du aber auch die Anspannung des Tages auf deiner Haut. Vor allem im Gesicht. Im Schlafen darf sich deine Haut entspannen.

Gleich, wenn du dich hinlegst und dich in den Schlaf abgibst, wirst du immer weniger deine Haut spüren. Sie wird sich quasi auflösen. Du verschmilzt mit deiner Decke. Deine Decke wird zur zweiten Haut und lässt dich damit hautlos werden. Deine Kontakte in der Nacht werden von anderer Art sein.

Am Morgen wirst du wieder auf der Bettkante sitzen. Du bist entspannt und auch deine Haut. Sie konnte in der Nacht regenerieren. Sie musste dich nicht zusammenhalten, weil du ja auf Nachtreise warst. Im Universum oder wo auch immer. Deine Haut hat in der Nacht auch alles zusammengehalten, aber ohne Anstrengung. Ohne Arbeit. So entspannt wie jetzt wirst du erst in 24 Stunden wieder aussehen!

11. Tag: Von laut und leise

Du sitzt auf der Bettkante. Was hast du vorher gemacht? Hast du Fernsehen geschaut? Mit jemandem gesprochen? Wie war die Geräuschkulisse, in der du dich aufgehalten hast. Jetzt auf der Bettkante wird es still und zugleich fühlt es sich vielleicht innerlich laut an. So, als ob die Geräusche noch innerlich nachklingen. Dein Körper vibriert noch. Dein System merkt noch die Anspannung. Lässt du noch das Radio laufen, weil dir die Stille unheimlich ist?

Im Laufe des Tages sammelt sich in uns Lärm an. Du bist so da dran gewöhnt, dass es dir nicht auffällt. Die Geräusche der Straße, Martinshorn, vorbeifahrende Züge. Gesprächsfetzen. In dir klingt es noch nach, so, als ob du eine Klangschale anstößt. Sie schwingt noch lange nach, bevor sie wieder schweigt. Unser Körper ist wie eine Klangschale, die nie zur Ruhe kommt. Ständig gefordert. Das Ohr bekommt keine Pause. Die Augen kannst du verschließen. Die Ohren nicht. Sie sind immer auf Empfang.

Jetzt sitzt du auf der Bettkante und lauschst in die Stille hinein. Es wird leise um dich herum und leiser auch in dir. Du „hörst" deinen Herzschlag im Duett mit dem Wecker, wenn du noch einen tickenden besitzt. Wie fühlt sich die Stille an? Kannst du dich beruhigen? Schließe die Augen und halte die Hand auf dein Herz. Jetzt darf dein System zur Ruhe kommen und du lässt alle Geräusche außen vor. Gleich legst du dich hin und tauchst ein in die unendliche Stille. In den Klang des Universums. In die Planetentöne. Dort hörst du mit dem inneren Ohre die Planetentöne, die dich nicht stressen, sondern entspannen und mit auf die Reise nehmen.

Am Morgen wachst du auf aus dem Reich der Stille und setzt die wieder auf die Bettkante. Du kannst diese Stille mitnehmen in den Tag und den Lärm noch ein wenig auf Abstand halten. Den Augenblick dehnen, wo es um dich herum leise ist. Nicht laut auftreten und mit dem Geschirr klappern nur damit jeder weiß, dass du jetzt aufgestanden bist. Bewege dich leise im Zimmer und leise in der Wohnung. Höre kein Radio und lass dich nicht ablenken von den erwachenden Geräuschen, die von draußen an dein Ohr dringen. Sei leise und in der inneren Stille mit dir. Du beginnst damit auf der Bettkante am Morgen. Dort wird dir die Polarität bewusst, mit der du jeden Tag lebst. Dein Leben zwischen laut und leise.

12. Tag: Bewusst und unbewusst

Bevor du dich hinlegst wirst du wieder für einen kurzen Moment auf der Bettkante sitzen. Was hast du an diesem Tag erlebt? Was hast du gearbeitet und mit wem hast du gesprochen. Was waren deine wichtigsten Gedanken und Impulse. Welche Entscheidungen hast du heute getroffen? Du sitzt auf der Bettkante und dir wird bewusst, dass du ein denkendes Wesen bist. Du hast vieles heute bedacht und durchdacht. Vielleicht hast du heute ein sehr bewusstes Leben geführt. Du musstest abwägen zwischen verschiedenen Möglichkeiten und hast dich für eine davon entschieden. Du hast solche Sätze gesagt wie: „Mir ist gerade bewusst geworden, dass..." „Mir ist bewusst, dass ich dir heute etwas zumute."

Im Licht des Tages kannst du sehen und das Tagesbewusstsein suggeriert dir, dass du ein total bewusstes Wesen bist. Du hast dich auch entschieden, genau jetzt ins Bett zu gehen und dir wird bewusst, dass du gleich in den Schlaf gleiten wirst. Du verlässt die bewusste Welt, in der du deinen Verstand gebrauchst. Du gleitest ab ins Unterbewusstsein. Du wirst gleich vieles sehen, erleben und wahrnehmen. Und nur wenig davon wirst du morgen erinnern. Die Welt in der Nacht bleibt umhüllt von der Dunkelheit und gibt ihr Wissen deinem wachen Tagesbewusstsein nicht preis. Möglicherweise bist du ein Engel der Nacht und am Tag ist dir diese Rolle völlig unbekannt! Leg deine Hand auf dein Herz und werde dir bewusst, dass du das jetzt steuern kannst. Wo genau legst du die Hand hin. Du kannst die Position verändern. Du kannst es für ein paar Sekunden machen oder auch für eine Minute oder mehr.

Gleich lässt du los und dein Körper wird sich auch im Schlaf bewegen. Deine Hände werden autonom etwas machen. Deine Augen werden hin und herwandern und du wirst nicht völlig unbeweglich bleiben. Und morgen, wenn du aufwachst wirst du Zeit brauchen, wieder ins Wachbewusstsein zurückzukehren. Am Morgen wanderst du manchmal zwischen den Welten hin und her. Du erinnerst dich für einen Moment deines Traumes um ihn beim Aufrichten sofort wieder zu vergessen. So zu vergessen, dass nur die Erinnerung bleibt, dass du geträumt hast – ohne das Was! Jeden Tag bewegst du dich zwischen zwei Welten. Die eine gehört eher dem Bewusstsein und die andere dem Unbewussten. Und beide Welten lachen über dich, ständig wirken sie ineinander und durchdringen sich. Sie lassen dich glauben, dass am Tag das Bewusstsein herrscht und in der Nacht das Unbewusste. Du würdest sonst verrückt werden. Auf der Bettkante kannst du dir beider Welten gewahr werden und ihre jeweilige Bedeutung würdigen. Was vermutest du – wo liegt deine Heimat?

13. Tag: Vom Sitzen und liegen

Und wieder sitzt du spät am Abend auf der Bettkante. Heute schaust du auf deine Füße. Sie haben dich den ganzen Tag getragen und tagsüber sind die Fußsohlen mit der Erde verbunden. Fußsohlen und Fußboden. Wenn du stehst siehst du ein wenig aus wie eine aufrechte Säule. Deine Füße tragen das ganze Gewicht. Jetzt sitzt du auf der Bettkante und deine Füße können dir den Tag erzählen im Wechsel von laufen, stehen und sitzen. Immer verbunden mit der Erde. Gleich wirst du dich hinlegen und du wirst spüren, wie deine Füße entlastet werden. Ist dir der Moment vertraut, wo ein wohliger Schauer durch den Körper rieselt wenn du so gerade eben liegst? Ein Seufzen geht durch dich hindurch. Endlich! Darum lege deine Hand auf dein Herz und verbinde dich mit deinen Füßen am anderen Ende deines Körpers. Gleich wirst du liegen!

Hat schon mal jemand untersucht, was im Körper insgesamt passiert, wenn er liegt? Verändert sich der Hormonfluss? Hilft das „Nichtstehen“ beim Einschlafen? Du musst auf jeden Fall nicht mehr auf die Balance achten. Dein Verstand kontrolliert die

Gedanken und deine Füße den Kontakt zur Erde und zum Leben.

Am Morgen wirst du die liegende Position verlassen. Wenn du jetzt sitzt und mit den Fußsohlen die Erde berührst – wie fühlt sich das an? „Endlich wieder Kontakt!“ Oder: „Ich bin noch gar nicht so weit. Es gibt noch einen Rest von Erschöpfung.“ Gleich wirst du stehen und feststellen, dass dein Körper sich schnell daran erinnert, wie Gleichgewicht geht. Von den Füßen aus wird dein System mit Energie versorgt werden. Liegend hast du die ersten zwei Jahre verbracht und liegend wirst du vermutlich sterben. Stehen und sitzen ist nur ein intensives Zwischenstadium.

14. Tag: Von Zeit und Ewigkeit

Es ist dunkel geworden. Du schließt den Tag ab und schaust auf die Uhr. Es wird Zeit, zu Bett zu gehen. Und so sitzt du auf der Bettkante und blickst auf den Wecker. Noch verfolgen deine Augen den Sekundenzeiger und du weißt, dass mit dem Liegen und Schlafen auch dein Bewusstsein für die Zeit verschwinden wird. Die Zeit gehört zum Wachzustand. In der Trance, im Schlaf verschwindet die Zeit einfach. Jetzt auf der Bettkante wird dir bewusst, dass du dich in Raum und Zeit bewegst. Die Zeit sagt dir: Du bist ein Erdenwesen und gehörst dieser Dimension an. Dein Geist lächelt und sagt dir: „Warte ab, bis ich schlafe! Dann verlasse ich diese Dimension und tauche ein in die Ewigkeit. In den zeitlosen Raum des Universums.

So wird die Bettkante zum Bahnsteig und zum Warteraum einer Reise in einen zeitlosen Zustand. Eines Tages wirst du nicht mehr zurückkehren sondern in dieser anderen Dimension bleiben. So kehrst du immer nach ein paar Stunden zurück und erinnerst dich kaum. Wie lange musst du in der andere Dimension verweilen, bis du die Körperlichkeit überwunden hast? Lege deine Hand auf dein Herz und spüre den Herzschlag. Er lässt sich zeitlich messen. Bist du noch aufgeregt oder hat dein Herzschlag sich schon herunterreguliert, so dass du in den Schlaf gleiten kannst.

Morgen früh sitzt du wieder auf der Bettkante und tauchst aus der Ewigkeit auf. Du musst dich erst einmal wieder orientieren. „Wo bin ich denn?“ Vielleicht kommt dir dein Schlafzimmer gar nicht mehr vertraut vor. Gestern warst du noch der Bewohner dieses Raumes. Jetzt gerade bist du ein Gast, dem von Minute zu Minute deutlicher wird, dass er doch der Bewohner ist. Nimm wahr, wie diese Bewegungen in deinem Inneren ablaufen. Wie die Ewigkeit mehr und mehr in den Hintergrund tritt und die Zeit dich wieder hat. Höre das Flüstern der Ewigkeit im Hintergrund. Das Flüstern, das dir sagt: „Bald schon gehörst du mir.“

15. Tag: Vom Verkriechen und Hervorkommen

Und wieder sitzt du zur Nacht auf deiner Bettkante und wirst dich gleich verkriechen unter deine Bettdecke. Du wirst dich zurückziehen von den Menschen, vom Alltag, von der Arbeit und von den Herausforderungen. Ständig will irgendjemand etwas von dir. Du wirst es genießen, dich zu verkriechen. Verletzte Tiere ver-kriechen sich auch in eine Höhle, in einen Schutzraum um zu regenerieren. Dein Verkriechen dient der Regeneration. Alle deine Zellen werden dir danken für diese Zeit. Dein Gefühl der Sicherheit wird vom Hormon Melatonin unterstützt.

Wie eine Nachtbaustelle wird deine Autobahn repariert, damit du morgen wieder loslegen kannst. Vielleicht magst du lieber das Wort „einkuscheln“. Aber es bleibt auf jeden Fall ein Rückzug. Lege deine Hand auf dein Herz. Dein Herz kann sich jetzt unter deiner Hand zurückziehen. Du gibst ihm schon jetzt die Geborgenheit, dass es sich beruhigen kann. Unter der Bettdecke befindet sich dein sicherer Ort. Niemand will dort etwas von dir und niemand wird dich dort angreifen. Du wirst unsichtbar sein.

Dann wirst du am Morgen aufwachen und wieder auf der Bettkante sitzen. Wenn du das machst hast du schon eine wichtige

Entscheidung getroffen. Du bist hervorgekommen. Du hast die Höhle verlassen. Du wirst dich wieder der Welt und den Menschen stellen. Deine Zellen müssen vorübergehend das Reparaturprogramm der Nacht einstellen weil sie respektieren, dass du dich dem Alltag und dem Leben stellst. Du kommst hervor und zeigst dich wieder. „Schaut her, hier bin ich. Ich stelle mich dem Leben. Ich bin bereit!“ Du lebst vom Wechsel des Verkriechens und Auftauchens. In der Bewegung hin und her. Du sitzt auf der Bettkante und wirst dir dessen bewusst. Wer bist du, wenn du dich verkriechst und wer bist du, wenn du wieder hervorkommst.

16. Tag: Vom Tun und Lassen

Du sitzt auf deiner Bettkante und hörst damit auf, etwas zu tun. Den ganzen Tag hast du etwas gemacht. Du hast nachgedacht und gehandelt. Du hast gesprochen und irgendetwas gearbeitet. Gleich wirst du dich hinlegen und nichts mehr tun. Alle Teile deines Körpers bekommen die Erlaubnis, loszulassen. Vielleicht gehört du auch zu den Menschen, die immer hier rufen wenn es etwas zu tun gibt. Du kannst nicht gut nein sagen. Oder etwas treibt dich an. Solange du dich auf deinen Beinen halten kannst machst du etwas. Und jetzt sitzt du auf deine Bettkante und wirst gleich loslassen. Deine Gedanken und den Impuls, mit den Händen etwas zu machen. Spürst du den Automatismus in den Fingern, die ständig in Bewegung sind? Lege deine Hand auf dein Herz und komme dort zur Ruhe. Die Hand muss dort nichts machen. Nur halten.

Morgen früh wirst du aufwachen und wieder auf der Bettkante sitzen. Du hast die ganze Nacht nichts getan. Du hast gelassen. Losgelassen. Bist in die Gelassenheit gegangen. Es gab nichts zu tun. Wie fühlt sich diese Gelassenheit an? Wie lange kannst du das halten? Bist du schon auf dem Sprung? Hast den Kopf voller Pläne für den Tag? Du könntest den Tag voller Taten würzen mit Lassen. Heute lässt du mal das eine oder andere und genießt den Freiraum, der entsteht. Sagen Menschen manchmal zu dir: „Du kannst es nicht lassen!“ In der Nacht kannst du wunderbar lassen. Du machst die Augen zu und lässt machen. Nimm etwas von diesem Modus in deinen neuen Tag!

17. Tag: Von Erschöpfung und Erholung

Du sitzt auf der Bettkante und du spürst in deinen Körper hinein. Bist du eigentlich erholt und brauchst keinen Schlaf? Ist es zu früh oder eher zu spät? Und wenn du dich erschöpft fühlst – welche Art von Erschöpfung fühlst du? Eine erfüllte von befriedigender Arbeit oder eine von der Art, wo du dich wie gerädert fühlst. Du sitzt auf der Bettkante und spürst die Erschöpfung. Die Tagesphase deiner schöpferischen Tätigkeit geht zu Ende. Du kannst dich sehen wie Gott im Buch Genesis. Am Abend blickt Gott zurück auf den Tag, den er gerade erschaffen hat. Und er kommentiert: „Gott sah alles an, was er gemacht hatte: Und siehe, es war sehr gut.“ Ein Schöpfungstag, der zu Ende geht, erschöpft sich. Sozusagen fertig geschöpft. Arbeit erfüllt. Loslassen und ausruhen. Wenn du dort sitzt kann dir bewusst werden, dass du den ganzen Tag umgewandelt hast. Von Gedanken und Gefühlen bis hin zur Tat. Du hast die Welt weiter erschaffen. Setz dich in deine Schöpfung hinein mit der Hand auf dem Herzen. Gleich werden andere Menschen anderswo auf der Welt weiter schöpfen. Du verlässt diesen Kreislauf und tauchst ein in den Kreislauf der Erholung. Du wirst gleich liegen und dir etwas holen. Was möchtest du dir denn gleich im Schlaf holen. Und wie viel möchtest du holen, dass du morgen erholt bist. Gleich tauchst du ab und zapfst eine geheimnisvolle Tankstelle an, die dich mit schöpferischer Energie versorgt, so dass du morgen weitermachen kannst.

Am Morgen sitzt du erholt auf der Bettkante. Hast du bekommen, was du dir erhofft hast? Oder ist dir der Übergang nicht so ganz gelungen. Du hast die geheimnisvolle Energietankstelle der Nacht nicht gefunden und sitzt jetzt gerädert dort. Vielleicht fühlst du dich aber auch wie eine aufgeladene Batterie. Alle Körperzellen sind gut gefüllt und bereit für den Tag. Du steckst voller Tatendrang. Es drängt dich wie von selbst! Du sitzt auf deiner Bettkante und du spürst nach, wie gut dein Akku gefüllt ist. Reicht es für den Tag oder musst du zwischendurch nachtanken? Wenn ja, wie wirst du es machen?

18. Tag: Von Weite und Begrenzung

Auf der Bettkante sitzend lade ich dich ein, für einen Moment die Augen zu schließen. War dein Tag voller Weite? Mit vielen Möglichkeiten? So, dass du auswählen konntest. Oder war es ein Tag voller Grenzen. Ständig standen da Menschen, die dich in die Schranken verwiesen haben. Oder du bist an deinen eigenen Schwächen und Fehlern gescheitert. Fühlte sich dein Tag weit an oder begrenzt. Oder gab es eine Mischung von allem?

Gleich wirst du hinabsinken in den Schlaf. Wenn du die Augen schließt wird es wieder den Bereich zwischen diesen beiden Polen geben. Weite oder Begrenzung. Wenn du eintauchst in deine Traumwelt können sich Traumwelten öffnen. Jede Begrenzung verschwindet und du kannst reisen zwischen allen Universen. Nichts wird dich festhalten. Es könnte so weit werden, dass du dich einsam fühlst oder verloren angesichts von so weiten Ewigkeitsräumen. Oder wirst du abtauchen in eine enge Erdenwelt? Dunkel und stickig wie in einem Sarg! Wie erlebst du deine Tageswelt und wie deine Nacht. Gibt es Unterschiede? Und was magst du mehr? Die Sicherheit der Begrenzung oder eher die Freiheit der Weite? Lege deine Hand auf dein Herz und spüre an diesem Ort, dass du zu beiden Welten gehörst. Dein Herz, dass beschützt in deinem Körper liegt und dein spirituelles Herz, dass sich verbinden kann mit allem, was ist.

Und morgen sitzt du wieder auf der Bettkante und spürst nach, wie weit oder begrenzt deine Nacht war und mit welchen „Spätfolgen" du da jetzt sitzt. Hast du ein Bedürfnis nach Sicherheit oder den Wunsch nach Weite? Mehr von dem aus der Nacht oder lieber genau das Gegenteil? Du wirst diese Polarität nicht auflösen können zur einen oder zur anderen Seite hin. Du wirst dazwischen wandern und dir beide Gebiete zur Heimat machen.

19. Tag: Von Körper, Geist und Seele

Du sitzt zum Beginn deiner Nacht auf der Bettkante und spürst deine Körperlichkeit. Du sitzt zum Teil auf dem weichen Bett und vielleicht auch auf einer harten Holzkante. Je nach dem ist dir eher warm oder kalt. Du wirst dir deiner Körperlichkeit bewusst und empfindest es als angenehm oder unangenehm. Zugleich denkst du etwas. Schade, dass es schon so spät ist. Oder: Der Tag war in Ordnung und morgen muss ich zuerst dies oder das machen. Dein Körper und dein Geist befinden sich vielleicht auch in einem Dialog miteinander. Sie sind es den ganzen Tag gewöhnt, miteinander umzugehen. Manchmal friedlich und oft auch im Streit miteinander. Wenn du dich wie „beseelt" fühlst weißt du, dass es noch etwas anderes gibt. Während du Körper und Geist wie ein Werkzeug begreifen kannst ist die Seele näher an deinem Herzen. Du findest sie darin, dass sie seufzt, dass sie dahinschmilzt. Dass sie weit wird. Es kann sein, dass sie eigentlich du bist. Du bist die Seele, die in einem geistvollen Körper wohnt. Tagsüber tritt sie manchmal in den Hintergrund, wenn Körper und Geist ihre „Gefecht" und Befindlichkeiten ausdrücken.

Jetzt auf der Bettkante wird es gleich wieder den Übergang geben zur Nacht. Die Prioritäten werden sich verschieben. Körper und Geist werden gleich in den Hintergrund treten. Du kannst dir vorstellen, dass du sie bettest wie ein Zwillingspaar. Wenn sie zur Ruhe kommen und loslassen, wird alles in dir sich entspannen. Dann beginnt die eigentliche Zeit deiner Seele. Sie kann sich befreien und wird in ihrem Element sein. Wenn du morgen aufwachst übernehmen sofort dein Geist und der Körper wieder das Regiment. Die Seele wird leise und tritt in den Hintergrund. Sie rangelt nicht mit Körper und Geist weil es nicht ihrem Wesen entspricht. Leg deine Hand auf dein Herz und beginne damit, Körper und Geist in die Ruhe zu führen. Du entscheidest über diesen Zeitpunkt! Da gibt es ein „Ich" in dir, dass das steuern und entscheiden kann. „Kommt zur Ruhe mein Körper und Geist und gib der Seele ihren Raum."

Du wachst am Morgen auf und setzt dich nicht sofort auf die Bettkante. Spür deiner Seele nach bevor Körper und Geist von dir Besitz ergreifen. Wo kommt deine Seele gerade her? Was möchte sie dir flüstern für den Tag. Sie hat eine wichtige Botschaft für dich aus dem Bereich der Nacht. Ihre Worte sind immer wohlwollend und wegweisend. Ihre Ideen haben immer etwas Göttliches und Verbindendes. Du sitzt auf der Bettkante und gehst mit deinem „Seelenwort“ in den Tag. Mit diesem Seelenwort „tränkst“ du deinen Körper und deinen Geist. Was flüstert dir deine Seele? „Du bist liebenswert!“

20. Tag: Wirklichkeit und Traum

Du sitzt auf der Bettkante am Ende des Tages und befühlst mit den Händen deinen Körper. Das ist deine Wirklichkeit. Du bist Körper. In deinem Inneren kannst du deine Speisereste finden oder das, was der Körper davon verarbeitet hat. Du könntest es medizinisch untersuchen lassen. Du siehst die Struktur deines menschlichen Körpers und die Formen deiner Umgebung. Ein Schrank, ein Bett, eine Lampe und ein Nachttischschränkchen. Deine Wirklichkeit kannst du anfassen und begreifen. Das alles hältst du für absolut wirklich. Wirklich ist das, was du materiell wiegen und messen kannst. Lege deine Hand auf dein Herz und spüre diese körperliche Wirklichkeit. Ja, das bist du. Du bist ein Mensch mit Haut und Haar und aus Fleisch und Blut. Für diesen Moment ist das noch so.

Aber gleich, in wenigen Augenblicken wird sich diese unverbrüchliche Wirklichkeit in Nichts auflösen. Als ob sie nie gegolten hätte. Gleich sinkst du ein in eine anders gestrickte Wirklichkeit. In deine Traumwelt. Dein jetziger Geisteszustand entlarvt es als „Das ist ja nur ein Traum!“ Und hält es für Phantasie. Für nicht wirklich wie die Welt der materiellen Dinge. So denkst du aber nur im Wachbewusstsein. Gleich, wenn du liegst wirst du zum Herrschaftsbereich der Träume und Phantasien gehören. Sie lachen deine körperliche Wirklichkeit aus. Sie halten sich für wirklicher und wirksamer. Ohne Anstrengung und Kraft erschaffst du gleich ganze Universen. Du wirst im Schlaf zum göttlichen Wesen. Und wenn du aufwachst hältst das ganze nur für einen Traum den du nicht festhalten und in die Tageswirklichkeit mitnehmen kannst.

Am Morgen sitzt du wieder auf der Bettkante und bist voller Traumwelt. Wie schnell wird sie sich verflüchtigen? Auflösen? Kannst du sie halten? Kannst du im Tagesbewusstsein deine Traumwelt reaktivieren? Und was geschieht mit der Nachtwelt, die du gerade verlassen hast. Existiert sie unabhängig von dir oder muss sie einen Tag warten bis du wiederkommst? Gleich hat dich der Alltag wieder und behauptet von sich wirklich zu sein. Wirklicher als jeder Traum. Wem glaubst du? Und wer hält diese beiden Teile zusammen? Wer ist das ich dahinter, das beides erleben kann?

21. Tag: Einatmen und ausatmen

Du sitzt auf deiner Bettkante am Ende des Tages und nimmst deinen Atem wahr. Du atmest ein und du atmest aus. Mit jedem Atemzug bewegst du dich zwischen zwei Welten. Der Welt des Aufnehmens und der Welt des Abgebens. Du nimmst Sauerstoff auf und gibst Kohlendioxid ab. Mit dem Einatmen betonst du den Aspekt von Anspannung und Aufgabenbewältigung. Mit dem Ausatmen betonst du die Entspannung und das Loslassen. Wenn du jetzt auf der Bettkante sitzt kannst du ja mal nachspüren, welchen Teil des Atmens du mit deiner Tagesaktivität eher verbindest. Bist du primäre ein Einatmer oder ein Ausatmer. Auch wenn du beide Teile regemäßig machst, wirst du eine Tendenz spüren. Vielleicht entspricht der Tag an sich mehr dem Einatmen und die Nacht dem Ausatmen. Wenn du stirbst wirst du immer mehr ausatmen und immer seltener einatmen. Mit dem abnehmenden Atmen verlässt du mehr und mehr die quirlige und lebendige Welt und gleitest hinein in das Reich der Nacht.

Wenn du dich gleich hinlegst kannst du ja deine Aufmerksamkeit einmal bewusst auf das Ausatmen legen und mit jedem Ausatmen Gedanken loslassen und Körperanspannungen loslassen. Mit den Atembewegungen unterstützt du deinen Weg in den Schlaf. Lege wieder deine Hand auf dein Herz und spüre, wie unter deiner Hand der Atem fließt bis tief in den Bauchraum hinein. Du wirst vitalisiert und du lässt los und du kannst es gleichmäßig machen. Alle deine Gedanken und dein Körperzustand bringst du mit dem Atmen in einen Fluss.

Wenn du morgen aufwachst wirst du wieder auf der Bettkante sitzen. Beobachte einmal den Atem jetzt. Geht er gleichmäßiger? Fühlt es sich entspannte an? Holst du schon tief Luft und atmest schnell, damit du mit genügend Sauerstoff versorgt wirst und dein Körper seine Aufgaben übernehmen kann? Unterscheidet sich dein Atem jetzt vom Atem am Vorabend? Mit deinem bewussten Atem kannst du deinen Körper und deinen Geist steuern. Du kannst hektisch werden oder tiefenentspannt in den Tag gehen.

22. Tag: Arbeiten und beten

Da gibt es einen alten Grundsatz der Mönche, der davon spricht, wie wichtig der Wechsel von Gebet und Arbeit ist. Von Aktivität und Passivität. Von Sympathikus und Parasympathikus. Die Benediktiner leben nach der Regel: Ora et labora. Bete und arbeite. In diesem gesunden Wechsel bekommen Körper, Geist und Seele das, was sie brauchen.

Du sitzt am Abend auf der Bettkante und spürst, wie die Arbeit in deinen Knochen hängt. An deinem Körperzustand kannst du ablesen, dass du ein arbeitendes Wesen bist. Gleich wirst du liegen und die Arbeit für diesen Tag verlassen. Die Nacht gehört der Stille und der Kontemplation. Du wirst im Schlaf nicht bewusst beten oder kontemplieren können. Aber du bringst dein Gehirn wie bei der Meditation in den Alpha/Thetazustand. Deine Gehirnwellen werden sich verlangsamen und so Traumbotschaften erhalten können. Wenn du jetzt die Hand auf dein Herz legst und deinen Herzensraum dabei beobachtest und zugleich noch deinen Atem wahrnimmst, wirst du müder und müder. Du denkst keinen bestimmten Gedanken sondern nimmst deine Hände wahr und deinen Atem. So bereitest du dich vor auf die Liegephase. Du schaltest mehr und mehr in einen langsameren Gehirnmodus nur durch den Vorgang von Beobachten und Wahrnehmen. Die Mönche würden das dann den „ora“ Zustand nennen.

In der Nacht wirst du diesen Zustand halten können. Den Zustand der Kontemplation. Stelle dir vor, dass du nicht wirklich schläfst, sondern meditierst. Du musst nichts mehr tun. Du darfst sein wie du bist. Der Verurteiler und Kritiker in dir macht auch eine Pause. Dein Planer und dein besorgter Anteil in dir haben ebenfalls nichts zu tun. Nach und nach schickst du alle mit dir ins Bett. Wohlwollend und doch bestimmt.

Am Morgen sitzt du wieder auf deiner Bettkante und beobachtest, wie alle deine Anteile aus der Ruhephase erwachen. Hörst du schon den Kritiker? Meldet sich eine andere Stimme? Hörst du auch die Stimme aus der Stille, die dir sagt: Sei entspannt! Es gibt nichts zu tun! Genieße den Tag! Oder findet eine Diskussion der Stimmen in dir statt? So dass es dich mit Riesenschritten ins Wachbewusstsein bringt: Auf, an die Arbeit! Widersteh diesem Szenario nur für einen Moment. Und schon bekommt der kontemplative Teil in dir eine kleine Chance.

23. Tag: Essen und fasten

Zur Gestaltung des Tages gehören Mahlzeiten dazu. Jetzt sitzt du auf der Bettkante und dein Verdauungssystem arbeitet vielleicht noch. Hoffentlich kann dein Körper auch in diesem Bereich gleich in eine Ruhephase hinübergehen. Spüre doch mal in deinen Körper hinein, was sich da gerade tut. Wie satt oder wie hungrig fühlt es sich an? Bist du gesättigt? Gesättigt an Nahrung und gesättigt an Liebe oder an Sinn? Fühlt sich dein Tag satt an? Wenn du kein Mangelgefühl hast, gibt es nichts nachzuholen und nichts zu vermissen. Wer satt ist, ist satt. Und kann loslassen, es sei denn, du bist übersatt. Lege deine Hand auf dein Herz und spüre die Sättigung. Lass dich in dieses Gefühl hineinsinken. Es gibt nichts weiter zu tun und nichts nachzuholen.

Gleich, wenn du dich hinlegst, gehst du in eine Nachtphase des Fastens. Dein Körper wird keine Nahrung aufnehmen und du wirst trotzdem keinen Mangel haben. Du wirst keine Gelüste haben und musst nichts suchen. Du wirst dich mit diesen Gedanken gar nicht erst beschäftigen. Du hast eine völlige Pause von jeglichem Essensgedanken. Du wirst in einem Zustand sein, in dem Essen keine Bedeutung hat. Du wirst nicht einmal fasten. Fasten würde ja bedeuten, dass du vom Essen her denkst. Fasten heißt dann: Nicht essen! Aber du wirst in einem Zustand der Freiheit sein. Körper und Essen gehören zusammen. Im Traumzustand bewegst du dich jenseits davon.

Am Morgen wirst du wieder auf der Bettkante sitzen. In dir werden Körperprozesse abgeschlossen sein. Es gab eine Pause in der Nahrungsaufnahme und dein Körper brauchte für eine Zeit keinen Nachschub von dir. Jetzt wird er sich gleich wieder melden. „Hallo, mein Mensch, ich brauche was! Müsli oder Brot. Kaffee oder Tee!“ Damit taucht dann das vertraute Gefühl des Tages auf. Du bist ein bedürftiges Wesen nach Nahrung, Sinn und Liebe. Wenn du jetzt aufstehst könntest du die Erinnerung der Nacht mit auf den Weg nehmen. Das bist du nämlich auch: Ein menschliches und göttliches Wesen jenseits von Bedürftigkeit. Und du kannst mit beiden Identitäten gleichzeitig in den Tag gehen.

24. Tag: Wenn Tag und Nacht sich küssen

In 24 Tagen habe ich dich zum Verweilen auf der Bettkante eingeladen. Dir ist vielleicht klar geworden, dass dieser Ort eine Schwelle ist zwischen zwei Welten. Zwischen zwei Körper- und

Geisteszuständen. Du bist dir dessen nicht immer bewusst, aber das könnte sich jetzt geändert haben. Die linke und die rechte Gehirnhälfte scheinen nicht immer gut gemeinsam zu funktionieren. Wir sind oft stärker in dem einen oder in dem anderen Bereich. Durch bestimmte Überkreuzübungen kannst du die Verbindung zwischen den beiden Gehirnhälften stärken und dich so ganzheitlicher erleben.

Du kannst die Bettkante zu einem Ort machen, an dem der Tag und die Nacht sich küssen. Du baust eine Brücke zwischen beiden Welten, so dass sie sich durchdringen können. Du nimmst die Nachterfahrungen mit in den Tag und die Tageserlebnisse mit hinein in die Nacht. Wenn du das machst, werden sich Bereich in deinem Leben intensivieren.

Du sitzt auch heute auf der Bettkante und legst deine Hand auf dein Herz. Dieses Ritual wird dir helfen, diese Brücke zu bauen und im Blick zu behalten. In deinem Herzensraum begegnen sich Tag und Nacht. Bewusstes und Unbewusstes. Zeit und Ewigkeit.

Und morgen wirst du aufwachen und wieder auf der Bettkante sitzen. Und du wirst die Erlebnisse der Nacht halten können. Sie werden dir nicht verloren gehen. Sie werden dir am Tag begegnen als Intuition, als Weisheit, Bewusstheit und als Gelassenheitsgefühl.

Dir wird mehr und mehr bewusst, dass du ein multidimensionales Wesen bist, dass mindestens zu zwei Welten gehört, die sich sehr voneinander unterscheiden und sich dennoch gegenseitig beeinflussen. Je bewusster du diese Welten wahrnimmst, desto mehr kannst du gestalten und steuern. Du kennst die unterschiedlichen Gesetze und fühlst dich darin beheimatet. Oft hinkt die Nachtwelt hinterher. Sie ist die unbekannte und unvertraute Welt, die darauf wartet, von dir entdeckt zu werden. An der Schwelle auf der Bettkante beginnt die Reise.

15 Weite deinen Freiraum!

Das Leben kommt mir manchmal vor wie eine ständige Suche nach Heimat und Geborgenheit. Mir gefällt es, von der Herberge zu sprechen, weil es den Aspekt von „bergen“ und Geborgenheit enthält. Als Menschen brauchen wir diesen Teil unbedingt zum Überleben. Nestwärme, Nähe, ein Willkommen, Raum, Platz, Sicherheit. Ich wurde gezeugt und richtete mich im Bauch meiner Mutter ein. Meine Seele fand eine erste Herberge. Leider musste ich diese verlassen, die Hütte wurde zu klein für mich. Ich wurde verstoßen und bekam eine Wiege. Diese stand in einem kalten und viel zu großen Zimmer. Mir kam die erste Erinnerung hoch: Der Bauch deiner Mutter war am Anfang doch auch zugleich fremd und viel zu groß.

Dieses Spiel setzte sich fort. Kindergarten, Schule, eigene Wohnung, Universität. Immer war ich nur vorübergehend an dem jeweiligen Ort. Mal für ein paar Minuten, mal für ein paar Tage und auch mal für ein paar Jahre. Da gibt es das ständige Schwanken in mir. Darf ich bleiben? Wenn ja, wie lange? Ist es sicher hier? Dann richtest du dich ein, fühlst dich wohl und dann? Dann musst du wieder gehen. Immer, wenn es am Schönsten ist. Du musst damit klarkommen, ob du willst oder nicht.

Auch für die Seele ist das eine wichtige Frage. Sie wohnt in einer Herberge, die zugleich mein Körper ist. Ein sehr komplexes, kompetentes und zugleich fragiles Teil. Immer verlangt er nach Aufmerksamkeit. Er möchte geschützt werden vor Wärme und Kälte, vor Nässe und Trockenheit. Manchmal fühlt er sich wohl in seiner Haut, in seiner „Umhüllung“ und manchmal möchte er da einfach nur raus.

Mein Körper, eine Herberge für die Seele. Mein Körper hat die Aufgabe, die Seele zu beherbergen. Die Seele sucht Geborgenheit und bekommt sie auch. Aber es ist nie so ganz sicher! Da gibt es die Krankheiten, die Ängste und Sorgen. Da gibt es die lebensbedrohlichen Zustände, wenn die Geborgenheit aufhört

und die Unsicherheit beginnt. Der Anfang einer möglichen Panikattacke.
Es lohnt sich also, einmal genau hinzuschauen. Die Herbergen zu betrachten. Ich möchte es gerne mit dem Wort „Raum" bedenken. Ein neutrales Wort. Jede Herberge ist zunächst einmal ein Raum mit Länge mal Breite mal Höhe. Der einfachste Raum ist geometrisch gesehen ein Würfel.

Im Gedicht „Stufen" von Hermann Hesse taucht der Vers auf:

„Wir sollen heiter Raum um Raum durchschreiten,
An keinem wie an einer Heimat hängen,..."

Mir gefällt die Idee, mit Hermann Hesse Raum um Raum zu durchschreiten und nach der Qualität des jeweiligen Ortes zu forschen. Ich möchte gerne mit dir unterschiedliche Räume besuchen. Wir werden keinen Raum zur Heimat machen. Aber in jedem Raum wird es Hinweise geben, die für den Seelenweg hilfreich sein können. Die Beschaffenheit und Funktionen der unterschiedlichen Räume werden uns als Hinweise dienen. Nicht jeder Raum ist für alles geschaffen. In welchem Raum dürfen wir bleiben? Wie mögen wir uns dort fühlen? Wäre es gut, nicht zu lange zu verweilen? Betritt mit mir also neugierig den ersten Raum.

Im Vorraum der Ahnungen

Je größer das Haus und je reicher der Besitzer, desto eindrucksvoller der Vorraum. In der einfachen Wohnung ist es der Flur und im Schloss stehst du in der imposanten Eingangshalle. Der Vorraum eines Hauses wirkt auf mich wie die Verlängerung der Haustür. Und zugleich kannst du wie bei der Ouvertüre eines Musikstückes die „Themen" wahrnehmen. Farben, Gegenstände, Atmosphäre, Gerüche, Ordnung, Platz und Sauberkeit erzählen dir ganz viel von den Bewohnern. In den Vorräumen kannst du erahnen, was sich hinter den einzelnen Türen verbirgt. Die Themen stehen fest. Ist alles offen und bist du willkommen? Oder kommst du dir vor wie ein Eindringling, weil alles abgeriegelt und gesichert ist?

Eigentlich gibt es immer den Raum vor dem Raum. Sogar dein eigener Körper besitzt einen Vorraum. Wenn dir jemand zu nahe tritt, gehst du automatisch einen Schritt zurück, auch wenn du noch gar nicht berührt worden bist. Du kannst dich verschließen, indem du die Arme und Hände ineinander verschränkst oder du kannst die Hände ausbreiten mit einer Einladung.
Beobachte doch einmal den Vorraum deines Körpers. Wie weit dehnt er sich aus. Was spürst und merkst du dort? Wie nah darf dir jemand kommen? Wie sicher fühlt es sich an in deinem unmittelbaren Körperumfeld? Wie spiegelt sich der „Vorraum" deines Körpers in deinem Hausflur-Vorraum? Und was kannst du erkennen, wenn du dann auf dein Herz schaust? Die Einladung könnte lauten: Finde das für dich richtige Maß von Nähe und Distanz.

Das ist mein Revier!

Das ist mein Raum! Hier sitze ich! Dieser Platz gehört mir! Wenn du durch deine Wohnung gehst und allein wohnst, dann wirst du feststellen, dass die ganze Wohnung dein Revier ist. Da kannst du atmen, wohnen, dich ausdrücken, sicher sein!
Wenn du deine Wohnung teilst mit anderen Menschen hast du in der Regel auch dein Revier. Dein Bett, deine Schubladen, dein Kleiderhaken, dein Stuhl bei den Mahlzeiten. Die Plätze verteilen sich. Je kleiner der Wohnraum, desto kleiner dein Revier, dein eigener Raum!
Auch in einem Zeltlager wird jedes Kind seinen Raum finden. Die eigene Matratze und der Koffer! Manchmal müssen wir um unseren Raum kämpfen oder wir müssen ihn teilen. Dein eigenes Revier gibt dir Sicherheit und bestätigt dich in der

Existenzberechtigung. Ist dein Raum groß genug? Freundlich? Fühlst du dich wohl dort? Möchtest du ihn erweitern oder verkleinern? Wohnst du vielleicht in einem Revier, das dir viel zu groß geworden ist? Nimm einfach mal deinen Raum und dein Revier wahr und spüre hinein ob er stimmig ist!

Dasein im Spielraum

Haben wir noch etwas Spielraum? Die Zeit drängt! Der Stress steigt! Das Geld wird knapp! Haben wir noch etwas Spielraum? Es gilt, das Feld der Möglichkeiten auszuschöpfen. Sich nicht sofort zu begrenzen.
Wenn du einatmest gibt es oft noch etwas Spielraum. Selten atmest du restlos ein und wieder aus. Etwas Spielraum nach oben und nach unten. Nicht zu knapp kalkulieren!

Der Spielraum will dir sagen, dass es im Leben Variablen gibt. Nicht alles ist festgelegt. Gott sei Dank! Oft höre ich aber auch die Worte: „Da geht nichts mehr!“ Wir sind am Limit angekommen. Limit ist die Grenze! Es ist gut, immer ein wenig Spielraum zu lassen!

Denn es gibt die Pflicht und die Kür. Da muss etwas auf der einen Seite und da darf etwas sein auf der anderen Seite. Die Kleidung muss deinen Körper bedecken, aber der Spielraum lässt zu, dass du dich bewegen kannst. Je mehr Spielraum, desto mehr Bewegungsmöglichkeiten.
Gefällt dir nicht auch die Vorstellung, dass es im Leben Räume gibt, in denen du spielen kannst. Auch noch als Erwachsener! Wenn du spielst, vergisst du deine Sorgen und gehst ins Sein. Du darfst das Leben spielen und musst es nicht bestehen. Ist dein Spielraum groß genug? Kannst du ihn gut für dich nutzen? Magst du spielen?

Übergänge – Dasein im Zwischenraum

Zwischen den Stühlen sitzen. Zwischendurch etwas machen. Mal eben etwas erledigen zwischen zwei wichtigen Terminen.
Im Haus und in der Wohnung gibt es auch manchmal Zwischenräume. Der Raum zwischen zwei Räumen. Einbauschränke, Platz für die Dämmung, der Platz in der Tür, wo es keine Mauer gibt... Rechne einmal den Reichtum deiner Zwischenräume aus!

Der Zwischenraum ist ein „mal eben“. Mal eben noch dieses tun. Mal eben noch eine Schnitte Brot essen im Stehen. Mal eben noch auf die Toilette gehen! Mal eben noch zum Briefkasten laufen. Mal eben noch Brötchen kaufen. Mal eben noch! Zwischenraum! Wie sähe dein Leben ohne Zwischenräume aus? Da kannst du abschalten, umschalten, loslassen und dich neu orientieren. Du kannst dich auf den Wechsel einstellen und den Raum für dich zusätzlich nutzen.
Rechne einmal aus, wie groß deine zeitlichen Zwischenräume sind. Was machst du da? Kannst du dich im Zwischenraum auch einfach mal hinsetzten und tief atmen? Wenn du das machst wirst du feststellen, dass es da auch einen Zwischenraum gibt. Du atmest ein – Pause – du atmest aus. Und dann gibt es da noch die Überraschung, das Unerwartete, die Begegnungen.

Die Kunst des Räumens!

Einmal nicht Raum als Substantiv, sondern als Verb. Wir räumen! Wenn wir räumen, dann sortieren wir die Gegenstände des Raumes. Wir fügen ein. Wir entfernen. Wir sortieren um. Wir gestalten den Raum.
Räumen ist die Art und Weise mit dem Raum umzugehen oder im Raum da zu sein. Wir füllen auf, wir schaffen Platz. Die Kunst des Räumens besteht darin, mich auszudrückendem. So bin auf dieser Welt. So sieht meine Weltordnung aus. Du wirst dir deines Raumes bewusst. Nimm einmal deine Wohnräume bewusst

wahr. Vielleicht möchtest du ein wenig räumen? Raum gestalten? Räume den Tisch ein wenig nach links oder nach rechts. Mehr in die Mitte oder mehr an den Rand. Räume die Sachen in den Schränken. Räume chaotisch oder räume mehr sortiert. Räume die Bilder an deiner Wand. Räume auch mal ein wenig schräg! Kannst du es aushalten?

Bei dem Verb „räumen" denken wir oft an „aufräumen". Als wir Kinder waren haben uns die Eltern genervt. „Räum auf!" Dann haben wir wieder unsere Kinder genervt als Erwachsene: „Räum auf!" Dabei könnte räumen sehr lustvoll sein! Räumen ist letztlich ein schöpferischer Prozess. Räumen schafft Räume! Am Anfang schuf Gott den Himmel und die Erde. Die Erde war wüst und leer. Dann räumte er auf, indem er das Licht von der Finsternis schied.

Wie räumst du? Wie ist das Thema für dich besetzt? Magst du räumen? Lustvoll? Oder mit nervigen Erinnerungen an die Kindheit. Vielleicht ist es gut, für Neues ein wenig Platz zu schaffen und dafür umzuräumen.

Raumwunder – Wunderräume

Manche Häuser werden verkauft als Raumwunder. Die Maße sind bescheiden, aber so gestaltet wie ein Palast. Gut durchdacht und jeder Fleck wird ausgenutzt. Man wundert sich eben, wie viel Raum es gibt. Meine Festplatte ist auch ein Raumwunder. So viele Informationen auf so engem Raum!
Die Kombination macht es! Raum und Wunder – Wunder und Raum! Ein Raumwunder übersetzt heißt: Es scheint klein, aber am Ende ist es größer als gedacht. Ein Wunderraum: Ein Raum, in dem Wunder geschehen.
Kennst du Räume, in denen Wunder geschehen? Gibt es im Krankenhaus Wunderräume? In einer Arztpraxis? In einer Schul-

klasse? In einer Kirche? Bei dir in deiner Wohnung? In deinem Herzen? Räume, in denen Wunder geschehen. Das wünsche ich mir!
Stell dir vor, dass du nach Hause kommst und in einem deiner Räume ist ein Wunder geschehen. Du siehst es nicht, aber du spürst es. Da ist ein Wunder passiert. Der Raum hat eine andere Ausstrahlung! Vielleicht befriedet es dein Herz und dir wird ganz leicht. Du fühlst dich wie ein Engel. Du bist ein Engel in einem Wunderraum. Meinst du, dass du heute einen von deinen Räumen „bewundern" kannst? Wie mit einem Zauberstab? Vielleicht bewunderst du zunächst dein Herz und verwandelst es in einen Wunderraum. Das wäre ein wirkliches Raumwunder! Was da nicht alles so reinpasst – in unser Herz!

Deine Seele als Werkstatt eines Raumausstatters

Da liegen Tücher! Da gibt es Stoffe! Kissen, Kerzenständer und Decken. Viel Tuch! Für die Möbel, für den Tisch, für die Wand und für das Fenster. Ein Mensch, der Räume ausstattet. Es gibt Ausstatter und Bestatter. Das darf man nicht verwechseln. Der Bestatter gibt sich mit einer Holzkiste zufrieden und stattet sie aus um sie anschließend zu versenken. Ein Ausstatter verziert, verschönert, sorgt für das Wohlbefinden.
Ich habe mal mit einem Raumausstatter gesprochen. Der erzählte mir, dass er sofort sieht und weiß, was ein Mensch möchte, wenn er zu ihm kommt. Er sieht den Menschen und weiß, was zu ihm passt. Vielleicht ist der Stoff im Wohnraum die Ausdehnung der Kleidung. Kleidung für die Haut und Kleidung für den Raum.
In meinem Studienjahr in Spanien ist mir ein Unterschied aufgefallen. Dort waren die Räume nicht wirklich gestaltet oder großzügig ausgestattet. Die Möbel hatten Flair, aber es fehlte die Ausstattung. Die war eher sparsam. Wenn ich heute in manche Wohnzimmer komme, dann könnte ich mich gut ausziehen. Es

wäre noch genug Kleidung übrig. Hier eine Decke, dort ein Teppich und da eine Decke.
Wie hast du deine Räume ausgestattet? Bist du ein Gestalter? Eine Gestalterin? Hast du Freude daran? Geht es dir auch so, dass du manchmal einen Raum betrittst und denkst: Too much!
Ich stelle mir Gott vor wie einen Raumausstatter. Er hat die Schöpfung gestaltet mit Flora und Fauna, mit Wind und Sonne und vor allem mit Farben. Mit vielen bunten Farben. In allen Schattierungen. Und ich bin eines seiner bunten Tücher. Ich darf es genießen und ein wenig mit weben und dekorieren. Ich bin eben auch ein Raumausstatter! Und du?

Der Ort hinter dem Raumteiler

Ich hatte mal einen Raumteiler. Selbstgeknüpft, Makramee! Dieser Raumteiler grenzte das Waschbecken vom Rest des Zimmers ab. Ich wollte es nicht direkt in meinem Wohnraum haben. Auf diese Weise bastelte ich mir zwei Räume. Einen Wohnraum und ein Badezimmer! Der Raumteiler teilt den Raum in mehrere Teile. Hinter dem Raumteiler kann ich mich umziehen oder etwas verstecken. Ich kann etwas unsichtbar machen für meine Augen oder für die Augen der Besucher. Praktisch!
Alle Räume sind eigentlich aufgeteilt. Ein Tisch kann einen Raum teilen, ein Sofa und auch der Fernseher. Wenn ich mich mitten in den Raum stelle, dann werde ich selbst zum Raumteiler. Ich strecke meine Hände aus und habe jetzt einen Raum vor mir und einen Raum hinter mir.
Ich kann mich auch einüben ins Raumteilen. Dann teile ich nicht mehr den Raum in zwei Teile, dann teile ich meinen Raum mit einem anderen Menschen. Dann bewohne ich nicht mehr meinen Raum exklusiv, sondern ich teile! Diese Art des Raumteilens mag ich sehr!
Betrachte doch einmal deine Räume unter dem Aspekt des Teilens! Welche Räume teilst du gerne? Welche teilst du jedoch ab, um sie unsichtbar zu machen? Welche Falten versteckst du

hinter dem Raumteiler Schminke? Wen lädst du hinter deinen Raumteiler ein um ein wenig Raum zu teilen?

Mit dem Raumschiff durch die Galaxis

Die Erde ist unser Wohnraum. Wir sind körperlich auf diesen Raum beschränkt. Wir können hier zwar die Räume wechseln, innerhalb der Wohnung oder von Haus zu Haus. Wir können auch in eine andere Wohnung fliegen. Aber es werden immer Räume auf dieser Erde sein.
Aber in unserer Phantasie sind wir in der Lage, das Raumschiff zu besteigen und einen Ausflug in die Galaxis zu machen. Wir können uns von der Erde entfernen und wie bei Raumschiff Enterprise ferne Welten besuchen.
Im Science Fiction können wir uns vorstellen, dass es andere Wesen auf anderen Planeten gibt, die andere Werte haben. Die nach anderen Vorstellungen und Bedingungen leben. Für uns fremd und vielleicht auch bedrohlich, bisweilen sogar abstoßend bis ekelerregend.
Unser Leben findet in der Komfortzone statt. Ein Leben in einer afrikanischen Hütte oder einer luxuriösen Villa in Amerika wären immer noch ähnlich im Verhältnis zum Leben auf einem anderen Planeten. Aber erst wenn wir unsere Komfortzone deutlich verlassen merken wir den Unterschied.
Setz dich doch einfach mit in deiner Phantasie in ein Raumschiff und verlasse diese Erde. Was wirst du vermissen? Woran hängst du? Wo wird dir deutlich, dass du ganz gerne da bist, wo du bist?
Wir Menschen sind nur vorübergehend auf dieser Erde. Wir sind Gäste! Nach diesem Leben werden wir uns in ein irgendwie geartetes „Raumschiff“ bewegen und körperlos diese Dimension verlassen.

Die Raumbeleuchtung muss stimmen

Stell dir vor, dass du eine Ausstellung besuchst. Alle Bilder des Künstlers werden angestrahlt. So kannst du jedes Detail sehen. Dann gibt es ein kleines Bild, das nicht beleuchtet ist. Das sich also in der Dunkelheit befindet. Du würdest dir sicher deine Gedanken dazu machen. Da stimmt doch was nicht! Warum ausgerechnet dieses Bild im Verborgenen? Vielleicht würdest du denken, dass da ein Konzept und eine Idee hinter stecken muss. Du würdest alle erleuchteten Bilder ignorieren und dich dem kleinen Bild in der Dunkelheit zuwenden. Das Verbergen macht das Bild interessant.

Du kannst in einem Raum Betonung hineinbringen, indem du Licht hineinfallen lässt. Du richtest dein Licht dahin, wo du etwas sehen möchtest. Andere Teile des Raumes bleiben im Dunkel. Damit entscheidest du, was sichtbar und betont werden möchte und was besser im Verborgenen bleibt. Einen Fleck an der Tapete würdest du so vielleicht eher verbergen.

Vor ein paar Tagen habe ich das Sofa im Wohnzimmer von der Wand abgezogen. Im Verborgenen konnten die Spinnen ihre Netze unbemerkt knüpfen. Leider kann ich nicht den ganzen Raum beleuchten. Es bleiben Ecken und es entstehen Schatten, wenn das Licht irgendwo hin fällt.

Jetzt könnte ich auch einmal nach meiner inneren Raumbeleuchtung fragen. Wenn du eine Lampe in dein Inneres hältst: Was möchtest du gerne ins Licht stellen? Welche Seiten ließest du lieber im Verborgenen? Hast du ein Raumbeleuchtungskonzept oder überlässt du das dem Zufall oder gibst deinem Unterbewusstsein die Verantwortung? Wenn du um besonders abgelehnte Schattenseiten in dir weißt könntest du ja auf die Idee kommen, dein Licht extra auf die Sonnenseiten deines Charakters zu richten. „So möchte ich, dass die Menschen mich wahrnehmen und sehen! Meine Schokoladenseite!“

Vielleicht täte deinem Lichtkonzept der Blick auf den Schatten gut. Dann können die inneren Spinnennetze auch mal aufgeräumt und entfernt werden.

Sich orientieren mit dem Raumbelegungsplan

Fahre ich in ein Seminarhaus gibt es dort einen Raumbelegungsplan. In dem Raum darf ich schlafen, dort ist der Speisesaal, und woanders finden Kleingruppentreffen statt und in einem anderen Raum trifft sich die Großgruppe. Der Raumbelegungsplan koordiniert die Wünsche und Bedürfnisse aller Menschen und Gruppen an einem bestimmten Ort.

Ich habe einmal eine Raumbelegungsplanerin getroffen. Die war gut organisiert! Die hatte den Überblick! Sie kannte die Namen der Teilnehmer, der Gruppen, die Größe und Ausstattung der Räume. Sie war vertraut mit allen Ressourcen. Bei ihr liefen alle Fäden zusammen. Ohne sie gäbe es in dem Seminarhaus ein Chaos. Niemand würde mehr seine Gruppe finden. Räume wären zu groß oder zu klein für die Gruppe. Ein Blick auf den Raumbelegungsplan und jeder weiß: Das passt!

Genau darum geht es! Es muss passen! Alles ergibt einen Sinn und fügt sich wie ein Puzzle zusammen. Ich als Teilnehmer kann die verborgene Ordnung oft nicht erkennen. Das System durchschaue ich nicht. Mir reicht auch aus zu wissen, wo mein Zimmer ist und in welchem Raum ich jetzt meine Gruppe treffe. Als Teilnehmer benötige ich nicht den Überblick.

Für dein Leben kannst auch manchmal einen Raumbelegungsplan gebrauchen. Wenn dir der Überblick verloren geht und wenn du dich verlierst in den Details und in den Nebensächlichkeiten. Es ist gut, ab und zu einen Schritt zurückzutreten und sich den Plan von oben oder außen anzuschauen. Dann bist du schnell wieder orientiert. Zu viel Plan ist aber auch nicht gut.

Dann bist du weg vom Geschehen. Raumbelegungsplaner befinden sich oft außen vor und sind selten mitten drin. Sie bleiben Zuschauer und sind keine Mitspieler. Eine gute Mischung macht es aus. Einen Plan haben und mitten drin sein im Spiel.

Wie die Raumluft dein Wohlbefinden beeinflusst

Die Luft ist dicke! Du betrittst einen Raum und spürst die Auswirkungen eines Konfliktes. Da muss es gebrodelt haben! Die Personen sind nicht mehr dort. Du konntest den Konflikt nicht verfolgen und du kennst nicht den Inhalt. Aber du spürst ihn deutlich! Liegt das an der Raumluft? Wann ja, welcher Teil deines Systems kann die Luft erkennen und ihr eine Bedeutung geben? Wie gelangt diese Information zu dir?
Du betrittst einen Raum und es übertragen sich Gefühle. In der Luft müssen sich Informationen befinden. Für deine Augen unsichtbar. Für deine Ohren nicht hörbar. Deine üblichen Sinne versagen! Sie können ja auch nicht die Wellen wahrnehmen, die von Handy und Co. ausgelöst werden.
Dann gibt es Gott sei Dank noch die Raumluft, die du gut zuordnen kannst. Der Duft von Kerzen, Brot oder Kräutern. Die frische Brise am Meer und der typische Geruch der Toskana oder des Hochgebirges. Die Luft beeinflusst dein Wohlbefinden. Das geschieht automatisch. Du kannst einen Menschen riechen und der Geruch gefällt dir und schenkt dir Wohlbefinden. Oder er warnt dich und löst in dir Alarm aus.
Es gibt Dufträume in denen sich dein ganzer Körper entspannt. Automatisch! Das machst du nicht über das Denken. Wandere doch einmal durch deine Wohnung und schalte nur deine Nase ein. Stell dich mitten in einen Raum und öffne weit deine Nasenflügel. Was kannst du wahrnehmen? Was erzählt deine Nase und was nimmst du darüber hinaus wahr? Duftet es nach Verständnis und Wohlwollen? Riecht es nach Stress und Angst? Wie kannst du deine Raumluft ein wenig duftiger machen – mit und vor allem ohne Hilfsmittel, rein mental!

Nur keine Räumungsklage

Da bist du angekommen. Du hast einen Raum besetzt. Da stehen deine Möbel. Da hängen deine Bilder an der Wand. Du hast dich eingerichtet und du fühlst dich wohl. Dein Wohnraum ist dir zur zweiten Haut geworden. Leider wohnst du zur Miete.
Da kommt der Besitzer und will dich heraus haben. Du möchtest nicht gehen und es kommt zu einer Räumungsklage. Da will jemand, dass du gehst. Das Gericht entscheidet sich gegen dich. Dein „Wohlbefinden" zählt dort nicht. Die Wohnung gehört dir nicht und du bist lediglich ein „Gast" auf Zeit.
Du könntest jetzt sagen: „Das ist das Schicksal eines Mieters. Du bist nie wirklich sicher. Wenn du gehen musst dann musst du gehen. Freiwillig oder mit Klage!" Dennoch möchte ich gerne für einen Moment bei dem Gefühl verweilen wenn ich das Wort Räumungsklage höre.
Da nimmt dir jemand etwas weg. Du hast es geliebt. Dein Herz hängt daran. Du gehst nicht freiwillig. Der Gedanke allein schmerzt dich. Du fühlst dich heimatlos. Der Boden wird dir unter den Füßen entzogen. Du musst! Wenn du nicht dein inneres Einverständnis gibst bekommst du neben der Klage auch noch Depressionen. Du zahlst einen doppelten Preis. Du verlierst deine Heimat und hast zusätzlich ein Gefühl von tiefer Trauer.
Darum ist es gut, neben dem Wohnort für den Körper sich einen Ort zu schaffen mit lebenslangem Wohnrecht. Die Seele verankert sich dafür in den göttlichen Bereich. Es ist gut zu wissen, dass Räumungsklagen sich nur auf diese eine irdische Wohnung beziehen und nicht auf die innere Verankerung.
Du kannst Opfer sein und eine Klage am Hals haben oder du kannst auch mal selber jemandem eine Räumungsklage ins Haus schicken. Welche Anteile in dir besetzen deinen Geist und gehören da gar nicht hin. Ich denke da vor allem an „Mama" und „Papa" Sätze aus der Kindheit, die immer noch sehr wirksam sind. „Wenn du nicht...!" Schick diese alten Glaubenssätze zu-

rück, wo sie herkommen. Steck sie in einen virtuellen Briefumschlag mit der Anschrift: „An meine Eltern! Ich schicke euch alle „Müssen“ und „Sollen“ - Aufforderungen zurück. Ich brauche meinen Wohnraum für mich und stelle einen Antrag auf Eigenbedarf.“

Putzt du noch oder pflegst du schon Räume

Normalerweise nehme ich Staubsauger, Putzeimer und Lappen in die Hand und wühle mich durch die Wohnung. Es muss halt sein, das Putzen. Regelmäßig! Ich möchte es ja schließlich sauber haben, mich wohl fühlen und bei Gästen einen guten Eindruck hinterlassen.
Hilfreich ist es für mich, in eine entsprechende Putzenergie zu kommen und systematisch von A nach B zu gelangen. Vor allem auf die Ecken und unübersichtlichen Räume achten. Dann Augen auf und durch!
Da kommt mir mein Elternhaus in Erinnerung und das Bestreben meiner Mutter, uns Kinder eifrig abzuschrubben, wenn wir verdreckt vom Spielplatz zurückkehrten. Schrubben, bis die Haut glüht! Heute gehe ich behutsamer mit mir um. Vielleicht war das Putzen früher geprägt davon, allen Bakterien und Kleinlebewesen auf den Leib zu rücken und gnadenlos auszumerzen. Den Staubkörnern in der Wohnung und dem Dreck unter den Fingernägeln den Garaus machen. Dreck darf nicht sein! Den putzen wir weg!

Wie anders klingt das Wort Raumpflege! Wenn ich den Raum pflege, dann bringe ich ihm Achtung entgegen. Ich gestalte ihn so, dass er seine Wirkung entfalten kann. Ich pflege ihn so, dass ich mich darin wohlfühle. Ich pflege meinen Körper, damit er sich wohlfühlt. Das mache ich mit meiner Wohnung und das mache ich mit allen Dingen. Ich bringe den Gegenständen meine Aufmerksamkeit und Achtung entgegen. Sie werden es mir danken und länger leben. Wenn ich aufhöre zu putzen und anfange zu

pflegen mache ich meine Reinigung zu einem Wellnessereignis. Diese Vorstellung gefällt mir. Wellness für die äußeren Räume und meinen menschlichen Körper.
Welche Räume warten auf deine pflegenden Hände? Wo kannst du einmal liebevoll hinschauen und welchen Dingen ein wenig mehr Beachtung schenken?

Ein Raum für die Andacht

Eine Kirche dient der Versammlung von Menschen und ist im tieferen Sinne ein Raum der Andacht. Heute gibt es auch in öffentlichen Gebäuden besondere Stilleräume, wie in Flughäfen und im Berliner Reichstag. Ein Raum, in dem nicht gearbeitet wird. Ein Raum, der keine praktischen Funktionen hat. Dort ist es still. Dort wird nicht gearbeitet.

Im Andachtsraum kann ich meine Gedanken sammeln. In meiner Andacht kann ich meine Aufmerksamkeit auf etwas hinlenken. „Andächtig" lausche ich der Musik. Gibt es in deiner Wohnung einen Raum, wo du andächtig sein kannst?

Ich sehe da zwei Möglichkeiten. Die erste ist ein ganz konkreter Ort, ein Platz. Vielleicht besitzt du sogar ein eigenes Zimmer, das nur dem Schweigen dient. Ein Ort, an dem du dich zurückziehen kannst. Vielleicht bevorzugst du ja eher die Gartenbank draußen und machst die ganze Welt zum Andachtsort. Oder du hast dir eine Nische eingerichtet, mit Bild und Kerze oder einem anderen Gegenstand, der dich in die Andacht führt, in das Sammeln deiner Gedanken und Gefühle.
Die zweite Möglichkeit gefällt mir besonders gut. Dieser Andachtsraum ist mobil und immer und überall einsetzbar. Diesen findest du im Bereich um dein Herz herum. Du kannst stehen, sitzen oder gehen. So wie es dir entspricht. Du schaffst dir durch die innere Stille, durch Affirmationen, Visualisierungen und

Bewusstheit einen Raum in dir und um dich herum. Du triffst die Entscheidung, in deinen Andachtsraum zu gehen und dort zu verweilen. So bist du räumlich unabhängig und kannst die Zeit im Wartezimmer beim Arzt nutzen. Deinen Sessel im Wohnzimmer, die Bahnfahrt, deinen Gang durch die Stadt. Du kannst jeden Ort der Welt zu einem Andachtsraum machen, einem Ort, an dem du deine Gedanken sammelst und aufmerksam bist für das Hier und Jetzt.

Vom Strafraum zum Erlaubnisraum

Bei einem Strafraum handelt es sich um eine Fläche vor dem Tor im Fußballfeld, der genau vermessen und durch Linien gekennzeichnet ist. Dort herrschen andere Regeln als im Rest des Feldes.
Wer diesen Raum nicht beachtet und die Regeln verletzt, wird bestraft. Wenn ich mich im Strafraum aufhalte ist besondere Vorsicht angesagt. Ein Richter hat darum ein besonderes Augenmerk auf diesen Bereich und pfeift, wenn jemand dort die Regeln missachtet.
Das erinnert mich an manche Räume, die durch einen Stacheldrahtzaun eingefasst werden. Atomkraftwerke, tiefe Gruben, Gefängnisse, besondere Hoheitsgebiete. Das Innenleben muss vom Außenleben getrennt werden. Trennende Räume. Wer dort macht was er will muss die Konsequenzen spüren.
Ein Fußballplatz besteht ja nur aus einem einzigen rechteckigen Feld und dennoch zeigen die Linien Trennungen an. Hier wir und da die Gegner – jede Mannschaft mit besonderen Hoheitsgebieten.
Unser menschliches Leben hat durchaus Parallelen im Alltag. Da habe ich auch so etwas wie einen „Strafraum". Komm mir nicht zu nahe, wenn du mir unbekannt bist oder wenn ich dir nicht traue! Respektiere meine körperlichen Grenzen! Manche Menschen sind da großzügig und andere weniger. Für einen gewalttätigen Ehemann kann der Raum um die Wohnung zum

Strafraum werden, wenn ein Richter ihn dazu verurteilt. Schutz der Familienangehörigen!
Es reicht völlig aus, sich eine Linie zu denken. Hier ich und da du! Ich kann die Linie auch ausradieren oder wegdenken. Dann gibt es Verbindung.
Wenn du mir fremd bist und ich dich nicht kenne dann ziehe ich gefühlt um mich herum einen Kreis mit einer Linie, die du nicht überschreiten darfst. Das drücke ich aus mit meinen Augen, mit meinem Körper und mit meinen Gedanken. Dann nehme ich dich wahr und finde dich nett und angenehm. Ich beginne, meine Grenzen durchlässiger zu machen. Du wirst mir immer vertrauter, so dass ich die Linien ausradiere und den Strafraum verwandle in einen Erlaubnisraum. Dieser Prozess zwischen mir und der Welt läuft jeden Tag ab. Oft unbewusst und manchmal sehr entschieden und klar.

Die Schätze aus dem Abstellraum

Es gibt Räume, da stelle ich ab was ich gerade nicht gebrauche oder was ich für den Moment nicht im Blickfeld haben möchte. Ich kann es nicht wegwerfen. Aber jetzt brauche ich es nicht. Dort stelle ich ab, was ich zeitweise benötige. Saisonartikel! Dort stelle ich auch Dinge ab, die nicht schön sind für den Wohnbereich wie Putzeimer und Leiter.
In meiner Kindheit besaßen wir einen ganzen Keller als Abstellraum. Der war sehr beliebt für Strafen! „Ab auf die Kellertreppe!" Dort saßen wir dann und blickten auf Eimer, Kartoffelkiste, Besen und Schubkarre. Wir waren dort für eine Zeit abgestellt. Nicht tauglich für das Familienleben! Nicht richtig! Es war unbestimmt, wann wir zurückkehren durften. Wir wurden eins mit Eimer und Putzlumpen. Nicht beliebt und nicht erwünscht. Aus den Augen, aus dem Sinn.
Heute als Erwachsener liebe ich Abstellräume! Dort kann ich Schätze entdecken, die ich vor Jahren selber dort weggelegt habe. Dort finde ich, was ich vermisse. Ich entdecke Dinge, von

denen ich gar nicht weiß, dass ich sie besitze. Da kann ich Hobbys wiederbeleben, Geschenke finden, Kinder beglücken, Ersatzteile entdecken, ausrangierte Geräte wiederbeleben. Ich finde wichtige Teile meiner eigenen Lebensgeschichte wieder. Die Geschichte der abgelegten Dinge.

In meinem Inneren gibt es auch einen Abstellraum. Dort parke ich die Begegnungen, die mir gut tun und die Kränkungen, die mich nicht loslassen. Da sind alle Erinnerungen in virtuellen Regalen abgelegt, mal offen und mal versteckt. Das ist so eine total bunte Mischung von Willkommen und Ablehnung. Von nützlich und kitschig. Kein Raum erzählt so viel von mir wie mein innerer Abstellraum.

Ich gehe nicht jeden Tag hinein. Die Gefahr besteht, dass es mich ablenkt vom Hier und Jetzt. Oder dass ich eine Ecke erwische, die für mich äußerst schmerzhaft ist. Und dann gibt es auf einmal diesen Impuls. Ich könnte diesen Raum mal wieder besuchen. Welche Schätze verbergen sich dort, die ich mal wieder reaktivieren könnte. Was dürfte mal wieder ans Tageslicht? Was sollte gereinigt und repariert werden? Wem könnte ich etwas davon schenken?

Schau doch einmal in deine inneren und äußeren Abstellräume nach. Nimm dir Zeit. Hole die Dinge ans Licht. Stell sie aus! Verschenke etwas davon! Mach Platz für das Neue!

Bewusstseinserweiterung im Aufwachraum

Du bekommst eine Narkose und wirst operiert. Anschließend wird dein Bett in ein bestimmtes Zimmer geschoben, wo du dich von deiner Narkose erholen kannst. Aufwachen unter Beobachtung. Du befindest dich in einem Raum, der dem Aufwachen bestimmt ist.

Jetzt stell dir einmal vor, dass du nachts schläfst. Am Morgen wachst du auf und dein „Schlafraum“ wird zu einem „Aufwachraum“. Du kennst den Unterschied von schlafen und wachen. Denn nach dem Aufwachen erinnerst du dich daran, dass du ja

vorher geschlafen hast. Das fühlte sich völlig anders an. Im Schlaf warst du dir deines Körpers nicht bewusst. Du weißt nicht, wann und wie oft du dich bewegt hast. Aber du kennst den Unterschied von schlafen und wach sein. Durch das Aufwachen wechselst du vom Schlaf zum Wachzustand.
„Das ist mir nicht neu!“ wirst du jetzt sagen. Das kenne ich! Na und? Das mache ich seit ich lebe. Ich schlafe und ich wache! Dann möchte ich mit dir jetzt einen Schritt weiterdenken. Wen du aufwachst wirst du mit der Zeit immer bewusster. Es gibt eine Übergangphase, die eine Zeit dauert. Vom Dämmern bis hin zu hell wach. Dann denkst du nach einer gewissen Zeit, dass du jetzt wirklich wach und bereit für den Tag bist. Bis du feststellst, dass du eher wie automatisiert herumläufst. Du bist innerlich nicht wirklich wach. Du bist dir nicht deiner selbst bewusst. Du denkst, dass du wach bist, du bist dir vielleicht sogar ganz sicher! Aber wirklich wach bist du nicht!
Du weißt nicht wer du in Wirklichkeit bist! Du hast Ereignisse aus deiner Kindheit verdrängt. Du erinnerst dich nicht an deine Vorleben und hältst diese Idee an sich schon für Spinnerei. Wenn du alle deine Identitäten einmal fortdenkst als da sind: „Ich bin Vater, Mutter, habe einen Beruf, bin ein Familienmitglied, Nachbar, Staatsbürger...“ Durch das Fortdenken deiner Scheinidentitäten besitzt du jetzt keine Identität mehr! Wer bist du dann, wenn du so denkst? Wer ist dieses „Ich“?
Wenn du diese Frage stellst dann kann es geschehen, dass du im Wachsein noch einmal neu aufwachst. Es ist so, als ob ein Groschen fällt. Es gibt ein Aha! Du nimmst wahr, dass es ein vom Körper unabhängiges Bewusstsein gibt. Dieses „Ich“ nimmt sich anders wahr. Dieses „Ich“ ist in der Lage, sich selbst zu beobachten und entschiedener da zu sein.
Meine Eltern wollten vielleicht ein „braves“ Kind. So habe ich mich auf deren Wunsch hin „brav“ entwickelt. Aber das bin nicht ich! Das war das „Wunsch-Ich“ meiner Eltern. Ich war ständig ein „Wunsch-Ich“ anderer Menschen. Jetzt wache ich auf! Jetzt merke ich das erst! Bist du schon wach oder schläfst du noch obwohl du wach bist?

Geheimnisse im Hohlraum

In unserer Wohnung gibt es einige Wandschränke. Jeder Schrank ist letztlich ein Hohlraum, in dem ich etwas einlagern kann. Es ist dort gut geschützt vor Sonnenlicht, Feuchtigkeit, Insekten und Temperaturschwankungen.
In unseren Wandschränken gibt es zusätzliche Hohlräume. Kleine Orte, die niemand vermutet. Löcher in der Wand oder Plätze hinter einer Säule wurden dadurch sinnvoll ausgenutzt. In solchen Hohlräumen kannst du deine Kostbarkeiten verbergen und verstecken. Ersatzschlüssel, Kreditkarten oder Schmuck.
Als Kind habe ich mit Leidenschaft Hohlräume erkundet. Überall habe ich dadurch Höhlen entdeckt. In Bäumen, im Boden, in Mauernischen. Und immer habe ich mir vorgestellt, dass andere Menschen dort ihren Schatz versteckt haben. Eines Tages werde ich einen Schatz in einem Hohlraum finden und damit glücklich sein.
Vielleicht ist diese Vorstellung ein wenig kindlich. Aber es hat etwas Verlockendes. Das Geheimnis im Hohlraum hält deine Neugier wach. Du bleibst lebendig. Du bist noch nicht fertig mit dem Leben. Du vermutest, dass da noch etwas auf dich wartet. Wenn du es gefunden hast, wirst du ganz glücklich sein. Es kribbelt. Es lässt dich lebendig werden. Du kannst es für dich behalten oder mit jemandem teilen.

Vom Zuschauerraum auf die Bühne und zurück

Wenn es einen Zuschauerraum gibt, dann existiert auch eine Bühne. In einem Zuschauerraum versammeln sich die Menschen, die bei einem Schauspiel zuschauen. Die Plätze sind verteilt. Auf der einen Seite wird aktiv etwas gemacht. Auf der anderen Seite schaut man zu. Die eher aktive Seite und die eher passive Seite. Aber beide Seiten bedingen sich gegenseitig. Ohne ein Schauspiel ist der Zuschauerraum ein Raum wie jeder andere. Erst durch die Anwesenheit von Zuschauern erlangt dieser Raum seine Funktion. Das Schauspiel benötigt den Zuschauer, sonst wird es nicht bemerkt. Ein Theaterstück ohne Zuschauer nur eingeschränkt Sinn. Darum ist der Zuschauer ein höchst aktiver Mensch. Er sitzt und richtet seine ganze Aufmerksamkeit auf das Schauspiel.

Manchmal möchtest du vielleicht die Position wechseln. Du möchtest an dem Schauspiel teilnehmen. Weil es dich fesselt? Weil du dir eine andere Handlung wünschst? Weil die Schauspieler ihr Geschäft nicht verstehen? Oder weil du einfach Lust hast und mitspielen möchtest?
Im Leben ist es hilfreich, in beiden Räumen zuhause zu sein. Wenn du zu sehr in deinem Spiel auf der Lebensbühne negativ vertieft bist, kannst du eine Pause machen und in den Zuschauerraum wechseln. Von dort aus kannst du deine Position überdenken und neue Entscheidungen treffen. Wenn du so weit bist wechselst du wieder auf die Spielbühne. Die Entscheidungen kannst du bewusst treffen. Je deutlicher du dich für den entsprechenden Raum entscheidest, desto stimmiger wird sich dein Leben anfühlen.

Verbindung mit dem Herzraum

Es gibt Räume, die wir ständig wie selbstverständlich benutzen. Im Schlaf- und Wohnzimmer halten wir uns auf und sind uns dessen nicht bewusst. Wir gehen in der Regel nicht in das Wohnzimmer und denken: „Jetzt bin ich im Wohnzimmer. Ich spüre nach, wie sich das anfühlt. Ich setze mich hin und entspanne.“ Wir tun es einfach ohne einen Gedanken daran zu verschwenden.
Wir atmen ohne dass wir uns des Atmens bewusst werden. Ich kenne viele Menschen, die ganz erstaunt sind, wenn ich sie auffordere, einmal ihren Atem zu beobachten. Sie wissen nicht, in welche Räume sie hineinatmen. Dann sind sie erstaunt, dass sie

manchmal aufhören zu atmen, vor allem dann, wenn sie Angst haben.
In diese Kategorie der unbewussten Räume gehört auch der Herzraum. Wir spüren unser Herz pochen wenn wir darauf achten. Wir wissen, dass es dieses Organ gibt und wir kennen die Grundfunktionen. Wir nehmen aber selten wahr, dass es dort einen Raum gibt, in dem wir hineinspüren können. Wenn wir denken, dann verorten wir unser Bewusstsein oft oben im Kopf. Wir denken und schauen die Welt mit unseren Augen an. Wir hören mit den Ohren und alle diese Sinnesorgane liegen im Kopf. Darum sind wir mit unserer Aufmerksamkeit dann im Bereich des Kopfes. Von dort aus nehmen wir wahr.
Du kannst jetzt einmal folgendes Experiment machen. Du verabschiedest dich von der Kopfregion in folgender Weise. Du konzentrierst dich mit deinen Augen nicht mehr auf ein bestimmtes Objekt. Du schaust also nicht die Blume oder die Tasse an, sondern du schaust durch alle Dinge hindurch. Du schaust auf einen imaginären Punkt am Horizont und nimmst alles gleichzeitig war. So, als ob du einen glasigen Blick bekommst. Auch deine Ohren richtest du auf alles aus. Du hörst nicht mehr ein einzelnes Geräusch und versuchst, es zu identifizieren. Du wirst ein Gesamthörender und ein Gesamtsehender. Wenn du das machst, dann musst du nicht mehr aufmerksam sein für die Details in deiner Umgebung.
Dann stellst du dir vor, wie du mit Hilfe deiner Imaginationskraft in deinen Herzraum hinunterrutschst. Setze dich neben dein Herz und nimm wahr, was dort geschieht. Nur wahrnehmen und beobachten. Nichts tun! Du brauchst Geduld und es ist hilfreich, dort zu absichtslos zu verweilen. Es wird einen Impuls geben wieder nach oben in den Kopf zu gehen. Das ist deine gewohnte Art, da zu sein. Du kannst dir einen Sessel neben deinem Herzen vorstellen, in dem du Platzt nimmst und es dir gemütlich machst. Nach einer Weile kannst du versuchen, einen Weg in dein Herz hinein zu finden. Was spürst du dort? Was nimmst du wahr? Wie unterscheidet sich deine Wahrnehmung neben dem

Herzen, vom Zentrum des Herzens her und vom Kopf aus gesehen.
Wenn du an einer Besprechung teilnimmst, dann probiere dort einmal diesen Unterschied. Nimm die Menschen vom Herzaum her wahr und dann geh in den Kopf. Was wirst du anders denken, fühlen, spüren oder dann sagen oder ausdrücken. Wann ist es gut, im Kopf zu sein und wann wechselst du besser in dein Herz?
Du wirst nach einer Weile feststellen, dass es unterschiedliche Qualitäten gibt. Verschiedene Betriebssysteme, die du gezielt für deine Bedürfnisse einsetzen kannst. Wohin magst du gehen mit deinem Bewusstsein wenn es um Herzensangelegenheiten geht und wohin, wenn du einen Plan umsetzen möchtest. Wie fühlt sich etwas an und was wäre sinnvoll. Du wirst unterschiedliche Antworten bekommen. Wie machen es die Leute in deiner Umgebung und warum bist du mit bestimmten Menschen in Übereinstimmung und mit anderen in Distanz. Vielleicht bekommst du jetzt auch eine Antwort auf die Frage, warum du dich manchmal nicht gut entscheiden kannst. Du nimmst diese Räume sehr deutlich wahr und die unterschiedlichen Perspektiven und Wirklichkeiten. Hilfreich ist es, zu einer Übereinstimmung zu kommen von Kopf und Herz.

Kraft sammeln im Rückzugsraum

Das Gericht zieht sich zur Beratung zurück. Im „Rückzugsraum" wird alles noch einmal in Ruhe bedacht. Alle Fakten für ein Urteil kommen auf den Tisch. Es wird abgewogen und nach einem gerechten Urteil gesucht.
Du kommst von der Arbeit nach Hause und brauchst etwas Zeit für dich. Du ziehst dich zurück in dein Zimmer oder in eine Ecke des Wohnzimmers und lässt den Tag an dir vorüberziehen. Du bist vielleicht noch aufgeregt. Dein Herz schlägt. Die eine oder andere Begegnung geht dir nicht aus dem Sinn. Du brauchst die Zeit damit du mit Kopf, Herz und Seele wieder ankommen

kannst. Wenn dein System durcheinander gerät braucht es Zeit, sich wieder zu synchronisieren. Dazu braucht es Zeit und Raum. Manche bevorzugen dafür einen bestimmten Platz. Einen Sessel, einen Blick aus dem Fenster, einen Platz draußen im Garten, auf der Terrasse oder in der freien Natur. Manche können einfach die Augen schließen und den Rückzugsraum im Inneren aufsuchen.
Vielleicht ergeht es Menschen im Großraumbüro oft deswegen nicht gut, weil der Rückzugsraum fehlt. Sie sind immer öffentlich. Alles ist für alle zu hören und zu sehen. Wer traut sich schon in aller Öffentlichkeit während der Arbeitszeit die Augen zu schließen und sich zu sammeln?
Wie sieht dein Rückzugsraum aus? Nutzt du ihn? Welche Rituale findest du hilfreich? Besuchst du diesen Raum zu festgelegten Zeiten oder nach Bedarf und Möglichkeit?
Ich entdecke darin die Einladung, nicht immer aktiv sein zu müssen. Immer in der Spirale von Hektik und Anstrengung sein. Ich habe ein Recht zum Rückzug. Ich habe eine Verantwortung mir selbst gegenüber. Ich kann mir die Erlaubnis erteilen und meiner Umwelt sagen: „Jetzt nicht!“ – „Ich nehme mir eine Auszeit!“
Bei der Nahrungsaufnahme machst du es ja auch so! Du nimmst die Nahrung auf und gönnst deinem Körper die Zeit des Sortierens und Verdauens. Und das braucht Zeit und Raum.

Freiraum schaffen

Es wird eng! Am Ende des Monats schaust du auf dein Bankkonto und bekommst ein beklemmendes Gefühl. Da sind nur noch wenige Geldreserven da und es wird eng für die letzten Tage.

Du hast einen Termin vereinbart und steckst mit deinem Auto im Stau. Du wirst unruhig und schaust ständig auf die Uhr. Noch gibt es einen Puffer, aber wie lang reicht er? Irgendwann wird es eng und du weißt nicht, ob du pünktlich an dein Ziel kommst.

Du glaubst dich am Ende deines Lebens. Eigentlich wolltest du noch dieses oder jenes erledigen. Du stirbst und dein Leichnam wird in den Sarg oder die Asche in die Urne gelegt. Wenig Platz für dich, der übrig bleibt. Überall wird es eng.

Dir wird klar, dass du immer viele Aufgaben zu erledigen hast. Dein Terminkalender wird voller und voller. Deine Gedanken kreisen um die Anforderungen und du machst dir Sorgen, ob du das alles noch schaffst, was du dir vorgenommen hast. Es wird enger und enger.

Du kommst von deinen Aktivitäten nach Hause und bist in Gedanken noch bei den Ereignissen des Tages. Du kannst nicht loslassen und hast dich noch nicht von dem zuvor Erlebten verabschiedet. Zu Hause wirst du überfallen mit Wünschen und Bitten und du merkst, dass du noch gar nicht dazu bereit bist. Du spürst schon körperlich die Enge.

Begleitet wird das Erleben von Enge vielleicht auch dadurch, dass du förmlich vergisst zu atmen oder dass du ganz hektisch, unregelmäßig oder viel zu schnell atmest.

Immer wenn es eng wird bist du nicht mehr gut in dem, was du tust. Du verlierst die Aufmerksamkeit für die Details. Du fühlst dich überfordert. Du verlierst den Überblick. Du bist angespannt. Du bist nicht mehr ganz präsent. Irgendwann versuchst du, alles „so ungefähr“ hinzubekommen, aber eben nur „so ungefähr“. Du hast das Gefühl, als ob du in einen anderen Modus schaltest. Wenn es eng wird, schaltetest du in den Funktionsmodus.

Eng kann es auch beim Kontakt mit Menschen werden. Ist dir folgende Erfahrung vertraut? Da steht dir jemand gegenüber und kommt dir mit seinem Gesicht näher. Er überschreitet diese imaginäre, unsichtbare und persönliche Körpergrenze immer mehr. Dir wird es unangenehm und du weichst instinktiv einen Schritt zurück. Dein Gegenüber bemerkt nicht einmal dein Unwohlsein und rückt nach. Du spürst die kurze Distanz förmlich wie eine Bedrohung. Es fällt dir immer schwerer, aufmerksam zuzuhören und du weichst wieder einen Schritt zurück. Was ist dein Impuls? „Es wird mir hier viel zu eng! Rück mir von der Pelle!“

Auf der anderen Seite sprechen wir von engen Freundinnen und einer engen Verwandtschaft. Dann geht es nicht um Einengung, sondern um unser Wohlgefühl bei einer positiv erlebten Nähe. Nicht jede Enge wird also automatisch negativ empfunden.

Die meisten „Engen“ jedoch bedürfen der Aufmerksamkeit und rufen nach einem sehr notwendigen Schritt. Wenn es eng wird, dann brauchst du zuerst einen Freiraum.

Stell dir eine Lehrerin in ihrem Klassenzimmer vor, die von allen Kindern körperlich gleichzeitig bestürmt wird. Sie wird sagen: „Macht mal erst Platz!“ Wenn du zu viele Aufgaben zur gleichen Zeit erledigen musst, dann ist es wichtig, sich zuerst inneren Freiraum und Platz zu verschaffen. Im Freiraum kannst du vom Funktionsmodus in einen entspannten Zustand umschalten.

Das Leben im Freiraum wird sich verändern. Du bekommst neue Impulse. Die Aufgaben lassen sich leichter bewältigen. Du fühlst dich im Fluss mit den Dingen und alles geht dir leicht von der Hand.

Ich kenne viele Menschen, die einem anderen Lebensprinzip folgen. Sie erledigen erst die vielen einengenden Aufgaben und atmen dann erleichtert auf. Sie gönnen sich erst den Freiraum, nachdem sie es sich „leisten“ können. Ich glaube, das ist ein Irrtum! So bewegst du dich von Anspannung zu Anspannung, von Enge zu Enge und von Erleichterung zu Erleichterung. Irgendwann bist du nur noch froh um die kurzen Augenblicke der Erleichterungen im Lauf der gewohnten Enge.

Du hast es in der Hand. Du kannst eine Entscheidung treffen und für einen Moment innehalten: Stopp sagen und den Herzensraum weiten. Und wenn dir jemand zu nahe in dein Gesichtsfeld tritt dann kannst du sagen: „Schön, dass du da bist und meine Nähe so schätzt. Aber ein paar Zentimeter mehr Abstand lässt meine Sympathie zu dir noch wachsen.“ Dann atmest du tief ein und füllst Bauch und Brustraum ganz aus mit deiner Gegenwart. Hier stehst du und nimmst den Raum ein, den du brauchst, um gut da sein zu können.

Zum Schluss

Wir haben viele Räume besucht und sind in keinem dauerhaft geblieben. Uns sind viele Räume geschenkt und wir haben die Auswahl. Möchte ich verweilen oder weiterziehen. Zugleich sind wir nie raumlos. Sogar der endlose Raum ist letztlich ein Raum. Dieser Raum ist so groß, dass wir uns darin verloren fühlen könnten. Aber wenn ich die Unendlichkeit des Weltenraumes in mein Bewusstsein hole kann er unendlich klein werden. Der Makrokosmos und der Mikrokosmos in meinem Bewusstsein. Die geschenkten Räume kann ich nutzen und für mich fruchtbar machen.

Wie mag es sein in der Raumlosigkeit? Wenn alle Räume sich auflösen und nicht mehr existieren? Bei der Zeit gibt es ja auch die Vorstellung der Ewigkeit als einen Pol jenseits von Zeit. Was ist der andere Pol vom Raum? Die Leere? Wenn alle Räume sich aufheben oder zerfallen und die Grenzen verschwinden. Wenn nichts mehr definiert werden kann und unser Bewusstsein sich verliert, ... verbinden wir uns, wenn es so weit ist!

16 Von Rumi für dich

Wenn wir uns mit den Mystikern und Gelehrten der Vergangenheit verbinden können wir uns nähren mit der zeitlosen Weisheit, aus der sie gelebt haben. Wenn ich den einen oder anderen Spruch von Rumi lese geht mir das Herz auf und meine Seele wird weit. Ca. 800 Jahre trennen uns von ihm. Seine Erkenntnisse jedoch sind für die Ewigkeit geschaffen. Ich habe ein paar Verse ausgewählt und möchte sie dir wie Perlen zeigen damit sie dir als Nahrung für die Seele dienen.

Wenn du dir eine Perle wünschst, such sie nicht in einer Wasserlache. Wer Perlen finden will, muss bis zum Grund des Meeres tauchen. (Rumi)

Perlen findest du nicht in einer Wasserlache sondern auf dem Grund des Meeres. Ich sehe darin eine Einladung, meine eigenen Lebensperlen zu suchen. Ich stelle mich vor den Spiegel und sehe zuerst das, was ich auch in einer Wasserlache sehen würde. Ich sehe mein Gesicht Augen, Nase, Mund. Ich nehme die Haut wahr und meine Haare. Ich kann die Oberflächen erkennen. In einer Wasserlache sehe ich den Untergrund mit Sand, Blättern und Steine. Und ich sehe den Himmel als Spiegel. Ich sehe und es kommt mir sehr vertraut vor.

Ich schaue in mein Gesicht und was ich sehe, ist nicht wirklich aufregend. Es sei denn, dass ich mich mit den kritischen Augen der Schönheitsindustrie betrachte. Dann könnte ich viele "negative" Punkte feststellen und ordentlich an mir herumkritisieren. Wahrscheinlich werde ich keine "Perle" entdecken, denn die befinden sich ja am Grund des Meeres.

Wenn ich also die Perlen meines Wesens finden möchte werde ich diese nicht im Spiegel sehen. Dazu muss ich meine Augen schließen und den Weg nach innen gehen. Ich gehe mit meiner Aufmerksamkeit in die innere Tiefe oder Weite und bin achtsam. Ich will nichts und habe auch kein Werkzeug dabei. Ich gehe tauchen. Ich tauche und tauche - immer tiefer. Ich tauche durch meine Gedanken, durch Wut und Ärger, durch Trauer und Angst und die Schmerzen in der Tiefe. Und dann taucht sie wie von selbst auf - die Perle. Und, worin besteht die Qualität deiner Perle? Du wirst es herausfinden wenn du in deine Tiefe tauchst. Diese Reise kannst du nicht delegieren oder in klugen Büchern nachlesen. Du musst diese Reise selber antreten.

Am Ende ist ein Mensch alles müde, nur des Herzens Verlangen und der Seele Wanderung nicht. (Rumi)

Am Ende hat ein Mensch nicht mehr so viel Kraft und Energie. Lange genug gearbeitet. Genug erlebt. Genug von allem. Genug gereist und genug ausprobiert. Ich kenne einige ältere Menschen, die nichts mehr möchten. Die Neugier auf die Welt hat sich erschöpft. Sie müssen ihre Wohnung nicht mehr renovieren und auch keine neuen Möbel mehr kaufen. Es ist genug.

Während der Körper an der Welt satt werden kann, verhält es sich mit dem Herzen und der Seele anders. Es gibt weiterhin ein Verlangen. Die Seele wandert weiter, weil sie noch nicht ans Ziel gekommen ist. Die Seele möchte den Weg zur Heimat finden und nährt sich vom Verlangen des Herzens.

Wann komme ich nach Hause? Wo befindet sich mein wirkliches zu Hause? Vor zehn Jahren hätte ich nicht gedacht, dass es jemals einen müden Moment geben könnte. Ich bin noch viel zu neugierig auf die Welt. Ich entdecke jeden Tag etwas, was mich herausfordert und spüre die Lust auf Leben. Manchmal jedoch gibt es den Augenblick, wo ich denke: Ach, es ist jetzt genug. Dann erschrecke ich mich und komme mir alt vor. Die Anzahl dieser Augenblicke wächst.

Und wenn ich der Müdigkeit des Körpers für einen Augenblick Raum gebe, gehe ich in mein Herz und spüre das Verlangen. Da ist noch das große und ganze Mehr. Die Tiefe und die Ahnung von dem, wovon die Mystiker sprechen. Wenn ich verbunden bin mit allem, was ist.

Geduld bedeutet, dass man immer weitblickend das Ziel im Auge behält. Ungeduld bedeutet, dass man kurzfristig nicht die Bestimmung begreift. (Rumi)

Ich kann mein Leben weitblickend betrachten oder kurzfristig. Manchmal bin ich sehr kurzfristig. Kurzfristig sind so viele Aufgaben zu erledigen. Mal eben noch die Wäsche waschen und schnell einkaufen gehen. Dann mal eben noch die Schuhe putzen und einen bestimmten Menschen anrufen. Wenn ich bestimmte Dinge nicht kurzfristig mache gehen sie verloren und dann stehe ich da. Wenn ich mein Leben in der Kurzfristigkeit einrichte dann fühle ich mich getrieben. Und diese Getriebenheit äußert sich dann in der Ungeduld. Gepaart mit einer dauerhaften inneren Unruhe. Was muss ich alles noch erledigen bevor ich mich ausruhen kann.

Wenn ich aber weitblickend das Ziel im Auge behalte, dann breitet sich automatisch Geduld in mir aus. Erst am Ende meines Lebens muss ich die Ziele erreichen. Ich habe also noch unendlich viel Zeit. Auch, wenn ich morgen diese Welt verlasse, werde ich nicht unruhig. Denn in meinem Weitblick schaue ich zum Horizont. Der Blick geht in die Weite und in die Ferne. Das macht mich großzügig, langmütig und sehr geduldig. Es gibt nichts zu tun! Ich kann heute mal den ersten Schritt machen und dann eine Pause. Ich habe ja so unendlich viel Zeit. Ich verlangsame meine Schritte. Mein Denken. Meine Pläne. Ich werde nicht untätig. Ich behalte das Ziel fest im Auge. Ich weiche nicht ab. Aber es muss nicht sofort sein.

Ich lade dich ein, mit mir einen größeren Freiraum einzunehmen. Das Herz zu weiten. Die großen Ziele ins Auge zu fassen und aufmerksam den nächsten Schritt zu gehen. Zugleich merke ich, wie mein Atem ruhiger wird. Ich kann loslassen und weiß, dass morgen auch noch ein Tag ist. Eine neue Chance.

Alles, was du sehen kannst, hat seine Wurzeln in der Unsichtbaren Welt. Es mögen sich die Formen ändern, das Wesen bleibt dasselbe. (Rumi)

In diesem Körper erlebe ich mich sehr gegenwärtig und vorläufig. Zugleich komme ich aus dem Unsichtbaren. Ich komme von wo her vor dieser meiner körperlichen Existenz aus einer anderen Dimension. Ich lebe in dieser irdischen Wirklichkeit und habe keine Ahnung mehr von meinem "unsichtbaren" Ursprung.

Ich habe bewusste Gedanken und sehe und höre bewusst Dinge und weiß, dass ich hören und sehen kann. Ich bin mir meiner selbst bewusst. Daneben gibt es das große Feld des Unbewussten. Ich bin mir nur zum Teil meiner selbst bewusst. Aber das Unbewusste hat zugleich die Qualität des Unsichtbaren oder Verborgenen. Es wirkt aus dem Untergrund oder sogar aus einer völlig anderen Dimension zu der ich keinen Zugang habe hinein in mein augenblickliches Tagesbewusstsein.

Ich bin wie ein Blatt an einem Baum. Ich sehe einen Teil des Baumes, aber die Wurzeln sind mir verborgen. Ich weiß vielleicht nicht einmal davon. Es sei denn, ich frage als Blatt den Zweig, an dem ich stecke. Der Zweig wiederum fragt den kleinen Ast und dieser wiederum den größeren Ast. Der Ast fragt den Stamm und der Stamm nimmt Kontakt zu den Wurzeln auf. Ich als Blatt nehme also Kontakt auf und erforsche den Weg bis zu den Wurzeln. Das kann ich immerhin machen.

Ich sehe, dass ich zu etwas Größerem gehöre und kann dem nachgehen. Ich beobachte, dass ich ein Blatt bin und dass ich mich unterscheide vom Ast. Beide gehören wir zum Baum und müssen darum etwas miteinander zu tun haben. Wurzel, Stamm, Zweig und Blatt - wir gehören alle zum Baum. Auch wenn wir uns äußerlich unterscheiden. Die Augen nehmen im Außen den Unterschied wahr. Das Herz geht den Weg nach innen und nimmt die Wesensverwandtschaft wahr.

Was hat das für Auswirkungen im Alltag? Auch wenn die Menschen alle so unterschiedlich sind in ihrem Ausdruck und ihrer Art in der Welt zu sein, sind sie mir vom Wesen her verwandt. Wir gehören zusammen und sind Teil eines großen Ganzen. In diesen Gedanken hinein kann ich mich entspannen und loslassen. Ich bin kein vom Baum getrenntes Blatt, so oft sich das auch so anfühlt. Ich bin mit vielen anderen Blättern Teil eines Baumes und nehme dort meinen Platz ein. Niemand macht mir diesen Platz streitig. Nur ich mir selbst. Je mehr ich mich mit meinem Herzen verbinde, desto mehr bin ich in meinem Wesen zu Hause und werde mir bewusst, dass alles mit allem zusammengehört!

Befreie dich von Sorgen. Überlege, wer die sorgenvollen Gedanken erschaffen hat. Warum bleibst du im Gefängnis, wenn die Tür doch weit geöffnet ist? (Rumi)

Wie befreist du dich von deinen Sorgen? Sie entstehen in deinem Verstand. Du erschaffst dir deine sorgenvollen Gedanken. Und mit diesen sorgenvollen Gedanken baust du dir ein Sorgengefängnis. Du bist gefangen von deinen Sorgen. Die Sorgen könnten wie ein Kartenhaus zusammenbrechen wenn du aufhörst, dir diese Gedanken zu machen. Ohne Gedanken kein Gefängnis.

Nicht das Ereignis macht das Gefängnis, sondern deine Gedanken dazu. Hans im Glück ist darum glücklich, weil er die Ereignisse nicht bewertet. Er tauscht und lebt dann mit dem Getauschten.

Wir machen uns also einen Gedanken zu einem Ereignis. Das wiederum löst ein Gefühl aus. Ich finde meinen wunderbaren Pullover nicht wieder. Ich habe ihn verlegt oder verloren. Ich denke, dass ich ihn nicht wiederfinden werde und bin jetzt traurig. Traurigkeitsgefühle wiederum mag ich nicht. Sie schränken mein Leben ein und fühlen sich nicht gut an. Da greift also wieder der Verstand ein, der das Traurigkeitsgefühl bewertet. Trauer ist unangenehm und sollte nicht sein. Es entsteht ein Grübelkreislauf. Der Verstand unterstützt mich, indem er schlechte Gefühle verhindern will und zugleich die Grundlage liefert, dass neue entstehen können.

Wenn ich die Gedanken denke ohne sie zu bewerten gibt es eine Unterbrechung. Ich unterbreche den Kreislauf. Ich finde meinen Pullover nicht. Ein Gedanke! Ich habe ihn wohl verlegt oder verloren. Ah, ein weiterer Gedanke. Da zieht sich das Herz zusammen. Ah, eine Körperreaktion. Ich bin ärgerlich und traurig. Ah, ein Gefühl und ein neuer Gedanke. Ich habe nicht gut achtgegeben. Ah, wieder ein Gedanke. Ich bin nicht sorgfältig mit meinen Sachen. Ah, nun mal ein wertender Gedanke. Jetzt kommt bestimmt wieder ein neues Gefühl. Ich werde traurig sein über mein "typisches" Verhalten.

An dieser Stelle unterbreche ich mich. Das mache ich jetzt einfach nicht. Ich nehme wahr, dass ich gerade etwas denke, es bewerte und dass ein Gefühl entsteht. So mache ich das eben. So bin ich als Mensch gestrickt im Wechsel von Ereignis, Gedanke und Gefühl. Und ich habe das gesamte Konstrukt erschaffen.

Wenn ich stoppe, öffnet sich im gleichen Augenblick eine Tür und ich kann das Sorgengefängnis verlassen. Es löst sich in Luft aus. Es war nie da!

Wenn du einen Fehler in deinem Bruder siehst, so ist der Fehler, den du in ihm siehst, in dir selbst. (Rumi)

So ticke ich!

„Du lässt immer alles herumliegen. Nie machst du das Licht aus. Du lässt die Türen offenstehen, so dass es im Zimmer kalt wird. Du machst nie den Abwasch.

Du hörst nicht zu, wenn ich dir etwas sage. Du unterbrichst mich ständig. Du breitest deine Sachen im ganzen Zimmer aus, so dass ich keinen Platz mehr habe. Du hältst dich nicht an unsere Vereinbarungen.

Ständig wirfst du unsere gemeinsamen Pläne um. Was gestern noch heilig war gilt heute bei dir nicht mehr. Anderen machst du Vorwürfe und hältst dich selber nicht an die Regeln. Wenn du einen Fehler machst dann kannst du ihn nicht zugeben.

Wenn ich jetzt die Liste länger und länger mache... was ich durchaus könnte... dann würde ich mich von dir immer mehr entfernen. Ich würde erkennen, wie unmöglich du bist.

Ich bin übrigens ordentlich. Ich mache ständig das Licht aus. Ich schließe die Türen. Und ich mache den Abwasch.

Ich höre dir zu. Ich unterbreche dich nicht. Ich beschränke meinen Platz. Ich halte mich an Vereinbarungen."

Rumi sagt aber: „Wenn du einen Fehler in deinem Bruder siehst, so ist der Fehler, den du in ihm siehst, in dir selbst."

Vielleicht sind es nicht die gleichen Fehler, die ich mache. Aber sehr ähnliche. Es geht um den Fehler an sich. Zu denken, dass mein Bruder, meine Schwester nicht richtig sind. Weil sie bestimmte Dinge machen, die mir nicht gefallen. Die ich anders machen würde. Das Suchen der Fehler beim anderen bringt mich von ihm weg und auch von mir selbst. Es sind ja meine Fehlergedanken in meinem Kopf. Mein Groll und Ärger. Meine Verurteilungen. Meine Sicht auf die Welt und auf das, wie es richtig sein müsste.

Es ist die Art in mir, die Welt fehlerhaft zu betrachten. Vom Fehler her zu denken. Vom Fehlenden. Vom Mangel her. Es findet alles in mir statt. Und ständig ist da ein Mensch an meiner Seite der mir dabei hilft, dass ich mich weiterentwickeln kann. Ich muss nur erkennen: Das bin ja ich!

Ich will singen wie die Vögel singen, ohne mich zu sorgen, wer zuhört oder was sie denken. (Rumi)

Manchmal gehe ich in eine Kirche und singe dort Obertöne wenn es eine gute Akustik gibt. Ich mag es, wenn die Kirche leer ist und ich den Raum ganz für mich allein habe. Wenn ich den Raum ganz für mich habe und singe öffnet sich die Tür und es kommt jemand neu dazu.

In diesem Augenblick hört meine Unbefangenheit auf. Ich singe zwar weiter aber es gibt ein kleines Unbehagen. Was denkt dieser Mensch jetzt, der da hereinkommt. "Was sind das für eigenartige Töne?" - "Soll das Obertonsingen sein? Habe ich schon besser gehört!" - "Eigentlich wollte ich Stille. Kann der da nicht wenigstens hier in der Kirche Respekt haben vor meinen Bedürfnissen?"

So denke ich. Ich könnte ja auch denken, dass ich mir einfach nur Freude bereite. Und der neue Kirchenbesucher freut sich auch. Meine Gedanken gehen aber in die andere Richtung. Mein Herz klopft und ich spüre, wie ich rot werde. Das ist jetzt aber voll peinlich. Dann fühle ich mich abgetrennt von meiner Musik und von meinem Gesang und vom Kirchenraum. Ich singe und es breitet sich die Stille von Einsamkeit um mich herum aus.

Aber ich will wie die Vögel singen, ohne mich zu sorgen, wer zuhört oder was sie denken. Das gefällt mir, was Rumi da sagt. Wir haben immer bestimmte Annahmen im Kopf, wie der andere denkt oder fühlt. Und je nachdem, was wir annehmen, richten wir unser eigenes Denken und Fühlen danach aus. Ich wünsche mir diese innere Unabhängigkeit und Freiheit. Unbefangen zu singen und unbefangen das zu sagen, was ich wirklich denke und fühle. Die Vögel singen einfach so. Sie singen, wenn es für sie dran ist. Es geht darum, in Übereinstimmung mit sich selbst zu sein. Das zu denken, zu fühlen und zu tun, was mir entspricht. Es kann ja durchaus in Respekt und Wertschätzung dem anderen gegenüber sein.

Wie sähe die Welt aus, wenn wir es den Vögeln gleich täten? Wir würden durch die Fußgängerzone laufen und singen. Wir würden in Konferenzen teilen, was wir gerade fühlen und denken. Wir wären einfach lebendiger.

Was für den einfachen Menschen ein Stein ist, ist für den Wissenden eine Perle. (Rumi)

Was siehst du, wenn du deine Augen öffnest? Steine oder Perlen? Nicht jeder kann Steine von Perlen unterscheiden. Der Wissende erkennt den Wert, so mein Rumi.

Steine! Manchmal begegne ich Menschen und ich schlage die Hände über den Kopf zusammen. Menschen, die ständig nörgeln! Menschen, die über Leichen gehen. Menschen, die völlig unsensibel sind. Menschen, die egoistisch nur nach den eigenen Bedürfnissen handeln. Dann sehe ich Steine. Manchmal echte Stolpersteine. Menschen, die mir den Tag verderben und das Leben erschweren.

Wenn ich diese Menschen so wahrnehme, also als Steine, bin ich dann selbst ein eher "einfacher" Mensch, also unwissend? Wenn ich wirklich wissend wäre, würde ich in jedem menschlichen Stolperstein eine Perle sehen. Das ist eine echte Herausforderung. In liebenswürdigen und zuvorkommenden Menschen kann ich schnell eine wunderbare kostbare Perle entdecken. Aber die egoistischen und unsensiblen? Perlen?!

Ich könnte ja meine Augen noch einmal so richtig aufmachen. Mein Herz öffnen. Genauer hin spüren. Wo liegt die Perle im Stein? Der Nörgler, der mich nervt erinnert mich daran, dass ich selber die Tendenz zum Nörgeln habe. Ich mache das nicht so laut, aber ich kann das ganz gut innerlich. Wenn ich mein inneres Nörgeln liebenswert anschaue, entdecke ich die Perle. "Ach ja!" Mensch sein ist echt nicht leicht! Die Welt ist so unvollkommen! An allen Ecken! Aber wer sagt, dass es anders sein müsste? Unvollkommen darf doch sein, oder?

Ich sehe diesen Egoisten, der nur die eigenen Bedürfnisse sieht und sehe mich selbst. Ich sehe mich bei einer Feier beim Essen ordentlich zulangen. Ich habe Hunger und Sorge, dass für mich nicht genug da ist. Da bin ich doch gerne der Erste, der zulangt. Ich sehe den Stein und sehe zugleich die Perle in mir. Ja, so ist das eben mit dem Hunger. Ich bin manchmal echt hungrig. Hungrig nach Leben!

Wo siehst du Steine, wo zugleich Perlen sind? Wie kannst du wissend werden? Ich stelle mir vor, dass ich einfach aufmerksam bin. Ich bin bereit, die Perle zu sehen. Ich warte so lange, bis ich sie sehe. Mit Aufmerksamkeit und Geduld.

Das Wort, das aus der Seele kommt, das setzt sich ganz bestimmt ins Herz! (Rumi)

Es gibt Worte, die aus dem Kopf kommen und Worte aus der Seele. Manchmal höre ich einem Menschen zu und es bewegt sich in mir nichts. Ja, ich denke was. Aber es rührt sich nichts. Worte, die keine Schwingungen erzeugen.

Manchmal kann ich auch Vorträge halten und bin ganz im Kopf. Es soll richtig sein, was ich da sage. Wissenschaftlich gut abgesichert. Ich sehe die Menschen, die kritisch zuhören. Sie sollen keine Angriffsfläche haben bei dem, was ich sage.

Doch wenn ich aus meiner Seele spreche ist mir das völlig egal. Es ist egal ob meine Worte richtig sind. Ob sie wissenschaftlich bestehen können. Ich spüre meine Leidenschaft. Es blutet mein Herz! Wenn ich einen Menschen höre, der aus seiner Seele zu mir spricht kann ich gar nicht anders als mein Herz zu öffnen. Diese Worte setzen sich dort fest. Sie wirken! Sie bewegen mich!

Die Worte für den Verstand habe ich ein paar Sekunden später wieder vergessen. Wie war das noch mal? Was hat er da gerade gesagt? Wenn jemand in der Beratung mir von seiner Not erzählt dann kann ich nicht "kalt" bleiben. "Mach es doch so!" - Das geht nicht. Wenn ich die Not höre, dann brauche ich Zeit zum Spüren. Dann rumort es im Herzen. Dann wallt es auf! Das fühlt sich nicht immer schön an, ist aber heilsam und wichtig! Und mal ehrlich: Von welchen Worten leben wir? Von den Worten für den Verstand oder denen fürs Herz? Ich lebe von den Worten, die sich in meinem Herzen festsetzen.

In diesem Spiegelkabinett siehst du eine Menge Dinge. Reibe dir die Augen! Nur du allein bist da. (Rumi)

Stell dir vor, dass du dich eigentlich die ganze Zeit in einem Spiegelkabinett befindest. Du siehst vielleicht mit deinen körperlichen Augen Gegenstände, Tiere und Menschen. Aber wenn du dir die Augen reibst, dann bist du allein da. Ein interessanter Gedanke von Rumi, nicht wahr?

Worin liegt der Kern der Wahrheit? Du siehst einen Menschen, den du nicht magst. Er redet zu laut und zu viel und du ärgerst dich über ihn. Wenig später triffst du eine Freundin oder einen Freund und diese bittet dich, ein wenig leiser zu sprechen und dass sie auch mal zu Wort kommen möchte.

Erst da wird dir bewusst, dass du eine Eigenschaft hast, die du bislang gar nicht so wahrgenommen hast. Dir fällt eine korpulente Person auf, die dich damit konfrontiert, dass du selber Angst davor hast, zuzunehmen. Du möchtest nicht so werden wie deine Eltern und dein Partner sagt dir ins Gesicht, dass du gerade eben so wirst.

Immer dann, wenn deine Gefühle in der Begegnung mit einem Menschen wach werden siehst du dich selbst. Du gehst in Resonanz. Die Menschen um dich herum sind das Spiegelkabinett, in dem du dich spiegelst. Also hör auf, die anderen fertig zu machen. Am Ende beschimpfst du dich nur selbst. Schau lieber in dein "Spiegelkabinett" und nicke dir freundlich und wohlgesonnen zu. Du wirst feststellen, dass die Welt im Außen dir dadurch auch gleich viel freundlicher erscheint.

Wer ich bin! Ich bin nicht Christ, nicht Jude, nicht Parse, (...) nicht Muselmann. Ich bin nicht vom Osten, nicht vom Westen, nicht vom Land, nicht von der See. (...) Mein Ort ist das Ortlose, meine Spur ist das Spurlose; Es ist weder Leib noch Geist, denn ich gehöre der Seelen Seele, der allumfassenden Landschaft des Lichts. Die mit allem verschmolzen, sogar mit dem Nichts. (Rumi)

Ich gehöre der allumfassenden Landschaft des Lichts. Ich gehöre der Seelen Seele. Ich gehöre also zu einem größeren Ganzen. Wie verändert sich mein Denken, Fühlen und Handeln, wenn ich in diesem Bewusstsein lebe?

In der Regel identifizieren wir uns mit irgendetwas. Ich bin ein Mann und du vielleicht eine Frau. Ich bin Münsterländer und du vielleicht Hamburgerin. Ich kann mich mit meinem Beruf identifizieren, mit der Rolle als Vater, mit der Macht oder damit, Vegetarier oder Pasta - Liebhaber zu sein. Ich kann wie ein Puzzle meine verschiedenen Aspekte zusammensetzen und erhalte ein buntes Mosaik. Das bin dann ich! Aber bin ich das wirklich? Oder brauche ich all das nur um mich als "mich selbst" zu fühlen. Wenn das alles nicht wäre, wäre ich nichts mehr. Ich würde in die Bedeutungslosigkeit versinken.

Mit meinem Tod höre ich auf, so ein Mosaik zu sein. All das zählt nicht mehr. Ist nicht mehr wichtig. Aber wer bin ich dann? Rumi sagt nichts von "Sein". Sondern er spricht von einem Ort, wo ich hingehöre, dem ich angehöre. Ich gehöre der Seelen Seele, der allumfassenden Landschaft des Lichts. Ich gehöre zu der Seele, die alle Seelen umfasst und beinhaltet und zugleich größer ist als diese.

Wenn ich da hin gehöre, dann kann ich mich ja auch von da her denken und empfinden. Schon jetzt. Dann kann ich nach und nach mein "Mosaik" hinter mir lassen und mich auf das besinnen, was ich vom Urgrund her immer schon war, bin und wieder sein werde. Ich kann mich daran erinnern und wieder daran anknüpfen. Das kann zu einer alltäglichen spirituellen Praxis werden. Eine Praxis, für die es nicht den Namen Christ, Muslim oder Hindu braucht. Immer dann, wenn ich mich quasi verbeiße in etwas, das scheinbar so unendlich wichtig ist, halte ich mich innerlich an. Als Arbeitnehmer muss ich das jetzt regeln und für meine Aufgabe eine Lösung finden. Als angehörige Seele der allumfassenden Landschaft des Lichtes kann ich eine neue Qualität in meine Arbeit legen. Eine schöpferisch gestaltende. Ich engagiere mich, hafte aber nicht daran fest. Ich lasse zugleich wieder los. Ich bewege mich in einem inneren Raum von großer Freiheit. Ich darf mich in dieser Kunst einüben, zugleich ein körperliches Geschöpf dieser Erde zu sein mit den dazugehörigen Bedürfnissen und Fähigkeiten. Und zugleich lebe ich das im Bewusstsein, wer ich noch und ureigentlich bin, wenn ich zur Landschaft des allumfassenden Lichtes gehöre.

Jenseits von richtig und falsch gibt es einen Ort. Hier können wir einander begegnen. (Rumi)

Manche Menschen betrachten einen Konflikt irgendwann als aussichtslos. Du denkst so und ich denke das Gegenteil. Ich sage die Wahrheit und du lügst. Ich verstehe dich richtig, aber du mich falsch. Manchmal hilft eine Mediation oder sonst eine Vermittlung.

Manchmal gibt es aber keine Möglichkeit mehr. Nach zwanzig Ehejahren mit einem immer wiederkehrenden Konflikt macht allen klar: Da gibt es keine neue Lösung mehr. Alles versucht! Zu viele Kränkungen und Enttäuschungen. Der Graben ist tief und unüberwindbar. Zu viel ist passiert. Keine Chance mehr zu einer Versöhnung.

Aber jenseits von richtig und falsch gibt es einen Ort. Hier können wir uns begegnen. Was wäre das für ein Geschenk! In aller Ohnmacht und Aussichtslosigkeit den Ort zu finden, der diese

Aussichtslosigkeit übersteigt. Der Glaube an die Existenz dieses Ortes würde für den ersten Lösungsschritt schon helfen. Was kann ich dafür tun, diesen Ort zu finden? An diesen Ort zu gelangen?

Ich stelle mir ein Paar vor quasi am Ende der Beziehung. Alles probiert! Jetzt gibt es für dieses Paar diesen Ort jenseits von richtig und falsch, wo sie sich begegnen können. An diesem Ort geschieht etwas wirklich Neues. "Jenseits der Kränkung kann ich erkennen, dass du ein Mensch bist und dass du deine eigene Würde hast." "Auch wenn ich mich verletzt fühle kann ich sehen, dass du dich für mich angestrengt hast." "Auch wenn ich sehr viel Hass in mir trage dir gegenüber kann ich sehen, dass es einmal friedlich und schön zwischen uns war." "Auch wenn es zwischen dir und mir sich nur dunkel anfühlt kann ich anerkennen, dass die göttliche Liebe auch dich meint."

An dem Ort jenseits von richtig und falsch ist immer noch etwas möglich. Außerhalb des gewohnten Rahmens. In einer "höheren" Dimension. In einem göttlicheren Bezugssystem. Wenn es mal so weit ist und auch schon weit vorher - wünsche ich dir diesen Ort!

Wo immer die Tanzende mit dem Fuß auftritt, da entspringt dem Staub ein Quell des Lebens. (Rumi)

Wo immer du dein Herz öffnest vermehrst du die Liebe in der Welt.

Wo immer du einen Menschen anlächelst stärkst du Beziehungen.

Wo immer du in einem Menschen eine Königin oder einen König siehst setzt du einen Impuls zum Heilen.

Wo immer du einen ersten Schritt machst in der Krise investierst du in die Zukunft.

Wo immer du noch eine Chance eröffnest schreibst du den Anfang eines neuen Kapitels.

Wo immer du hinter der rauen Schale einen weichen Kern siehst kann Zärtlichkeit entstehen.

So schön wie Rumi kann ich es gar nicht sagen. Stell dir vor, dass du mit den Füßen in den Staub trittst und dann entspringt ein Quell. Wasser aus der Wüste! Wie kraftvoll und selbstbewusst! Nicht nur Wasser, sondern das Leben selbst. Du tanzt und Leben entsteht. Die Wüste kann dich nicht daran hindern. Wie ein Medikament zur Vorbeugung oder gegen Resignation. Tanze und dem Staub entspringt ein Quell!

Lass den Himmel sich auf der Erde widerspiegeln, auf dass die Erde zum Himmel werden möge. (Rumi)

Bist du von deinem Empfinden mehr ein leichtes Engelwesen oder ein schwerer Erdling? Ich kenne Menschen, die sind so zart und zerbrechlich, dass ich die Fantasie habe, dass sie viel zu gut für die Welt sind. Sie wecken in mir so etwas wie einen Beschützerinstinkt. Menschen, die mit den "harten" Gesetzen der Welt nicht gut klar kommen. Menschen, die irgendwie zu lieb sind. Nicht mit den Abgründen rechnen.

Und dann kenne ich Menschen, die sehr robust sind. Sehr kernig und mit der Erde verbunden. Die so gestrickt sind, dass sie allem gleichen, aber keinem Engel. Menschen, die sich total auskennen mit den Gesetzen der Welt. Die einfach kämpfen können. Die den Dreck nicht scheuen. Die ackern und anpacken. Die sich nicht so interessieren für Fragen nach Feinstofflichkeit.

Rumi scheint die Verbindung der Gegensätze zu lieben. Eines lebt vom anderen. Die Erde ist erfüllt von Göttlichkeit. Sie ist gesegnet in und mit allem, was mir begegnet. Die Erde ist nicht die Hölle, kann aber zu einer werden, wenn ich keinen Himmel als Spiegelfläche habe. Sobald der Himmel die Chance hat, die

Erde zu berühren, verwandelt sich diese. Die Erde wird himmlisch! Das ist doch eine wunderbare Lebensaufgabe. Überall, wo ich mich bewege und wo ich bin, lenke ich meine Aufmerksamkeit auf den himmlischen Spiegel. Ich kann diesen Spiegel drehen und wenden und darf ihn benutzen.

Auf diese Weise entstehen irdische Engel und engelsgleiche Erdlinge. Die Dimensionen vermischen und verbinden sich und alles wird vielfältig. Es entsteht ein Feld, in dem täglich Wunder geschehen.

Ich versuchte, ihn zu finden am Kreuz der Christen, aber er war nicht dort. Ich ging zu den Tempeln der Hindus und zu den alten Pagoden, aber ich konnte nirgendwo eine Spur von ihm finden. Ich suchte ihn in den Bergen und Tälern, aber weder in der Höhe noch in der Tiefe sah ich mich imstande, ihn zu finden. Ich ging zur Kaaba in Mekka, aber dort war er auch nicht. Ich befragte die Gelehrten und Philosophen, aber er war jenseits ihres Verstehens. Ich prüfte mein Herz, und dort verweilte er, als ich ihn sah. Er ist nirgends sonst zu finden. (Rumi)

Wenn ich Gott suche, wo kann ich ihn finden?

Es gibt immer noch Menschen, die Gott suchen. Ganz bewusst oder auch unbewusst. Rumi beschreibt seinen persönlichen Weg, wie er ihn gefunden hat. "Ich prüfte mein Herz, und dort verweilte er, als ich ihn sah. Er ist nirgends sonst zu finden."

Es berührt mich sehr, dass die Lösung heute noch genau so aussieht. Wenn Menschen mich fragen, wie sie Gott finden können, dann lade ich sie ein, den Weg in das eigene Herz zu gehen. Ich muss also diesen inneren Ort aufsuchen. Vielleicht sehe oder spüre ich ihn dort nicht sofort. Aber das ist der Ort, wo ich ihn finden kann.

Wer lehrt uns Menschen, den Weg ins eigene Herz zu gehen. In der Theologie geht es oft um Gott selbst. Was finde ich über ihn in der Bibel und in anderen Schriften. Aber wie stelle ich meine eigene Suche an? Gehe ich in den Kopf? Lese ich in Büchern? Frage ich die Priester? Wer aber lehrt uns, den Weg ins Herz zu gehen. Der erste wichtige Schritt, Gott zu suchen, heißt also nicht, sich zu fragen, wie ich ihn mir vorstellen kann. Welche Eigenschaften er hat oder ähnlich. Der erste Schritt muss sich mit der Frage beschäftigen: "Wie finde ich den Weg nach innen in mein Herz. Mache ich das mit dem Kopf? Fühle ich mich ein? Visualisiere ich? Kann mir eine bestimmte Atemtechnik helfen?" Für den Weg in meinen eigenen Herzraum bin ich selbst verantwortlich. Und ich glaube, dass jeder Mensch seine eigene Art und Weise entwickeln kann, den Weg ins eigene Herz zu finden.

Stell dir vor, dass du dein eigenes Herz besuchen möchtest. Wie wirst du reisen? Wo in deinem Herzen möchtest du hin. Wirst du dort einen stillen Platz suchen oder umhergehen? Wie wirst du wissen, dass das, was du dort wahrnimmst, mit Gott zu tun hat? Ich wünsche dir eine gesegnete Reise!

Binde zwei Vögel zusammen; sie werden nicht fliegen können obwohl sie nun vier Flügel haben. (Rumi)

Wie erlebst du das Arbeiten im Team? Ist ein Team erfolgreicher als mehrere Personen, die einzeln arbeiten? Zwei Vögel werden nicht besser fliegen wenn man sie zusammenbindet. Sie werden sich gegenseitig behindern. Jeder Vogel braucht seine eigenen Entfaltungsmöglichkeiten um fliegen zu können.

Sie können nebeneinander fliegen, in Formationen oder auch abwechselnd. Aber jeder Vogel kann nur einzeln für sich fliegen. Ich erlebe Teams manchmal hilfreich und manchmal auch behindernd. Es melden sich die Wortgewaltigen und andere bleiben still, die auch was Kluges beitragen könnten. Kritik erstickt gute Ansätze und Ideen. Prozesse dauern oft sehr lange und werden wieder vertagt. Einzelne Teammitglieder haben oft keine Chance mit ihrer Art auf der Welt zu sein.

Jeder Vogel braucht für sich genügend Abstand und Freiraum. Nur dann kann er fliegen. Da gibt es einen Spannungsraum von Autonomie und Gemeinschaft. Beide Pole können überbewertet werden. Nur noch Autonomie verunmöglicht die Umsetzung des Bedürfnisses nach Gemeinschaft. Nur noch Gemeinschaft tötet das Bedürfnis nach Autonomie und Selbstbestimmung.

Ich kenne Familien, die sehr aufeinander bezogen sind. Sie sind irgendwie gleich gekleidet, machen alles zusammen, teilen alle Erlebnisse und Gefühle. Immer und ständig. Niemand darf was ganz allein für sich machen.

Ich kenne aber auch Familien, die eher wie eine Zufallswohngemeinschaft wirken. Sie treffen sich ab und zu für wenige Augenblicke. "Schränke nicht meinen Freiraum ein!" Gemeinsame Mahlzeiten, wo wirklich alle da sind, gibt es nur an Weihnachten. Ein Fest mit hohem Stressfaktor, weil alle etwas gemeinsam machen müssen.

Wie kann es dann gehen, dass beide Positionen ihre Wertschätzung erfahren? Rumi macht den Vorschlag, zwei Vögel nicht zusammen zu binden. Also keine Zwangsverpflichtung. Das Entstehen von Gemeinsamkeit braucht die Freiwilligkeit des Einzelnen. Es braucht einen verantwortlichen Umgang im Abwägen der Unterschiedlichkeiten. Es braucht den Dialog und einen guten Kontakt zu sich selbst. Und nicht zuletzt braucht es ein waches Bewusstsein für die Angst vor Vereinnahmungen, für die einengenden Rituale, unbewusste Familiengesetze und den krankmachenden Kitt.

Ohne die Liebe ist jedes Opfer Last, jede Musik nur Geräusch, und jeder Tanz macht Mühe. (Rumi)

Wie verändert sich dein Leben, wenn die Liebe hinzukommt? Deine Opfer sind keine Last mehr. Deine Musik nicht nur ein Geräusch. Dein Tanz keine mühsamen Schritte.

Mit der Liebe hört die Anstrengung auf. Du kriechst nicht mehr am Boden dahin. Du schwebst und fliegst. Du wirst berührt von der Ewigkeit und das Göttliche fließt durch dich hindurch. Alles ist Geschenk.

Manchmal spürst du die Schwere. Die Sorge. Das Kriechen. Die Anstrengung. Wo setzt du dann an, wenn du etwas verändern möchtest? Beginnst du bei der Verminderung der Anstrengung? Beim Trainieren im Kriechen? Beim Verringern der Sorgen? Beim Abladen des Schweren?

Rumi gibt mir eine andere Empfehlung. Lass die Liebe in dein Herz. Die Liebe ist die geheime Kraft, die alles bewirkt. Die Quelle. Über dein Herz und über die Liebe bist du an die ewige Quelle angeschlossen. Dort ist das Leben ein wunderbarer Tanz und eine göttliche Musik.

17 Mein inneres Team

Mein innerer Arzt

In meinem Herzen wohnt mein innerer Arzt. Er achtet darauf, dass es meinem Körper gut geht. Er überwacht alle Körperfunktionen und regelt, was immer zu regeln ist. Ich kann mich sehr auf ihn verlassen, auf meinen inneren Arzt.

Er gibt mir Signale, ob ich ein Nahrungsmittel gut vertrage oder sogar im Augenblick dringend brauche. Er nickt mir zu oder schüttelt den Kopf, wenn ich im Supermarkt ein Produkt in den Händen halte. Mein innerer Arzt beschäftigt sich mit der Frage, meinen Körper gesund zu erhalten. Er gibt mir wertvolle Hinweise und Tipps.

Meinen inneren Arzt habe ich erst im Laufe meines Lebens entdeckt. Als Kind lernte ich, dass ich bei Anzeichen von körperlichem Unwohlsein möglichst schnell zum Arzt gehe. Ich habe festgestellt, dass nicht immer alle Ärzte die gleiche Meinung hatten über meine Körpersymptome. Und das hat mich immer wieder verunsichert. Bis ich meinen inneren Arzt entdeckte. Seitdem gehe ich immer noch zu Ärzten wenn mich etwas plagt. Aber ich schalte immer auch meinen inneren Arzt ein. Ich habe entschieden, dass der mein "Oberarzt" ist. Irgendjemand muss ja meinen Körperladen zusammenhalten, nicht wahr?

Wenn ich die Augen schließe und meinen Körper wahrnehme, dann besuche ich meinen inneren Arzt. Ich frage ihn: "Alles in Ordnung?" Manchmal hält er den Daumen hoch oder strahlt. Manchmal jedoch gibt er mir Zeichen, dass mein Körper etwas braucht. Das sind Dinge, die eigentlich ganz einfach sind und doch manchmal so schwer. Mein Körper braucht manchmal nur eine Pause oder einen Schluck Wasser oder auch eine Streicheleinheit. Für diese Grundbestandteile vor allem benötige ich diesen inneren Arzt. Hast du deinen schon kennengelernt?

Wie bei allem, was in deinem Inneren stattfindet, musst du dafür in die Stille gehen. Du bittest deinen Verstand, in die Beobachterposition zu gehen. Du bittest ihn um Unterstützung, deinen inneren Arzt aufzusuchen. Bring deine Fragen mit, denn sonst antwortet er nicht. Frage ihn und warte ab. Bleibe dabei im inneren Zustand der Sammlung und Entspannung. Du willst nichts! Du bist bereit für ein Geschenk. Das kann kommen oder auch nicht. Wenn du wartend aufmerksam bist, wird dein innerer Arzt dir einen Hinweis geben. Weil du dich in einem entspannten Zustand befindest, wirst du seine Antworten vielleicht als Bilder oder Gefühle wahrnehmen. Vielleicht taucht ein eigenartiger Satz auf, den du zunächst nicht verstehst. Geh davon aus, dass dein innerer Arzt leicht in Rätseln spricht, die du noch entschlüsseln musst. Aber weil du dich und deine Lebensgeschichte kennst, wird es dir leicht fallen, seine Hinweise zu übersetzen.

Nimm deinen inneren Arzt auch mit zur Visite zum "äußeren Arzt". Dann kannst du die richtigen Fragen stellen, die dir weiterhelfen. Probiere es einfach mal aus und beobachte, was sich dadurch in deinem Leben verändert!

Mein innerer Lehrer

In mir wohnt der innere Lehrer. Auch ihn habe ich erst spät entdeckt. Ich hatte im Außen wie wohl jeder von euch gute und weniger gute Lehrerinnen und Lehrer. Sie haben aber insgesamt mein Bild von einem Lehrer geprägt. Da gab es solche Aspekte wie: Ich bin dumm und er ist schlau! Wenn er mir etwas beibringt, werde ich schlauer. Wenn ich also etwas lernen möchte um nicht mehr dumm zu sein, dann höre auf deinen Lehrer. Denn er ist schließlich nicht dumm, sondern weiß viel. Er war an einer Universität und hat viele kluge Bücher gelesen. Sonst wäre er kein Lehrer. Nur der, der viel weiß, kann andere unterrichten.

Irgendwann hatte ich durchschaut, dass viele Lehrer über viele Dinge nichts oder nur sehr wenig wissen. Und dass sie manchmal nur etwas mehr wissen als ihre Schüler. Sie haben eine

Schulstunde Vorsprung und passives Wissen im Hintergrund. Manchmal sind sie nur besserwisserisch. Sie haben gerne Recht - und das mit Nachdruck. Vor allem aber haben mich die äußeren Lehrer daran gehindert auf die innere Entdeckungsreise zu gehen. Daran tragen sie aber keine Schuld. Sie haben mit meiner Situation nichts zu tun. Ich kam einfach nie auf die Idee, mal nach innen zu schauen und meinen eigenen inneren Lehrer wahrzunehmen.

Mein innerer Lehrer ist ständig daran interessiert, mein Wissen zu erweitern. Er gibt mir tolle Bücher in die Hand. Er führt mich mit Menschen zusammen, die mir wichtige Sachen sagen, die ich in keinem Buch finde. Mein innerer Lehrer weiß sofort, ob etwas wichtig oder unwichtig ist. Meiner sagt mir zum Beispiel: "Diese Gebrauchsanweisung musst du gar nicht lesen. Sie ist für dich unverständlich. Suche jemanden, der das für dich übersetzt." Das spart mir Zeit und ich muss mich nicht sinnlos in einen Text vertiefen, der nicht für mein Aufnahmesystem entwickelt wurde. Ich gehe mit meinem inneren Lehrer in eine Buchhandlung und er führt mich zielsicher zu einem Regal mit für mich interessanten Büchern.

Stell dir vor, dass du dich weiterentwickeln möchtest in einem bestimmten Bereich. Nehmen wir einmal an es ist Quantenphysik. Du bist aber physikalisch ziemlich unbegabt oder unwissend. Dennoch bist du interessiert an dem Thema, weil viele darüber sprechen. Wie kommst du nun an die Informationen entsprechend deines Wissensstandes? Frage deinen inneren Lehrer! Er hat den direkten Zugang zu deinen Kanälen. Er weiß, welche Sprache du sprichst. Ob und welche Bilder dir helfen. Ob du eher Geschichten brauchst oder abstrakte Gedanken. Dein innerer Lehrer kennt deine innere Bibliothek und weiß, welche Regale du noch füllen könntest, damit du dich mit deiner Persönlichkeit weiterentwickeln kannst.

Mein innerer Lehrer hat mir einmal einen interessanten Vorschlag gemacht. Er meinte ich würde zu sehr auf die Objekte achten und nicht auf die Vorgänge. Ich habe lange gebraucht, diesen eigenartigen Gedanken nachzuvollziehen. Er meinte damit Folgendes. Ich sehe einen Baum und fixiere mich auf diesen Baum. Auf die Äste und Blätter. Auf die Umgebung. Ich nehme das Ganze und jedes Detail wahr. Ich fühle mich auch hinein. Ich gehe mit meiner ganzen Aufmerksamkeit hin zu diesem Baum. Ich bin bezogen auf das Objekt. Jetzt meinte mein innerer Lehrer aber, ich solle mich auf die Vorgänge konzentrieren. So nehme ich jetzt wahr, dass ich ein Sehender bin. Ein Hörender, ein Fühlender oder ein Wahrnehmender. Ich nehme das Sehen des Baumes wahr. Wenn ich das Sehen selbst wahrnehme verschwindet der Baum in den Hintergrund. Ich sehe ihn immer noch, aber ich lege den Fokus meiner Aufmerksamkeit auf den Vorgang des Sehens. Ich beobachte, wie ich sehe.

Du denkst vielleicht, dass das egal ist. Ist es aber nicht. Wenn du dich von den Objekten abwendest hin zu den Vorgängen deiner Handlungen, verändert sich etwas in dir, das ich nur schwer beschreiben kann. Es entsteht ein sich vertiefendes Verständnis und eine höherer Qualität der Verbindung. Ich komme in einen veränderten Bewusstseinszustand und nehme anders wahr.

Mein innerer Lehrer wollte mir damit beibringen, wie er sich selbst unterrichtet. Wenn ich auf die Vorgänge wie "das Sehen" oder "das Hören" achte, kann ich keine Inhalte mehr erzählen. ich befinde mich dann in einem Raum der Sprachlosigkeit. Ein Lehrer ist aber angewiesen auf Inhalte. Die will er ja vermitteln. Aber eigentlich sollte ein Lehrer dir beibringen, wie du zu Wissen kommst und nicht, was du wissen sollst. Wenn du weißt, wie du Wissen erlangst, kannst du viel tiefer kommen und erlebst dich wie ein Surfer auf dem Meer des Wissens.

Was ich jetzt geschrieben habe kommt übrigens von meinem inneren Lehrer. Kannst du es nachvollziehen? Kennst du es vielleicht sogar ähnlich von dir?

Mein innerer Soldat

Neben dem inneren Lehrer und dem Arzt gibt es auch noch den inneren Soldaten. Von dem erzähle ich dir nicht so gerne. Ich sehe mich doch eher als Pazifisten und bevorzuge den Weg der Gewaltlosigkeit. Ich sehe im Außen die Soldaten in Uniform und sehe die Mächtigen dieser Welt. Für wen oder was kämpfen die Soldaten? Ist es nicht möglich das Leben so zu gestalten, dass sich niemand bedroht fühlt? Dass alle das teilen, was es auf der Erde im Überfluss gibt? Wer bedroht das Leben denn mehr, der "Russe" oder die Reichen im eignen Land? Welchen Feind sollen die Soldaten also bekämpfen - und können sie mitentscheiden?

Ich war kein Soldat sondern ich habe damals Zivildienst geleistet. Ein Teil von mir wollte aber lieber aussteigen aus diesem Denksystem. Nicht entweder Soldat oder Zivildienst, sondern aktiv für den Frieden eintreten.

Darum hatte ich mich doch irgendwie über diesen inneren Soldaten erschrocken. Er ist da und verteidigt mein Leben. Da will mich zum Beispiel jemand auf einen Fehler hinweisen. Sofort steht der innere Soldat da und sagt: "Wer erlaubt dir, so mit mir zu reden." "Das war kein Fehler. Ich hatte nicht die richtigen Informationen." Mein Soldat kennt eine Fülle von Kampfhaltungen, Feinde abzuwehren. Er denkt, dass verbale oder emotionale Angriffe von außen meine Existenz gefährden. Er passt also wie ein Wachhund auf mich auf, damit mir ja nichts passiert. Manchmal "schießt" er dabei auch echt über das Ziel hinaus. Er kann andere fertig machen mit seinen Waffen.

Je mehr ich meinen inneren Soldaten ausblende, desto unbewusster und heftiger sind seine Reaktionen. Zuerst wollte ich ihn nicht sehen, den inneren Soldaten. Dann gefiel mir nicht, was er tat. Und dann wollte ich ihn rausschmeißen. Er ist immer noch da. Er macht seinen Job. Er kann nicht anders. Seine Aufgabe ist es, auf mich aufzupassen. Und ich kann da auch nicht mit ihm verhandeln.

Jetzt habe ich mich entschlossen, meine Beziehung zu ihm zu überdenken und auf neue Füße zu stellen. Was gefällt mir also an ihn? Er ist mutig und stark. Er riskiert etwas. Er traut sich. Er steht für einen Wert ein. Er lässt sich nicht so leicht verjagen. Er steht da in der Gefahr und in der Bedrohung. Er gibt mir Sicherheit. Wenn ich diese Teile wahrnehme dann entsteht in mir etwas Kraftvolles. Ich fühle meinen Körper gestärkter und zuversichtlicher. Mein innerer Soldat nickt mir zu und sagt mir: "Das schaffen wir schon!" Und manchmal ist es auch gut, auf ihn zu hören. Er bleibt ambivalent, aber die Ambivalenz kann ich jetzt besser tragen.

Mein innerer Pastor

Mein innerer Pastor ist der Hirte, der auf mich aufpasst. Er kennt alle meine inneren Schafe. Da gibt es die Angstgefühlschafe, die Trauergefühllämmer, das hochwichtige schwarze Schaf und viele mehr.

Seit meiner frühesten Kindheit suchte ich jemanden, der mich dabei unterstützen sollte, die Herde im Herzen zusammenzuhalten. Als ich das erste Mal den Pastor in der Kirche sah dachte ich: "Der ist es! Der kann das!" Er hütete nämlich die Geschichten, die meine Seele berührten. Er kannte Weisheiten, die er uns Kindern ins Ohr flüsterte. Wenn ich aufgebracht und aufgedreht war, dann kam ich in "seinem" Haus zur Ruhe.

Doch dann starb er. Mein erster wichtiger Hirte stand mir nicht mehr zur Verfügung. Der danach kam war ein Verwalter. Ein hilfloser Verwalter. Er erweckte in mir immer das Gefühl, dass ich sein Hirte sein müsste und nicht umgekehrt. Ein Kind als Hüter eines Pastors? Welch eine verdrehte Welt. Als Erwachsener spürte ich so eine Abhängigkeit. Ich brauchte einen Hirten im Außen, der meine inneren Schafe hütete.

Als ich diese Abhängigkeit entdeckte suchte ich nach einer Alternativen. Ich kannte inzwischen verschiedene innere Anteile und wusste, dass es auch einen inneren Pastor geben müsste.

Ich fand ihn sehr schnell. Als ich ihn traf in der Nähe meines Herzens sagte er mir: "Ich war schon bei dir ab dem Zeitpunkt, als deine Seele in deinen Körper eintrat. Ich wusste schon immer, was und wen du brauchst. Du kannst dich auf mich verlassen. Ich bin für dich da. Ich liebe deine Lämmer und Schafe und ich möchte, dass keines von denen dir abhanden kommt. Sie gehören alle zu dir." Mein innerer Pastor, mein innerer Hirte macht seinen Job einfach mit großer Selbstverständlichkeit. Ohne den Wunsch nach Anerkennung. Ohne den Anspruch, gesehen zu werden. Darum habe ich ihn auch erst spät entdeckt.

Wenn meine inneren Schafe mal durcheinander sind, dann muss ich nichts tun. Ich schaue meinen Hirten an und er weiß schon, wie er wieder die Herde beruhigen kann. Er kennt die richtigen Worte, die richtigen Gesten und vor allem seine herzliche körperliche Präsenz sorgt für einen wunderbaren Ausgleich.

Seit ich Kontakt zum inneren Hirten habe bin ich nicht mehr so anfällig für die Gurus in dieser Welt. Ich höre ihnen gerne zu und nehme den einen oder anderen Hinweis an. Ich höre aber mit dem Filter des inneren Hirten. Manchmal kommentiert er gerne und sagt: "Hör gut zu! Das ist wichtig für dich!" Oder auch: "Gut für andere aber nichts für dich!" Meine Erfahrung lehrt mich: Mein innere Hirte meint es gut mit mir. Auf seine Stimme kann ich mich verlassen. Bei "fremden" Hirten bin ich lieber etwas zurückhaltend. Mich würde allerdings interessieren woher mein innerer Hirte oder Pastor all seine Weisheit hat. Ich habe da eine Vermutung! Du auch?

Mein innerer Politiker

Mein innerer Politiker sitzt in meinem Kopf. Der liebt Debatten! Er diskutiert mit mir den ganzen Tag. Sage ich zu diesem Auftrag ja oder nein? Welche Folgen hat das dann? Wie kollidiert das mit meiner Weltanschauung? Ich stelle eine harmlose Frage und mache damit unbewusst ein Fass auf. Mein innerer Politiker nimmt jede Frage gerne auf und spinnt daraus ein riesiges Netz. Er hört nicht auf. Er kann nicht aufhören. Weil jede Antwort eine neue Frage auslöst. Weil alles mit allem zu tun hat und verknüpft ist.

Mein innerer Politiker hilft mir sehr dabei, mir eine Meinung zu bilden. Mich zu orientieren im Dschungel der Möglichkeiten. Er kann mühelos den Stuhl wechseln. Er setzt sich auf "Einerseits" und rattert alle Argumente herunter. Dann setzt er sich auf den Stuhl "Andererseits" und erzählt mir das genaue Gegenteil. Was interessieren ihn die Worte von gestern. Er produziert Gedanken und Argumente. Das ist sein Job! Dafür ist er da! Mir viel Gedankenstoff zu liefern. Das ist total hilfreich, denn ohne ihn wäre ich orientierungslos. Ich würde etwas machen und hätte keine Argumente dafür.

Zugleich ist mir bewusst geworden, dass ich meinen inneren Politiker lenken muss. Sonst plappert er drauf los. Immer und ständig. Ich habe ihm beigebracht wann er reden darf und wann es besser ist, zu schweigen und die Klappe zu halten. Ich dirigiere und er ist mein Orchester.

Ich kenne manche Menschen um mich herum, da ist die Regierungsform umgekehrt. Der innere Politiker dirigiert diesen Menschen. Du darfst ihn aber nicht verwechseln mit dem inneren Kritiker. Der haut nur drauf! Die Anwesenheit des inneren Politikers kannst du eher daran erkennen, dass du dich nicht entscheiden kannst. Du bist voller "Für" und "Wider" - wie im Bundestag. Nur dass dein innerer Politiker allen Parteien und keiner Partei angehört. Er wechselt halt ständig die Stühle. Er ist ein Fähnlein im Wind. Per Aufgabe und Selbstdefinition. Du brauchst eine Instanz, die ihn stoppt. Von sich aus kann er das nicht. Jetzt weißt du auch, warum die Politiker im Bundestag oft Nachtsitzungen haben. Sie können sich nicht stoppen. Es fehlt der Dirigent.

Also, dein innerer Politiker ist sehr wertvoll. Er liefert dir den Stoff, das Material für deine Entscheidungen. Du brauchst aber zugleich den inneren Dirigenten, der lenkt. Der innere Dirigent ist übrigens auch wichtig. Von dem erzähle ich dir jetzt.

Mein innerer Dirigent

Manchmal renne ich hin und her. Soll ich jetzt das Geschirr spülen oder lieber erst den Müll wegtragen, damit ich nicht vergesse, die Mülltonne vor die Tür zu schieben. Oder packe ich doch lieber die Tasche für den nächsten Tag. Mache ich alles hintereinander oder doch lieber eher gleichzeitig?

Ich lasse schon einmal das Spülwasser laufen während ich den Müll in die Tonne werfe. Gehe zurück zum Waschbecken und drehe den Hahn zu. Das erste schmutzige Geschirr ins heiße Wasser. Dann schnell an den Schreibtisch und schon mal die Sachen zusammenlegen, die ich morgen nicht vergessen darf. Und weil das Arbeitszimmer näher an der Mülltonne ist als die Küche - schnell die Mülltonne auf die Straße schieben und dann wieder in die Küche um mit dem Spülen zu beginnen bevor das Wasser kalt wird. Am Ende habe ich alle Aufgaben erledigt - und bin erledigt, wenn ich so den Tag verbringe.

Ich mache es aber nicht so! Ich höre auf meinen inneren Dirigenten. Ein „normaler“ Dirigent könnte mit Leichtigkeit das "Arbeitsorchester" aufeinander einstimmen. Er würde mich schnell hin und her dirigieren und schon hätte ich alle Aufgaben erledigt. Ein Dirigent wäre ein wunderbarer Arbeitsoptimierer. Das wäre dann eher der Job des inneren Managers.

Meinem inneren Dirigenten sind solche Ideen fremd. Er hat mir erläutert, dass ich eine Symphonie bin. Er möchte mein Inneres zum Klingen bringen. Das geht nur über die Freude, da zu sein. Ich trage eine wunderbare innere Melodie in mir, die er wahrnehmen und spüren kann. Sein Bestreben ist es, mich diese Melodie spielen zu lassen. Ich kann meine Fähigkeiten auch so verwenden, dass ich schnell hin und her hetze. Aber dann spiele ich nicht mehr meine Lebensmelodie. Dann spiele ich "Überleben". Mein innerer Dirigent ruft mich immer wieder in Erinnerung, warum ich auf dieser Welt bin. Es kann nämlich passieren, dass ich meine eigene Komposition verlasse. Das spüre ich am Grad des "Unglückfühlens". Mein innerer Dirigent möchte, dass ich mich glücklich fühle. Denn davon lebt er. Wenn er es schafft, dass ich meine eigene Melodie spiele, strahlt er voller Freude. Meine innere Melodie hat übrigens den Anspruch, nur für mich selbst schön zu sein. Es mag dir auch gefallen. Ist aber kein Gegenstand eines Wettbewerbes! Und? Welche Chancen räumst du deinem Dirigenten ein? Steht er am Pult oder schläft er in der Garderobe?

Mein innerer Polizist

Als Kind schaute ich mir immer die Karikatur in der Tageszeitung an von Oskar, dem freundlichen Polizisten. Er verfolgte keine Verbrecher sondern half alten Frauen über die Straße. Er war wohl eher ein Pfadfinder als ein "Gesetzeshüter". Ich mochte Oskar.

In mir wohnt auch ein Polizist. Der ähnelt aber leider nicht dem Oskar. Er mahnt mich, schon bei hellgrün langsam an die Ampel heranzufahren. Er ahnt immer, dass es gleich gelb wird, während ich noch grün sehe. Mein innerer Polizist hebt den Zeigefinger und sagt: "Fahr vorausschauend!" Meiner fährt so vorausschauend, dass ich nie ans Ziel kommen würde, wenn es nach ihm ginge. Mein innerer Polizist macht das nicht aus Spaß sondern mit dem Hintergrund, dass ich nicht ins Gefängnis komme. Wenn ich kein Gesetz breche, dann darf ich in Freiheit leben.

Mein innerer Polizist sorgt manchmal dafür, dass dadurch die Freude am Leben zu kurz kommt. "Pass auf!" lautet sein Motto. Ich passe schon auf. Aber nicht immer und auch nicht so intensiv. Beim Aufpassen lauert nämlich die Angst im Hintergrund. "Sei lieb!" Da höre ich die Stimme meiner Eltern. "Sei lieb!" "Sonst holt dich die Polizei!" Erst im Schreiben erinnere ich mich an diese Sätze. Dass mich die Polizei holt, wenn ich nicht artig bin. Ich wuchs auf mit dem Bild, dass ich ins Gefängnis kommen könnte. Jetzt kommt mir der Verdacht, dass mein innerer Polizist von meinen Eltern in mich reingesteckt wurde. Meine Eltern hatten auch Angst. Angst, dass ich auf die schiefe Bahn geraten könnte.

Dabei wusste ich innerlich aber immer schon, dass dieser Polizist nicht zu mir gehört. Ich schicke ihn zu meinen Eltern zurück. "Hier habt ihr ihn zurück! Ich brauche ihn nicht mehr!" Ich entscheide mich für Oskar! Den mag ich! Das ist meiner! Der ist lustig und hilft alten Damen über die Straße. Er hat ein Kilo zu viel um den Bauch - so wie ich auch. Ich stelle mir vor, dass mein innerer Oskar-Polizist in meinem Bauch sitzt, dort wo das Kilo zu viel ist. Er hält meinen Bauch, wenn ich lachen muss über irgendeinen blöden Fehler. Ich fahre dann bei rot über die Ampel und verurteile mich nicht dafür. Es war kein Verbrechen, nur eine Ordnungswidrigkeit. Eine Widrigkeit gegen die Ordnung. Vielleicht sollten wir ab und zu einfach mal unsere eigene Ordnung machen solange ich dabei das Wohl der anderen im Blick habe. Also über die rote Ampel fahren und vorsichtig schauen, dass ich niemanden gefährde. So haben das übrigens meine spanischen Freunde gemacht, als ich dort studierte. Sie waren alle befreundet mit Oskar.

Mein innerer Totengräber

Ich bin ein Sammler. Ich sammle vor allem Gedanken. Und ich sammle Kränkungen. Gesammelte Kränkungen machen mich krank. Das ist nicht gut für meinen Körper und für mein Wohlbefinden. Es fühlt sich sehr vergiftet an.

Manche Kränkungen kann ich schnell vergessen. Vor allem die kleinen Kränkungen im Alltag. Aber wie ist das mit den großen Kränkungen wie die Brüche von langen Freundschaften. Ich kann mich jetzt zurückerinnern an eine Freundschaft, die bis vor zwanzig Jahren noch sehr schön war. Dann kam der Bruch und wochenlang Schmerzen, Frust, Trauer, Wut und Enttäuschung. Die Gefühle wurden im Laufe der Jahre schwächer. Aber ich kann mich ganz schnell da wieder reinsteigern. Und plötzlich ist es wie vor zwanzig Jahren. Ein Ereignis, das Jahre zurückliegt, wird wieder aktiv. Wie eingelagerte Viren, die nur auf den richtigen Augenblick warten.

Ich koche mir einen Tee und trinke ihn. Dann hänge ich diesen gleichen Teebeutel wieder in die nächste Tasse, weil der Tee so gut geschmeckt hat. Ich hänge diesen Teebeutel wieder und wieder in die Tasse und bin nicht bereit, den Teebeutel wegzuwerfen. Wie eine Sucht! Wie ein Zwang! Mein ehemaliger Freund würde jetzt bestimmt sagen: "Das wünsche ich dir. So wie du mich behandelt hast..."

Jetzt habe ich vor ein paar Tagen gehört, dass Fußballfans friedlicher werden, wenn sie vor dem Spiel an einem Friedhof vorbeifahren müssen. Der Friedhof mit dem Thema Tod führt die Menschen zur Besinnung. Das brachte mich auf eine schöne Idee. Der Totengräber begräbt die Toten. Er entsorgt die Leichen in ein Grab, damit sie nicht überirdisch ihren Gestank verbreiten.

Kränkungen stinken auch. Sie hören nicht einfach so auf! Ich muss aktiv etwas machen. Erst, wenn ich die Kränkungen zu Grabe trage, kann Frieden einkehren. Dann habe ich meine Augen geschlossen und in mir geforscht, ob es dort einen Totengräber gibt. Da stand doch tatsächlich so ein Kerl da rum und lehnte sich entspannt auf seinen Spaten. Ich fragte ihn, ob er nichts zu tun hätte. Da sagte er zu mir: "Zu tun hätte ich schon genug. Aber du willst ja deine stinkenden Kränkungen lieber behalten. Seit Jahren stehe ich hier herum und habe einen total sauberen Spaten. Ich habe nichts zu tun. Aber es stinkt gewaltig. Du müsstest mir nur einen Auftrag erteilen und dann würde ich sofort loslegen." Super, dachte ich! Weg mit dieser zwanzig Jahre alten Kränkung!

Zugleich merkte ich aber auch, dass ich diese Kränkung gar nicht wirklich loswerden wollte. Ich hatte mich so gewöhnt an dieses Scheißgefühl. Da konnte ich mich so richtig drin eingraben und mein Weltschmerzgefühl aufrecht halten. Dieser Freund hatte doch meine Ansicht bestätigt, dass es in der Welt nur Verrat gäbe. Sollte ich wirklich dieses Gefühl loslassen und dem inneren Totengräber sagen: "Prima! Vielen Dank! Vergrabe diese stinkende Kränkungsbrühe!"

Ich habe mich entschieden! Weg damit! Das war echt eine Entscheidung! Da ist auf einmal ein Loch. Was mache ich jetzt, wo das Kränkungsgefühl weg ist. Das hat doch mein Überleben gesichert. Es hat mich zwar vergiftet, aber es war sicher. Jetzt ist mein Leben unsicher. Mein Totengräber will es aber nicht wieder ausbuddeln, das Kränkungsgefühl. Er hat mir gesagt, dass er dafür nicht zuständig sei. Er buddelt nur ein. Ich solle einfach ein paar Wochen warten, dann verwandelt sich die stinkende Brühe in wunderbaren Humus.

Wow! Meine Kränkung soll zu Humus werden. Völlig neue Perspektiven! Jetzt warte ich mal ab und vertrau dem Meister der Verwesung! Und? Wie sauber ist die Schüppe deines inneren Totengräbers?

18 Von Khalil Gibran für dich!

Ich mag bestimmte Philosophen, Autoren, Dichter oder Theologen. Sie bringen mit einem Satz manchmal etwas auf den Punkt, was ich selber schon gedacht habe, aber nicht gut ausdrücken konnte. Zu diesen Menschen gehört Khalil Gibran. Heute möchte ich mit dir ein paar Sätze teilen, die wie ein Schatz dein Herz bereichern können.

Ein im Herzen eines Apfels versteckter Kern ist ein unsichtbarer Obstgarten. (Khalil Gibran)

Wenn ich einen Apfel esse und bis zum Gehäuse vordringe stoße ich auf die Kerne. Unscheinbare kleine braune bis schwarze Kerne. Ich weiß, dass das die Samen sind für neue Apfelbäume. Doch was sehe ich? Was nehme ich wahr? Wie deute ich das, was ich sehe und welche Gefühle entstehen in mir? Khalil Gibran betrachtet einen Kern im Herzen des Apfels und "sieht" einen unsichtbaren Obstgarten.

Er sieht nicht ein "Gehäuse", sondern das "Herz". Nicht einen verborgenen Baum sondern einen ganzen Obstgarten. Welche Hoffnung und welch grenzenloser Optimismus! Er sieht im Verborgenen schon die Vollendung. Er nimmt nicht die Möglichkeit wahr sondern die vorweggenommene Wirklichkeit.

Kann der Apfelkern da noch etwas anderes machen als zu wachsen und zu einem Obstgarten werden? Wie wird aus dem Kern ein Garten? Nun, im Schatten des ersten Baumes werden sich andere Pflanzen ansiedeln. Sie werden den Platz schätzen und sich dort wohl fühlen und mit entwickeln. Der eine Apfelbaum wird zum Paradies. Und das erinnert an das verloren gegangene Paradies in der Bibel. Ich beiße in den Apfel und erkenne den verborgenen Obstgarten, das Paradies auf Erden.

Wofür ist das nun ein Bild? Für dich und für mich! Du bist der Obstgarten! In deinem Herzen steckt dieser Kern. Wie siehst du dich selber? Wie oder was nimmst du von dir selber wahr? Denkst du, dass du ein kümmerlicher schwarzer kleiner Kern bist? Denkst du, dass mit dir nichts los ist und dass du froh sein kannst, irgendwie zu überleben?

Du darfst größer von dir denken. Viel größer! Du bist ein Obstgarten! Vielleicht noch unsichtbar? Mir gefällt die Vorstellung von der vorweggenommenen Wirklichkeit. Nicht die Möglichkeit. Eine Möglichkeit kann kommen, muss aber nicht. Eine vorweggenommene Wirklichkeit tut schon mal so, als sei sie real. Und dazu möchte ich dich einladen. Schau in den Spiegel und entdecke deine Potentiale. Alles ist in dir schon angelegt. Es ist schon vorhanden wie in einem Apfelkern. Du musst nichts von dir neu erfinden oder mühsam suchen. Es ist alles da. Kannst du es entdecken? Was hindert dich noch daran, es wachsen zu lassen? Deine Zweifel? Deine irrigen Glaubenssätze? Deine erdrückende Vergangenheit? Deine schlimmen Kindheitserlebnisse? Du bist ein Obstgarten! Ein Paradies! In dir wohnt Gott. Wo anders sollte er wohnen als in dir? Er wohnt in dir und in seinem eigenen Paradies.

Oft nennen wir das Leben trist, doch nur wenn wir selber traurig und bitter sind. (Khalil Gibran)

Wir nennen das Leben trist, wenn wir traurig und bitter sind. Welch tiefe Wahrheit, nicht wahr? Ich stehe am Morgen auf und die Sonne lugt durch die Ritzen meiner Rollläden. Ich spüre das Licht auf der Haut und meine Gefühle werden warm und wohlig. Ich habe Lust aufzustehen und mir einen Kaffee zu kochen. Ich freue mich auf die Dusche, die mir die restliche Müdigkeit wegwäscht.

Dann stehe ich an einem anderen Morgen auf und es ist Winter. Keine Sonne, die mich begrüßt. Mein erster Gedanke geht hin zu den Aufgaben des Tages. Nicht zu denen, dir mir Lust machen sondern zu denen, vor denen es mir graust. Und schon mag ich nicht aufstehen. Ich fühle mich unverbunden und die Dusche wird zu einer Notwendigkeit, damit ich nicht allzu verschlafen aussehe. Es gibt keine Lust mehr. Es breitet sich im Inneren eine Tristesse aus, eine merkwürde Nebelstimmung, die ich kaum definieren kann.

Es fühlt sich auf einmal traurig und bitter an. Dann stehe ich an solch einem Morgen auf und bin darüber traurig, dass ich traurig bin. Eigentlich müsste ich doch dankbar sein! Eigentlich geht es mir doch gut! Warum kann ich es nicht empfinden? Ich schäme mich für meine Undankbarkeit und werde darüber noch trauriger. Ich fühle mich isoliert von meiner Familie, von den Freunden, vom Leben und von der Freude. Wie zurückgelassen und vergessen auf einer einsamen Insel.

Ich lese den Satz von Khalil Gibran: "Oft nennen wir das Leben trist, doch nur wenn wir selber traurig und bitter sind." Allein das Lesen löst in mir Trauer aus. Doch jetzt in diesem Augenblick stoppe ich. Da steht ein Wort, das ich überlesen habe. Wir nennen das Leben trist, "doch nur wenn". Da steht "wenn" und nicht "weil". Ich habe beim ersten Lesen "weil" gedacht. Ich nenne das Leben trist, weil ich traurig bin. Wenn ich "weil" durch "wenn" ersetze ergibt es einen anderen Sinn. Das "wenn" kann ich beeinflussen. Es ist ein zukünftiges Wort. Ich nenne das Leben nur dann trist, wenn ich selber traurig bin. Andere nennen das Leben nicht trist, weil sie nicht traurig sind. Ich erlebe das Leben auch nicht jeden Tag trist. Ich erlebe es wohlig, wenn die Sonne scheint. Wenn ich ein verbundenes Lebensgefühl habe. Kann ich das beeinflussen? Kann ich etwas dafür tun, dass ich mich verbunden erlebe auch wenn es gerade mal draußen trist ist. Auch wenn mal gerade die Welt nicht in Ordnung ist? Auch wenn die Beziehungen mal gerade in einer Krise sind? Auch wenn ich gerade mal erschöpft bin? Geht das? Ich werde das Leben nur dann trist nennen, wenn ich traurig bin. Ich kann für einen Moment in meiner Traurigkeit baden und dann das Bad verlassen. Ich kann die Tränen verdampfen lassen indem ich sie zulasse bis sie wie von selbst wieder sich auflösen.

Ich kann trauern ohne dass ich das Urteil fälle, dass das Leben an sich trist ist. Ich kann bitter sein und die Deutung dazu einfach weglassen. Das Gefühl fühlen und die Geschichte dazu weglassen. Dann kann ich den Satz noch einmal lesen von Khalil Gibran und bekomme eine neue Idee. Ich spüre die Traurigkeit und bin einverstanden. Die Vorstellung von einem tristen Leben verschwindet und der Trost breitet sich aus.

Die Schönheit im Herzen eines Menschen ist erhabener als diejenige, die man mit Augen sehen kann. (Khalil Gibran)

Ich verlasse mich zu oft auf meine Augen. Die sind inzwischen unheimlich geschult und beeinflusst von Medien und Werbung. Ständig sehe ich, was meinen Augen gefallen soll. Welche Farben passen zusammen. Was ist modern. Was muss Frau, Mann tragen. Ich sehe Kitsch in den Billigshops und Edles in Designerläden. Meine Augen werden ständig herausgefordert, etwas schön zu finden. Meine Augen werden überflutet.

Auch Menschen werden "schön" gemacht. Wie groß oder klein dürfen sie sein und wie dick oder dünn? Wie ist das Gesicht geformt, welche Haarfarben sind in? Ich sehe manchmal auf Zeitschriftencovers Frauen, die einen Schönheitspreis gewonnen haben. Ich frage mich, warum diese so außergewöhnlich schön sein sollen. Warum schöner als andere?

Khalil Gibran betrachtet die Schönheit im Herzen eines Menschen. Die findet er erhaben. Das gefällt mir sehr. Ich sehe viele Menschen an und sehe im Gesicht und in den Augen ihre Geschichte. Sehr ausdruckstark und total lebendig und sehr liebenswert. Sie wirken so, als öffneten sie ihr Herz und geben mir die Erlaubnis, da reinschauen zu dürfen.

Ach, könnten wir das doch alle. Die Schönheit im Herzen der Menschen sehen! Ich bin mir sicher, dass es nur schöne Herzen gibt. Ich bin unterwegs im Zug und ist die Sitzplatzreservierung fällt aus. Eine ältere Frau, die nicht reserviert hat fragt mich, ob sie sich setzen dürfe. Sie musste schon einmal von einem Platz aufstehen. Ich schaue in ihr Gesicht und nehme freundliche Gelassenheit wahr und eine warme und wärmende Zugewandtheit. Das empfinde ich als Geschenk.

So manche werbetechnisch schöne Menschen darf ich nicht ins Herz schauen. Ich würde es gerne. Aber da gibt es einen Verschluss. Gibran empfindet die Schönheit im Herzen der Menschen "erhaben". Wenn du dich erhaben fühlst, dann macht dich das größer. Die Schönheit des Gegenübers macht dich also selber schöner. Mögen viele Menschen dir die Erlaubnis geben, ihre innere Schönheit mit dir zu teilen, so dass du wächst und deine eigene Liebenswürdigkeit darin entdecken kannst.

Niemand kann euch etwas eröffnen, das nicht schon im Dämmern eures Wissens schlummert. (Khalil Gibran)

Auf welche Sätze reagierst du? Wann wirst du allergisch? Wann ärgerst du dich? In welchen Situationen freust du dich? Es kann nur etwas auf fruchtbarem Boden fallen, wenn es eine Resonanz gibt. Sonst wärest du gleichgültig

Oft lese ich in einem Buch und denke: Woher kennt der Autor meine eigenen Gedanken? Das, was er schreibt, habe ich selber immer schon gedacht! Endlich lese ich es schwarz auf weiß. In meinem Theologiestudium habe ich viele Bücher gelesen. Viele fand ich totlangweilig. Es weckte in mir keine Resonanz. Ich fand, dass theologische Bücher spannend sein müssten. Schließlich geht es um Gott. Alles, was mit Gott zu tun hat, stellte ich mir völlig außergewöhnlich vor. Jeden Roman fand ich aber interessanter. Da konnte ich mich drin verlieren. Aber sich verlieren in ein theologisches Buch?

Dann las ich die "Strukturen des Bösen" von Eugen Drewermann. Sicher kein spannendes Buch für einen "Nichttheologen". Aber mir fielen damals fast die Augen aus dem Kopf. So kann man auch Theologie machen? Da spricht jemand von Angst und Liebe. Da wurde die Theologie auf einmal existentiell.

Es ging um Leben und Tod. Eugen Drewermann hatte etwas angesprochen, was ich immer schon dachte. Ich wurde auf einmal lebendig. Andere Mitstudenten konnten mit Drewermann nichts anfangen. Überzogen! Fremd! Unwissenschaftlich! Sie ahnten wahrscheinlich irgendeine Häresie zwischen den Zeilen.

Es schlummert etwas in mir. Gedankenfetzen, Ideen, Bilder, Archetypen. Ich bin kein unbeschriebenes Blatt. In Geheimtinte steht da schon etwas geschrieben. Wenn ich mir dessen nicht bewusst bin, werde ich immer im Außen schauen. Dabei wäre es gut, wenn ich für mich die Verantwortung übernehmen würde. Es ist mein Boden, auf dem etwas fällt.

Manche denken ja: "Du hast mich verführt. Du bist Schuld!" Dabei kann ich nur verführt werden, wenn ich verführbar bin. Ich stelle mir vor, dass ich die Geheimtinte auf meinen Lebenspapieren mehr und mehr sichtbar mache. Dann reagiere ich nicht mehr automatisch! Ich kann mich neu entscheiden. Meine Aufgabe besteht darin, das Dämmern zu beenden. Und dazu habe ich ein ganzes Leben lang Zeit.

Der wahrhaft große Mensch ist der, der niemanden beherrscht und der von niemandem beherrscht wird. (Khalil Gibran)

Niemanden beherrschen und von niemandem beherrscht werden! Wie machen wir Menschen Kommunikation. Wie schaffen wir Verbindung?

"Wenn du mich wirklich lieben würdest, dann würdest du mir meine Wünsche von den Augen ablesen." "Warum fragst du mich nicht wie es mir geht, wo wir doch befreundet sind. Du interessierst dich ja gar nicht für mich." "Sie sollten Ihre Arbeitszeiten ernst nehmen sonst muss ich an Ihren Arbeitswillen zweifeln." "Na, kommst du auch noch?"

Mir fallen Tausende vor Fragen und Sätze ein, die scheinbar eine Verbindung herstellen. Aber eine, die Herrschaft zum Ausdruck bringt. Über Ermahnung, Erpressung, Bemutterung, Bevaterung, Aufforderung. Wie kann ich fühlen, denken und sprechen, dass ich meine Würde und die Würde des anderen bewahre? Bei mir spüre ich es, wenn da ein Raum der Freiheit im Herzen wächst. Es wird einfach weiter. Wenn ein Druck entsteht, ein negatives Gefühl, dann weiß ich, dass es im Moment um Herrschaft und Macht geht.

Wenn ich bedürftig bin und einen Mangel an etwas habe, dann hoffe ich, das Fehlende beim anderen zu finden. Ich kann freundlich bitten und ein Nein akzeptieren. Ich kann aber auch mit Nachdruck fordern. Manche Menschen bitten zwar äußerlich, aber üben dennoch Druck aus. "Unbedingte Bitten!" Khalil Gibran erkennt das als Größe an, wenn ein Mensch niemanden beherrscht und von niemandem beherrscht wird. Wie kann ich diese Größe erreichen? Ich denke, es geht dadurch, dass ich ständig an mir arbeite. Dass ich wach und bewusst durchs Leben gehe. Dass ich meine Bedürfnisse und meinen Mangel kenne. Dass ich mich mehr und mehr versöhne mit meiner Geschichte. Dass ich meine Traumata erlöse. Dass ich das alles wirklich möchte. Immer, wenn da dieser Druck auftaucht, dieses erdrückende Gefühl, bekomme ich die Chance, mich weiterzuentwickeln. Ich halte inne und unterbreche mich in meinen automatisierten Abläufen. Ach ja! Da ist wieder dieser Druck. Diese Angst. Diese Traurigkeit. Ich bleibe mit meiner Aufmerksamkeit für einen Moment dabei und mache nichts. Außer beobachten und spüren. Warten, bis sich der Nebel senkt. Bis die Begierde vorbeigeht. Bis der Machtwunsch dahinfließt. Bis der Freiraum sich öffnet.

Alle Häuser würden nur Gräber sein, wären sie nicht für Gäste. (Khalil Gibran)

Ohne Gäste werden Häuser zu Gräbern! Das erschreckt mich. Mein Haus ein Grab, wenn es keine Gäste gibt?

Ich dekoriere die Räume. Ich stelle Blumen hin. Ich hänge Bilder an die Wand. Ich mache es mir gemütlich. Ich fühle mich wohl in meinen vier Wänden. Bei mir ist es doch schön und total wohlig. Und ohne Gäste wird mein Haus zu einem Grab?

Ich kann mich einrichten in meinen vier Wänden und dort warten, bis der Tod eintritt. Mein Haus wird zu einer Wartehalle des Todes. Es passiert nichts mehr! Manchmal ein neues Sofa! Die Blumen wechsle ich auch jede Woche. Ich wasche die Tischdecken und ich putze durch.

Aber im Wesentlichen ist alles im Haus geregelt. Und dadurch ist es vielleicht toter als ich dachte. "Khalil Gibran, du bist sehr streng. Du sprichst nicht einmal von einem Museum, sondern von einem Grab. Warum?" Lebendig wird etwas erst, wenn es zur Begegnung kommt. Gäste bringen Freude mit. Ihre Lebenserfahrungen. Ihr Interesse, ihre Aufmerksamkeit. Gäste bringen das Leben ins Haus.

Im letzten Urlaub war ich Gast in meinem Haus. Ich tat so, als sei es meine Ferienwohnung. Da "musste" ich auf einmal nichts mehr. Nichts reparieren, nichts putzen, nichts aufräumen. Nichts! Ich war Gast in meinem Haus. Es gehörte mir nicht mehr und ich musste kein Grab oder Museum hüten. Da kam auf einmal Leichtigkeit durch die Haustüre herein. In einer Ferienwohnung bleibe ich für eine begrenzte Zeit und breche wieder auf. Meine "Heimat" ist woanders.

Alle Häuser würden nur Gräber sein, wären sie nicht für Gäste. So kommt mir das Leben in Deutschland oft vor. Wie ein großer Friedhof. Gräber unter Gräbern. Magst du Gäste? Bist du gern zu Gast? Besuche mich doch mal, damit mein Haus nicht zu einem Grab wird!

Du siehst nur deinen Schatten, wenn du deinen Rücken zur Sonne drehst. (Khalil Gibran)

Ich musste über diesen Satz erst nachdenken. Wenn ich meinen Rücken zur Sonne drehe dann scheint mir die Sonne ins

Gesicht. Dann sehe ich meinen Schatten nicht, denn der fällt ja hinter mir. Ich schaue also in die Sonne und genieße das Licht. Mir wird bewusst, dass ich ein Lichtwesen bin. Ich könnte denken, dass es im Leben keinen Schatten gibt. Alles ist Sonne. Ich bin ein Engel. Wie wunderbar.

Wenn ich mich umdrehe, dann spüre ich die Sonne im Rücken und sehe meinen Schatten. Mir wird bewusst, dass der Schatten auch da ist. Ich sehe ihn nicht immer, aber er ist da. Wenn ich meinen Schatten sehe, dann sehe ich aber nicht mehr die Sonne.

Ich denke, dass mein Leben aus Sonne und Schatten besteht. Ich bin manchmal freundlich zu mir und manchmal stehe ich mir selber im Weg. Ich finde manche Eigenschaften an mir wunderbar und mit anderen komme ich nur schwer klar. Ich sehe die Geschenke in meinem Leben und auch die Hypotheken. Da sind immer beide Teile: Licht und Schatten.

Welche Botschaft versteckt sich hinter Khalil Gibrans Satz? Ich verstehe ihn so, dass ich die Möglichkeit habe, mich zu entscheiden. Ich kann mich entscheiden, ob ich meinen Schatten sehe oder das Licht. Es geht nicht darum was besser oder schlechter ist. Menschen, die ständig ihren Schatten betrachten können nur depressiv werden. Menschen, die nur ihr eigenes Licht sehen verlieren den Zugang zu den anderen Seiten der Realität. Das Leben besteht aus Licht und Schatten. Aber ich kann mich drehen. Ich kann meine Positionen verändern. Ich kann die Graubereiche hinzunehmen. Da gibt es das Spektrum von hell- bis dunkelgrau. Sowohl als auch ist entspannter als entweder oder.

Es ist auch hilfreich, hin und wieder seinen Schatten wahrzunehmen. Am Schatten kannst du dich weiterentwickeln. Da weißt du, wo du noch etwas tun kannst. Zur Sonne hingewendet weißt du, wo das Element ist, von dem du lebst. Ich wünsche mir, da wie ein Tänzer zu werden, der geschickt zwischen Licht und Schatten sich mit leichten Füßen hin- und her bewegen kann.

Beherzt ist nicht, wer keine Angst kennt. Beherzt ist, wer die Angst kennt und sie überwindet. (Khalil Gibran)

Als kleiner Junge habe ich die Kinder bewundert, die vom Dreimeter-Brett ins Wasser springen konnten. Ich fand sie sehr mutig. Ich konnte das nicht. Ich habe mich mal da oben hingestellt und heruntergeschaut. Es war mir viel zu tief. Ich war voller Angst.

Viel später in meinem Leben wurde ich aufgeklärt, dass Mut nur derjenige haben kann, der auch Angst hat. Wer ohne Angst von einem Dreimeter-Brett springt ist also nicht mutig. Höchstens ein Könner. Mut ist das Werkzeug, die Angst zu überwinden. Das hat mich sehr beruhigt, dass andere Kinder vielleicht gar keine Angst haben. Sie springen halt einfach.

Khalil Gibran spricht nicht vom Mut, sondern von der Beherztheit. Das gefällt mir. Wenn ich Angst spüre achte ich darauf, was in meinem Herzraum geschieht. Dort pocht und klopft es ganz schön laut. Dann bin ich einfach bei meiner Angst und spüre sie. Ich übe mich ein in die Kunst des "Beherzens". Beherzen heißt für mich, dass ich mit meinem Herzen flüstere, spreche, spüre. Mein Herz braucht Zeit. Ich gebe meinem Herzen alle Zeit der Welt, denn Druck kann es nicht vertragen.

Ich springe immer noch nicht vom Dreimeter-Brett. Aber ich bin einverstanden damit. Mein Herz lässt sich in dieser Frage nicht beruhigen oder überreden. Ich kann auch sanft ins Wasser gleiten. Mein Herz badet lieber.

19 Zum Schluss

Ein Dank an Rumi und Khalil Gibran. Menschen wie sie machen uns aufmerksam auf die Fülle und die Zärtlichkeit des Lebens. In Krisenzeiten geht oft die Poesie verloren und die zarten Töne verlieren sich im Dickicht der Vorschriften. Wenn Angst und Besorgnis ausschließlich den Alltag bestimmen wird es Zeit, sich auf die Ressourcen und inneren Qualitäten zurückzubesinnen. Wir sind als Schöpferinnen und Schöpfer auf dieser Welt und für Verbindung und Liebe darf immer Zeit sein.

Hast du ein Wort oder einen Gedanken gefunden, der deinen Freiraum erweitert hat? Dann freue ich mich sehr darüber. Wenn wir uns dem Schicksal ausgeliefert fühlen werden wir schnell hilflos und ohnmächtig. Wir kämpfen uns im Wasser des Lebens ab und hoffen, nicht zu ertrinken. Das Gefühl von Angst und der Zustand der Ohnmacht können uns so überfluten und von uns Besitz ergreifen, dass wir keinen Zugang mehr haben zu unseren Möglichkeiten. Dabei können wir ein Bewusstsein davon erlangen, dass nur ein Teil von uns gerade ängstlich ist. Ein anderer Teil von uns bleibt selbstwirksam und handlungsfähig.

Wir haben immer die Wahl, uns mit dem Teil in uns zu verbinden, der neue Möglichkeiten erschaffen kann. Je mehr wir diesen Anteil in uns stärken, desto weniger Macht haben alle Widrigkeiten. Nach meiner Erfahrung dauert es viele Jahre, bis ein Mensch sich wirklich traut, durch das Leben zu surfen. Den Wind, die Wellen und die Tiefen nicht als Hindernis zu betrachten sondern als einen ganz normalen Bestandteil des Daseins auf dieser vergänglichen Erde. Dabei bleiben die beiden Pole der menschlichen Existenz bis zum Tod bestehen. In unserer Angst suchen wir ein möglichst hohes Maß an Sicherheit und in unserem Streben nach Autonomie zugleich die Lust auf Neues und Abenteuer. Die Antwort heißt nicht entweder Sicherheit oder Freiheit sondern geschickt und bewusst zwischen den Polen zu surfen und das ganze Leben auszuschöpfen.

Inhalt

1	Vorwort	5
2	Vom Verhüllen und Enthüllen	8
3	Der Sehnsucht Nahrung geben!	14
4	Befreiende Wege aus dem Abgrund	18
5	Achtsamkeit von Papst Johannes XXIII	37
6	In der Liebe sein	50
7	Mein toter Winkel!	69
8	Vom Wurzeln ausgraben!	74
9	„Wow!" Du darfst über dich staunen!	80
10	Freu dich, du wirst erwartet!	93
11	Wenn dich etwas bewegt	97
12	Die fünf Freiheiten nach Virginia Satir	106
13	Auch du bist ein Kunstwerk!	115
14	Wandlungen auf der Bettkante	135
15	Weite deinen Freiraum!	160
16	Von Rumi für dich	187
17	Mein inneres Team	206
18	Von Khalil Gibran für dich!	219
19	Zum Schluss	229